DEUTSCHES INSTITUT FÜR WIRTSCHAFTSFORSCHUNG

D1663831

BEITRÄGE ZUR STRUKTURFORSCHUNG   **HEFT 106 · 1988**

Friederike Behringer und Klaus-Peter Gaulke

Berufsstart in Berlin

**Berufliche Situation im ersten Jahr
nach der Lehrabschlußprüfung**

DUNCKER & HUMBLOT · BERLIN

Verzeichnis der Mitarbeiter

Wissenschaftliche Mitarbeiter

Friederike Behringer (Abschnitte 3.1, 3.2.1 bis 3.2.3, 3.4, teilweise Kapitel 4 und 5)
Klaus-Peter Gaulke (Koordination, Kapitel 1 und 2, Abschnitte 3.2.4, 3.2.5, 3.3, 3.5, teilweise Kapitel 4 und 5, Anhang)

An der Erstellung des Fragebogens hat Christoph F. Büchtemann mitgearbeitet

EDV-Organisation und -Auswertung

Wolfdietrich Herter
Barbara Meisner

Wissenschaftlich-technische Mitarbeiter

Regina Brell
Helmut Götz
Vera Harnack
Klaus-Rüdiger Willfahrth
Silva Wittfeld

Textverarbeitung

Sonja Hebeler
Ingrid Moewius
Rowitha Richter
Gisela Rudat

Herausgeber: Deutsches Institut für Wirtschaftsforschung, Königin-Luise-Str. 5, D-1000 Berlin 33
Telefon (0 30) 82 99 10 — Telefax (0 30) 82 99 12 00
BTX-Systemnummer * 2 99 11 #
Schriftleitung: Dr. Oskar de la Chevallerie
Verlag Duncker & Humblot GmbH, Dietrich-Schäfer-Weg 9, D-1000 Berlin 41. Alle Rechte vorbehalten.
Druck: 1988 bei ZIPPEL-Druck, Oranienburger Str. 170, D-1000 Berlin 26.
Printed in Germany.
ISBN 3-428-06446-1

Inhaltsverzeichnis

Verzeichnis der Übersichten im Text

Verzeichnis des Anhangs

Verzeichnis der Tabellen im Anhang

1 Einleitung

In einer zweistufigen Befragung wurde der Berufsstart von Absolventen der betrieblichen Berufsausbildung in Berlin untersucht. Befragt wurden Teilnehmer der Lehrabschlußprüfungen im Sommer 1984 und im Winter 1984/85, jeweils kurz vor Abschluß der Prüfung und ein Jahr danach.

Hauptziel der Untersuchung ist es, die Berufseingliederung der geburtsstarken Jahrgänge zu analysieren - auch vor dem Hintergrund des Bedarfs an qualifizierten Arbeitskräften in der Stadt und dem daraus folgenden Ziel, die hier Ausgebildeten in Berlin zu halten.

In diesem Teil des Untersuchungsprojekts werden die Ergebnisse der zweiten Befragung vorgestellt. Die Befragung erfolgte in den Jahren 1985/86 und richtete sich an den gleichen Personenkreis wie im Jahr davor. Die Verknüpfung der Daten aus beiden Befragungen vermittelt im "Längsschnitt" Ergebnisse über die berufliche Entwicklung innerhalb eines Jahres, das für diese meist jungen Menschen von erheblicher Bedeutung ist. Nicht nur Erfolg oder Mißerfolg bei der Erreichung des Ausbildungsziels werden jetzt klarer sichtbar, sondern auch die ursprüngliche Ausbildungsentscheidung kann besser als zuvor nach Erfolgsmaßstäben beurteilt werden. Aus den konkreten Erfahrungen mit der Arbeitswelt wird deutlich, inwieweit subjektive Erwartungen an den Beruf in Erfüllung gegangen sind. Die Konfrontation mit den objektiven Arbeitsbedingungen - also dem Arbeitsmarkt im allgemeinen und den persönlichen Arbeitsbedingungen im besonderen - ermöglicht es den Befragten, Auskunft über den ideellen und materiellen Erfolg der Umsetzung von Ausbildung in Arbeitsleistung zu geben.

Die erste im Rahmen des Projekts "Berufsstart in Berlin" vorgelegte Analyse beruflicher Einmündungsprozesse nach der betrieblichen Berufsausbildung wurde auf der Basis einer Auswertung der Beschäftigtenstatistik der Bundesanstalt für Arbeit durchgeführt[1]. Sie umfaßte den Zeitraum der Jahre 1979 bis 1982 und stützte sich auf hauptsächlich für Zwecke der Sozialversicherung gesammelte Individualdaten. Diese Daten über objektiv bestimmbare Merkmale von Ausbildungsabsolventen ermöglichten Längsschnittanalysen von regionalen, beruflichen sowie auf Betriebe und Branchen bezogenen Mobilitätsvorgängen nach der Ausbildung. Insbesondere waren auch Analysen des Zuzugs aus anderen Bundesländern nach Berlin sowie die Untersuchung von Einkommenseinflüssen möglich.

Die zweite vorgelegte Arbeit des Projekts[2] steht mit dem vorliegenden Untersuchungsteil unmittelbar im Zusammenhang; sie informiert über die erste Befragung der Berliner Prüfungsteilnehmer. Diese zunächst noch im "Querschnitt" ausgewerteten Daten umfaßten neben Angaben zur Bildungsbiographie und zum soziodemographischen Umfeld - etwa beruflicher Status der Eltern - vor allem subjektive Aussagen über berufliche Wünsche, Orientierungen und Zukunftspläne. Schon hier konnten Erkenntnisse über Zufriedenheit oder Enttäuschungen gewonnen werden, allerdings noch begrenzt auf die Erfahrungen im Zusammenhang mit der Ausbildung.

Der jetzt vorgelegte dritte Teil der Untersuchung umfaßt die Analyse der sich an die Ausbildung anschließenden Erwerbstätigkeit, aber auch von weiterer Ausbildung und Arbeitslosigkeit. Wie in den vorangegangenen Teilen der Untersuchung wird auf Aspekte der Berlin-Bindung der ausgebildeten Arbeitskräfte eingegangen.

2 Untersuchungsbeschreibung und Definitionen

Die erste Befragung der zweistufigen Panelerhebung richtete sich an einen vollständigen Jahrgang von Teilnehmern an der Abschlußprüfung zur betrieblichen Berufsausbildung in Berlin, insgesamt 15 040 Personen[3]. Die zweite Befragung konnte sich nur an diejenigen Prüfungsteilnehmer wenden, die bei der ersten Befragung dem DIW ihre Adresse bekanntgegeben hatten. Dies waren 4 979 Personen.

2.1 Erhebungsinstrumentarium

Das Befragungsinstrumentarium umfaßte in erster und zweiter Befragungswelle jeweils einen Fragebogen und ein Anschreiben des DIW - abgedruckt im Anhang 6 - sowie ein Antwortkuvert. Die Themenbereiche des Fragebogens zur ersten Welle wurden im vorangegangenen Gutachtenteil detailliert dargelegt[4]. Der zweite Fragebogen hat insgesamt 41 Fragen in - wie in der ersten Welle - größtenteils geschlossener Form, also mit vorgegebenen Antwortalternativen. Ebenfalls wie schon in der ersten Welle wurde versucht, ein Optimum an Informationen zu erlangen, d.h. die Fragen so abzufassen, daß einerseits gute und detaillierte Antworten eingehen, andererseits die Befragten nicht überfordert werden und damit der Rücklauf beeinträchtigt wird.

Die Themenbereiche des Fragebogens der zweiten Welle sind:

- Berufliche Qualifikation, bezogen auf die untersuchte Abschlußprüfung 1984/85: Ausbildungsberuf und Prüfungserfolg (Fragen 1 und 2).

- Übernahmeangebot und Verbleib im Ausbildungsbetrieb (Fragen 3 bis 5).

- Erfahrungen mit Arbeitslosigkeit, Maßnahmen des Arbeitsamts und Arbeitssuche (Fragen 12, 13, 15 bis 20).

- Erwerbstätigkeit nach Abschluß der Ausbildung
    - berufliche Situation (Fragen 21 und 22),
    - Berufswechsel und Verwertbarkeit der beruflichen Qualifikation (Fragen 23 bis 25),
    - Arbeitsplatz und Arbeitsumfeld (Fragen 14, 26 bis 31 und 33),
    - Zukunftserwartungen (Fragen 32 und 35).
    - Kurzzeitige Beschäftigungen (Frage 11).
    - Betriebswechsel und Arbeitssuche (Fragen 6, 7 und 34).

- Nebenberufliche Weiterbildung und weitere Ausbildung (Fragen 8 bis 10, 14 und 39).

- Demographische Angaben (Fragen 36 bis 38).

- Berlin-Bindung (Fragen 40 und 41).

2.2   Befragungsablauf

Die Fragebogen wurden den 4 979 Personen der ersten Welle, über deren Adresse das DIW verfügte, im Zeitraum von Mai 1985 bis Mai 1986 per Post zugesandt. Der Versand erfolgte zeitlich so versetzt, daß die Befragten etwa ein Jahr nach Ausfüllen des ersten Fragebogens den zweiten erhielten.

Die Antwort wurde ebenfalls per Post erbeten und war für die Befragten ohne Portokosten. Lag innerhalb von sechs Wochen nach Versand noch keine Antwort vor, wurde mit nochmaliger Bitte um Beantwortung ein zweiter Fragebogen mit gleicher Fragebogennummer verschickt. Bei Wohnungswechsel der Befragungsteilnehmer wurde durch umfangreiche Recherchen versucht, die neue Anschrift zu ermitteln.

Um Motivation und Erinnerung zu fördern erhielten alle Befragungsteilnehmer im Juli 1985 einen Brief, in dem der Gewinner des BMW-Motorrades mitgeteilt wurde, der unter den Befragungsteilnehmern der ersten Welle ausgelost worden war. Gleichzeitig wurde noch einmal auf den möglichen Gewinn einer Fernreise für zwei Personen im Wert von 8 000 DM hingewiesen. Der Versand des Erinnerungsschreibens diente zugleich der Aktualisierung des Adressenbestandes.

Die Verlosung der Fernreise erfolgte im August 1986 unter notarieller Aufsicht; der Gewinn wurde im September 1986 übergeben.

2.3   Untersuchungsbeteiligung und Gewichtung der Antworten

Von den 4 979 Befragten der ersten Erhebung haben 2 959 den zweiten Fragebogen beantwortet. Damit konnte ein Rücklauf von nahezu 60 vH erreicht werden, der zu etwa einem Viertel auf die Mahnaktion zurückgeht.

Dieses Ergebnis gilt im Vergleich zu anderen Erhebungen als gut. Von den ursprünglich 15 040 Prüfungsteilnehmern gingen somit die Daten von etwa 20 vH der Personen in die Auswertungen ein. Die Beteiligung nach Berufen und Geschlecht ist im Anhang 5 (Tabelle A 1) für die erste und die zweite Welle dargestellt.

Wie bereits in der ersten Welle wurden auch in der zweiten die Antworten zunächst nach Berufsklassen (vierstellig) und Geschlecht auf der Basis aller ursprünglichen Prüfungsteilnehmer gewichtet, um die Informationen miteinander vergleichen zu können. Insbesondere zur Präzisierung des Untersuchungskomplexes "Übergänge in das Erwerbsleben" wurden weitere Abstimmungen vorgenommen. Das Gewichtungsverfahren ist im Anhang 5 ausführlich dargestellt.

2.4 Fragebogenüberprüfung und Codierung offener Angaben

Nach der Überprüfung, daß identische Personen in erster und zweiter Welle den Fragebogen ausgefüllt haben, wurde der Adreßteil vom Fragebogen getrennt. Doppelt zurückgesandte Fragebogen (bei Mahnung kam dies vor) wurden ebenso aussortiert wie diejenigen, bei denen Zweifel an der Personenidentität aufkamen. Weitere Kontrollen waren später bei der elektronischen Datenverarbeitung möglich (Übereinstimmung in beiden Wellen von Ausbildungsberuf, Geschlecht und Geburtsjahr). Auch ein Schriftvergleich war in einzelnen Zweifelsfällen hilfreich.

In den anonymisierten Fragebogen wurden die offenen Angaben über Ausbildungsberufe codiert, d.h. nach dem offiziellen Verzeichnis der anerkannten Ausbildungsberufe[5] mit vierstelligen Kennziffern für Berufsklassen versehen[6]. Andere Berufsangaben wurden nach der Klassifizierung der Berufe des Statistischen Bundesamtes[7] geordnet. Für die offenen Angaben zu anderen Fragen wurde auf der Grundlage einer ersten Durchsicht von Fragebogen ein Codeplan entwickelt.

Nach der Datenaufnahme wurden die nunmehr maschinell verarbeitbaren, anonymen Datensätze zunächst auf Fehler bei der Datenerfassung - durch Vergleich zweier, voneinander unabhängiger Dateneingaben in das EDV-System - und anschließend auf logische Konsistenz hin überprüft. Offenbar unrichtige oder unlogische Angaben wurden durch nochmalige Prüfung der anonymisierten Fragebogen nach Möglichkeit geklärt, andernfalls gelöscht. Die Datenprüfung der zweiten Welle war sehr umfangreich, weil auch Angaben der ersten Welle mit herangezogen werden konnten.

In 49 Fällen hatten Befragte in einigen Stufenberufen bereits die nächsthöhere Ausbildungsstufe beendet und machten - anstelle des erfragten Ausbildungsabschlusses 1984/85 - ausschließlich hierüber Angaben. In die Untersuchungsergebnisse sind diese Fälle - meist Verkäufer - mit der höheren Stufe ihres Ausbildungsberufs - also Einzelhandelskaufleute - eingegangen.

2.5   Definitionen

Falls keine anderen Quellen genannt werden, handelt es sich bei allen Zahlenangaben um gewichtete Ergebnisse der eigenen Erhebung des DIW zum Berufsstart in Berlin.

Der befragte Personenkreis wurde verkürzt - auch in den Übersichten - als "Befragte" oder "Befragungsteilnehmer" bezeichnet. Es handelt sich dabei um Teilnehmer an der zweiten Welle der Befragung 1985/86 von Prüfungsteilnehmern an der Abschlußprüfung zur betrieblichen Berufsausbildung in Berlin (West) im Sommer 1984 und im Winter 1984/85.

Unter betrieblicher Berufsausbildung ist das duale System in der Kombination von theoretischem Unterricht in der Berufsschule und praktischer Ausbildung im Betrieb (teilweise ergänzt durch zusätzlichen betrieblichen Unterricht) zu verstehen. Einbezogen sind auch außerbetriebliche Ausbildungsgänge mit Abschlußprüfung vor den für die Berufsausbildung zuständigen Stellen sowie Externe, die eine Prüfung abgelegt haben. Bei außerbetrieblicher Berufsausbildung findet der praktische Teil der Ausbildung in besonderen Einrichtungen - etwa den Ausbildungsstätten des Berufsamtes Berlin - statt. Externe Ausbildungen sind dadurch gekennzeichnet, daß der Abschlußprüfung - zumindest unmittelbar - keine formale Ausbildung im dualen System vorausgegangen ist[8].

Auf weitere Definitionen wird im Zusammenhang mit der Darlegung der Untersuchungsergebnisse eingegangen, wenn also der unmittelbare Bezug dazu gegeben ist.

3   Untersuchungsergebnisse

Schwerpunkt der Untersuchung sind die Übergänge von der betrieblichen Berufsausbildung in den Beruf oder in weitere Ausbildung im Jahr nach dem Prüfungsabschluß. Nicht alle Prüfungsteilnehmer bestehen jedoch die Abschlußprüfung vor den Kammern "im ersten Anlauf"; in Berlin lag der Anteil der erfolgreichen Prüflinge in den letzten Jahren bei 80 vH aller Prüfungsteilnehmer[9]. Von den zunächst nicht erfolgreichen Befragungsteilnehmern hat ein Teil die Prüfung im zweiten Anlauf bestanden, andere haben die Ausbildung ohne Abschluß abgebrochen. Ein anderer Teil hat nach erfolgreichem Abschluß der Grundstufe eines Stufenberufs die Ausbildung in der Aufbaustufe desselben Berufs fortgesetzt. Die Ausbildungsdauer in diesen Aufbaustufen beträgt - nach Berufen unterschiedlich - zwischen 12 und 18 Monaten. Deshalb hat ein kleiner Teil der Befragten zum Zeitpunkt der zweiten Befragung die berufliche Ausbildung noch nicht beendet, und nicht bei allen Absolventen ist zwischen erfolgreichem Prüfungsabschluß und zweiter Befragung ein Jahr vergangen.

Im folgenden Abschnitt (3.1) wird daher zunächst eine Übersicht über den Status der Prüfungsteilnehmer ein Jahr nach der Prüfung gegeben. Es handelt sich um Angaben über Erwerbstätigkeit, Arbeitslosigkeit oder Ausbildung zum Zeitpunkt der Befragung. Dieser Status kann sich innerhalb des Jahres nach der Abschlußprüfung geändert haben, beispielsweise bei vorübergehender Arbeitslosigkeit während der Suche nach einem geeigneten Arbeitsplatz.

Der nachfolgende Abschnitt 3.2 - Schwerpunkt der Analysen dieses Berichts - stellt die Erwerbstätigkeit nach der Ausbildung, die Übernahme durch den Ausbildungsbetrieb, den freiwilligen oder unfreiwilligen Wechsel des Betriebes sowie Berufswechsel und Verwertbarkeit der Ausbildung in der beruflichen Tätigkeit dar. Ergänzt wird dies durch Einschätzungen und Erwartungen der Befragungsteilnehmer hinsichtlich ihrer beruflichen Zukunft. Die Abschnitte 3.3 bis 3.5 befassen sich mit weiterer Ausbildung der Prüfungsteilnehmer, mit Erwerbslosigkeit nach der Ausbildung und mit ihrer Bindung an die Stadt.

Aus dem Aufbau der Analyse ergeben sich inhaltliche Überschneidungen; gleiche Tatbestände werden unter verschiedenen Aspekten dargestellt. Somit kommt es zu Wiederholungen, die aber zum Verständnis des Ganzen hilfreich sein können.

3.1   Prüfungsteilnehmer 1984/85 – ein Jahr später

Ein Jahr nach der Prüfung ist die große Mehrheit der Befragungsteilnehmer (80 vH) erwerbstätig; 6 vH haben eine weitere (hauptberufliche) Ausbildung[10] begonnen, 7 vH sind weder in Ausbildung noch erwerbstätig (vgl. Übersicht 1). 8 vH haben die Ausbildung noch nicht abgeschlossen; wie oben erwähnt, handelt es sich dabei hauptsächlich um Auszubildende in Stufenberufen, aber auch um Prüfungswiederholer.

Die Strukturen bei Männern und Frauen stimmen weitgehend überein: Männer und Frauen sind gleich häufig erwerbstätig und haben gleich oft eine weitere Ausbildung begonnen; Frauen sind etwas häufiger weder in Ausbildung noch erwerbstätig, Männer sind dagegen etwas häufiger noch in der ursprünglichen Ausbildung. Letzteres ist vor allem auf die bei Männern häufigere Ausbildung in der Aufbaustufe eines Stufenberufs zurückzuführen.

In Stufenausbildung befindliche Befragte und Prüfungswiederholer werden bei den folgenden Analysen zunächst außer acht gelassen; es geht vorläufig nur um die Befragungsteilnehmer, die ihre ursprüngliche Ausbildung beendet haben – also 92 vH aller Befragten. Davon haben 5 vH die Berufsausbildung ohne Abschluß abgebrochen, mindestens unterbrochen. Diese Gruppe wird teilweise gesondert ausgewiesen.

Übersicht 1

Status der Befragungsteilnehmer zum Zeitpunkt der Befragung
– vH-Struktur der gewichteten Fallzahlen –

Status	Männer	Frauen	Insgesamt
Erwerbstätig	79	81	80
Noch in derselben Ausbildung	9	6	8
Weitere Ausbildung	6	6	6
Nicht erwerbstätig, nicht in Ausbildung	6	8	7
Keine Angabe	–	0	0
Zusammen	100	100	100
Basis	1 656	1 303	2 959

Vier von fünf Befragungsteilnehmern (81 vH) mit beendeter ursprünglicher Ausbildung haben zum Zeitpunkt der Befragung eine Beschäftigung mit einer Wochenarbeitszeit von 30 und mehr Stunden (Vollzeitbeschäftigung). Nur jeder 25. Befragungsteilnehmer (4 vH) hat eine Teilzeitbeschäftigung (vgl. Übersicht 2). Insgesamt sind 86 vH zum Zeitpunkt der Befragung erwerbstätig; Personen in einer weiteren betrieblichen Berufsausbildung oder in Umschulung werden dabei nicht mitgezählt. Zwischen Männern und Frauen gibt es hierbei keine nennenswerten Unterschiede; Befragungsteilnehmer mit abgebrochener Berufsausbildung sind dagegen deutlich seltener erwerbstätig (71 vH). Einen Wechsel der Ausbildung vor dem Ausbildungsabschluß (Abbruch der ursprünglichen Ausbildung und Aufnahme einer anderen - betrieblichen oder außerbetrieblichen - Ausbildung) hat nur jeder 20. Ausbildungsabbrecher vorgenommen; der Anteil der erfolgreichen Ausbildungsabsolventen in weiterer Ausbildung ist ebenso hoch.

5 vH der Befragungsteilnehmer mit beendeter ursprünglicher Ausbildung sind zum Zeitpunkt der Befragung arbeitslos[11]. 2 vH sind weder erwerbstätig noch in Ausbildung, aber auch nicht arbeitslos, sondern haben sich aus privaten/familiären, gesundheitlichen oder sonstigen Gründen vom Arbeitsmarkt zurückgezogen. Die Unterschiede zwischen Männern und Frauen sind hierbei nur geringfügig. Deutlich zeigt sich jedoch ein Zusammenhang zwischen Arbeitslosigkeit und Ausbildungsabbruch: Jeder fünfte Befragungsteilnehmer (20 vH), der seine Ausbildung ohne Abschluß beendet hat, ist zum Zeitpunkt der Befragung arbeitslos; dieser Anteil ist viermal so hoch wie bei den erfolgreichen Absolventen. Auch der Rückzug vom Arbeitsmarkt ist in dieser Gruppe doppelt so häufig (5 vH) wie bei erfolgreichen Prüflingen (2 vH).

Zwischen der beschriebenen Situation und der Abschlußprüfung sind im Regelfall[12] zwölf Monate vergangen. In diesem Zeitraum haben sich für viele Berufsanfänger Veränderungen unterschiedlicher Art ergeben: Von den zum Zeitpunkt der Befragung Erwerbstätigen hatte immerhin knapp ein Drittel (32 vH) zwischenzeitlich kurzfristige, vorübergehende Beschäftigung oder Aushilfsjobs angenommen, war arbeitslos gemeldet oder nahm durch Vermittlung des Arbeitsamtes an Maßnahmen zur Erleichterung des Übergangs in den Beruf teil. Dieser Anteil ist bei den zum Zeitpunkt der Befragung Teilzeitbeschäftigten mit 74 vH weit höher als bei den Vollzeitbeschäftigten (30 vH; vgl. Übersicht 3).

Befragungsteilnehmer mit beendeter ursprünglicher Ausbildung
nach Status zum Zeitpunkt der Befragung, Prüfungserfolg und Geschlecht
- vH-Struktur der gewichteten Fallzahlen -

Status	Männer	Frauen	Insgesamt	Mit erfolg-reich abge-schlossener Ausbildung	Mit abge-brochener ursprüng-licher Ausbildung
Erwerbstätig, volle Arbeitszeit	82	80	81	82	65
Erwerbstätig, Teilzeit	3	5	4	4	6
Erwerbstätig, ohne Angabe Arbeitszeit	2	1	1	1	1
Zwischensumme: erwerbstätig	87	85	86	87	71
Weitere Ausbildung	7	6	6	6	5
Arbeitslos	5	6	5	5	20
Rückzug vom Arbeitsmarkt[1]	1	3	2	2	5
keine Angaben	-	0	0	-	0
Zusammen	100	100	99	100	101
Basis	1 504	1 228	2 732	2 581	148

1) Befragungsteilnehmer, die nicht erwerbstätig, nicht in Ausbildung und nicht arbeitslos sind.

Übersicht 3

Befragungsteilnehmer mit beendeter ursprünglicher Ausbildung nach Erfahrungen mit Arbeitslosigkeit, kurzfristiger Beschäftigung, Maßnahmen des Arbeitsamtes, Beschäftigung im Ausbildungsbetrieb und Status zum Zeitpunkt der Befragung

- in vH der gewichteten Fallzahlen -

Art der Erfahrungen (Mehrfachangaben waren möglich)	Status zum Zeitpunkt der Befragung					
	Erwerbstätigkeit		Ausbildung[1]	Arbeitslos	Rückzug[2]	Insgesamt
	Vollzeit	Teilzeit				
Seit Abschluß der Berufsausbildung ...						
... einmal oder mehrmals arbeitslos gemeldet	26	39	35	94	60	31
... einmal oder mehrmals kurzfristige vorübergehende Beschäftigung (einschl. Aushilfsjobs)	14	58	41	49	44	20
... an Maßnahmen des Arbeitsamtes teilgenommen	2	1	3	10	7	2
Insgesamt Erfahrungen mit Arbeitslosigkeit, kurzfristiger Beschäftigung oder Maßnahmen des Arbeitsamtes (ohne Mehrfachangaben)	30	74	60	100	78	38
... im Ausbildungsbetrieb ein Arbeitsverhältnis begonnen	68	39	24	16	24	61
Basis	2 216	109	172	145	57	2 732

1) Ausbildung ohne gleichzeitige Erwerbstätigkeit (hauptberufliche Aus- oder Weiterbildung). - 2) Befragungsteilnehmer, die sich vom Arbeitsmarkt zurückgezogen haben, d. h. nicht erwerbstätig, nicht in Ausbildung und nicht arbeitslos sind.

Etwa jeder dritte Befragungsteilnehmer mit beendeter ursprünglicher Ausbildung war im Zeitraum des vergangenen Jahres (einmal oder mehrmals) beim Arbeitsamt arbeitslos gemeldet. Auch wenn die Dauer der Arbeitslosigkeit in der Mehrzahl der Fälle wenige Monate nicht übersteigt, also als Sucharbeitslosigkeit anzusehen ist, zeigt dies doch, daß ein relativ großer Teil der Berufsanfänger davon betroffen ist (vgl. Abschnitt 3.4). Von den zum Zeitpunkt der Befragung arbeitslosen Befragungsteilnehmern war jeder zweite (49 vH) zwischenzeitlich kurzfristig beschäftigt gewesen, jeder sechste (16 vH) hatte zunächst ein Arbeitsverhältnis im Ausbildungsbetrieb begonnen. Mit anderen Worten: Auf den Abschluß der Berufsausbildung folgte für viele Berufsanfänger eine Phase, die von unsicherer, kurzfristiger Beschäftigung und von Arbeitslosigkeit geprägt ist. Lang andauernde Arbeitslosigkeit nach der Ausbildung betrifft - dies läßt sich schon an dieser Stelle sagen - nur einen kleineren Teil, denn zumindest kurzfristige Beschäftigungsverhältnisse konnten die meisten Befragungsteilnehmer begründen. Darauf wird in den folgenden Abschnitten vertiefend eingegangen.

Auffallend ist auch, daß nahezu jeder sechste Befragungsteilnehmer (18 vH) mit beendeter ursprünglicher Ausbildung sich ein Jahr nach der Prüfung in einer weiteren (hauptberuflichen) Ausbildung beziehungsweise Weiterbildung befindet oder neben der Berufstätigkeit an Lehrgängen oder Kursen zur Weiterbildung teilnimmt (vgl. Abschnitt 3.3). Von den zum Zeitpunkt der Befragung arbeitslosen Befragungsteilnehmern hatten sich 10 vH beruflich weitergebildet, bei den Befragten, die sich vom Arbeitsmarkt zurückgezogen haben, sogar 14 vH. Darüber hinaus hatten 7 vH in dieser Gruppe eine weitere Ausbildung begonnen.

Auch für die nach der Befragung liegenden Monate ist mit weiteren Veränderungen zu rechnen. Neben den zur Zeit der Befragung Arbeitslosen werden künftig auch diejenigen nach einem adäquaten Arbeitsplatz suchen, die noch oder wieder in Ausbildung sind. Einschließlich derjenigen, die in Arbeitsbeschaffungsmaßnahmen beschäftigt sind, einen Aushilfsjob oder ein sonstiges befristetes Arbeitsverhältnis haben, muß ein Viertel der Befragungsteilnehmer über kurz oder lang einen Arbeitsplatz suchen. Darüber hinaus betrachtet jeder dritte Beschäftigte - darunter auch solche mit unbefristeten Arbeitsverträgen - die derzeitige Stelle als Übergangslösung, etwa jeder sechste ist bereits auf der Suche nach einer neuen Beschäftigung (vgl. Abschnitt 3.2.5).

3.2 Arbeitsplatz und Beruf nach der Ausbildung

Die berufliche Integration als vorrangiges Ziel der Berufsausbildung steht im Mittelpunkt dieses Abschnitts. Dabei geht es zunächst um den Arbeitsplatz: Es wird die Übernahme der Befragten durch den Ausbildungsbetrieb erörtert sowie der Frage nachgegangen, in welchen Fällen und aus welchen Gründen ein Betriebswechsel stattfand. Daran schließen sich Fragen zur beruflichen Situation an. Untersucht wird, wann und warum nach der Ausbildung ein Berufswechsel stattfand, wie dadurch der berufliche Status der meist jungen Fachkräfte beeinflußt worden ist sowie in welchem Umfang die erlernten Kenntnisse nach der Ausbildung verwertet werden können.

Schließlich wurde darauf eingegangen, welche Erwartungen für die Zukunft die Befragten ein Jahr nach ihrer Abschlußprüfung haben und für wie gesichert sie ihren Arbeitsplatz halten.

3.2.1 Angaben zum Betrieb und zum Beschäftigungsverhältnis

In diesem Abschnitt soll gezeigt werden, in welchen Betrieben und Branchen die Befragungsteilnehmer ein Jahr nach der Prüfung Beschäftigung gefunden haben und um welche Art von Beschäftigungsverhältnis es sich handelt. Dabei soll auch der Frage nachgegangen werden, ob mit einem Betriebswechsel nach Ende der Ausbildung auch ein Wechsel zu einem Betrieb anderer Größe oder eines anderen Wirtschaftsbereichs vollzogen wurde. Unter dem Stichwort "Art des Beschäftigungsverhältnisses" sollen vor allem zwei Aspekte behandelt werden: Befristung oder Dauerhaftigkeit des Vertragsverhältnisses einerseits, die wöchentliche Arbeitszeit, ihre Übereinstimmung mit den Arbeitszeitwünschen und die Gründe für reduzierte Wochenarbeitszeiten andererseits.

Betriebsgröße

Ein gutes Viertel der beschäftigten Befragungsteilnehmer[13] (27 vH) arbeitet in Betrieben mit höchstens 9 regelmäßig Beschäftigten, ebensoviele in Betrieben mit 10 bis 49 Arbeitnehmern (vgl. Übersicht 4). In Betrieben mit mehr als 500 Beschäftigten arbeitet jeder fünfte; der Rest verteilt sich auf Betriebe mittlerer Größe. Frauen sind nahezu doppelt so häufig wie Männer in Betrieben

Übersicht 4

Beschäftigte Befragungsteilnehmer
nach Zahl der Beschäftigten im Betrieb und Geschlecht
- vH-Struktur der gewichteten Fallzahlen -

Zahl der Beschäf- tigten im Betrieb	Männer	Frauen	Insgesamt
unter 10 Beschäftigte	19	36	27
10 bis 49 Beschäftigte	29	23	27
50 bis 99 Beschäftigte	10	7	9
100 bis 199 Beschäftigte	8	5	6
200 bis 499 Beschäftigte	10	8	10
500 Beschäftigte und mehr	23	19	21
keine Angabe	1	1	1
Zusammen	100	99	101
Basis	1 312	1 048	2 360

mit höchstens 9 Arbeitnehmern beschäftigt; 36 vH der Frauen, aber nur 19 vH der Männer arbeiten in solchen Kleinbetrieben. Dagegen arbeiten 41 vH der Männer, aber nur 32 vH der Frauen in Betrieben mit mehr als 100 Beschäftigten.

Für diejenigen beschäftigten Befragungsteilnehmer, die in regulären Ausbildungsbetrieben ausgebildet worden sind[14], läßt sich ein Vergleich mit der Zahl der Beschäftigten im Ausbildungsbetrieb ziehen. Die Strukturen nach Zahl der Beschäftigten im Ausbildungsbetrieb und beim derzeitigen Arbeitgeber unterscheiden sich praktisch nicht voneinander, wenn zunächst nur die Querschnittstrukturen miteinander verglichen werden (vgl. Übersicht 5).

Bezieht man die Angaben der befragten Prüfungsteilnehmer individuell aufeinander - analysiert also im Längsschnitt -, so zeigt sich ein etwas anderes Bild: Insgesamt, d.h. einschließlich derjenigen, die den Betrieb nicht gewechselt haben, sind zwei von drei Befragungsteilnehmern (65 vH) in einem Betrieb beschäftigt, der von seiner Größe her dem Ausbildungsbetrieb entspricht, jeder fünfte (19 vH) ist in einem Betrieb mit einer höheren Zahl von Arbeitnehmern

Übersicht 5

Beschäftigte Befragungsteilnehmer aus regulären Ausbildungs-
betrieben nach Zahl der Beschäftigten
im Ausbildungsbetrieb und im derzeitigen Betrieb[1]

– vH-Struktur der gewichteten Fallzahlen –

Zahl der Beschäftigten	Ausbildungs-betrieb	derzeitiger Betrieb
unter 10 Beschäftigte	31	27
10 bis 49 Beschäftigte	24	27
50 bis 99 Beschäftigte	8	9
100 und mehr Beschäftigte	37	37
Zusammen	100	100
Basis	2 091	2 091

1) Fälle ohne Angabe zur Zahl der Beschäftigten im Ausbildungsbetrieb oder im derzeitigen Betrieb wurden nicht mit einbezogen.

beschäftigt (vgl. Übersicht 6, Spalte 5). Betrachtet man nur diejenigen, die den
Arbeitgeber gewechselt haben, so stimmt in 44 vH der Fälle die Betriebsgrößenklasse überein, während 32 vH zu einem größeren und 25 vH zu einem
kleineren Betrieb wechselten (vgl. Übersicht 6, Spalte 4). Diese Ergebnisse
sprechen eher gegen eine generelle Abwanderung aus Kleinbetrieben hin zu
größeren Betrieben.

Bei einem Wechsel des Arbeitgebers ist bei männlichen Befragungsteilnehmern
der "neue" Betrieb in gut jedem vierten Fall kleiner als der Ausbildungsbetrieb,
und fast ebenso häufig größer. Frauen haben dagegen nach einem Arbeitgeberwechsel häufiger Beschäftigung in einem größeren Betrieb gefunden.

Wirtschaftsbereich des Betriebs

Der zahlenmäßig bedeutsamste Wirtschaftsbereich, in dem die Befragten ihre
Tätigkeit ausüben, ist der Dienstleistungsbereich (Handel, öffentlicher Dienst,

Übersicht 6

Beschäftigte Befragungsteilnehmer aus regulären Ausbildungsbetrieben
nach Veränderung der Betriebsgröße und Geschlecht
- vH-Struktur der gewichteten Fallzahlen -

Vergleich der Zahl der Mitarbeiter im Ausbildungs- betrieb und beim derzeitigen Arbeitgeber (1)	Im Aus- bildungs- betrieb geblieben (2)	In anderem Betrieb desselben Unternehmens (3)	Arbeitgeber gewechselt (4)	Insgesamt (5)
	Insgesamt			
Gleiche Betriebsgrößenklasse	83	64	44	65
in größerem Betrieb beschäftigt[1]	10	12	32	19
in kleinerem Betrieb beschäftigt[1]	8	24	25	16
Zusammen	101	100	100	100
Basis[2]	1 106	236	839	2 091
	Männer			
Gleiche Betriebsgrößenklasse	84	62	43	66
in größerem Betrieb beschäftigt[1]	10	11	28	17
in kleinerem Betrieb beschäftigt[1]	6	27	29	17
Zusammen	100	100	100	100
Basis[2]	579	116	434	1 129
	Frauen			
Gleiche Betriebsgrößenklasse	81	66	45	64
in größerem Betrieb beschäftigt[1]	10	14	35	21
in kleinerem Betrieb beschäftigt[1]	9	20	20	15
Zusammen	100	100	100	100
Basis[2]	438	119	405	962

1) Bei Befragungsteilnehmern, die im Ausbildungsbetrieb beschäftigt sind, werden hier Veränderungen der Betriebsgrößenklasse (Zunahme oder Abnahme der Zahl der Beschäftigten im Vergleich der beiden Befragungen) ausgewiesen. - 2) Befragte ohne Angabe zur Zahl der Beschäftigten im Ausbildungs- oder im derzeitigen Betrieb wurden nicht mit einbezogen.

sonstige Dienstleistungen): Insgesamt 53 vH der beschäftigten Befragungsteilnehmer ordnen sich diesem Bereich zu, bei den Frauen sind es sogar 73 vH (vgl.
Übersicht 7). Von diesen Arbeitsverhältnissen entfallen 16 vH auf den Handel,
22 vH auf sonstige (private) Dienstleistungen und 15 vH auf den öffentlichen
Dienst. Jeder vierte Beschäftigte (25 vH) ist in einem Handwerksbetrieb tätig,
jeder fünfte (19 vH) in einem Industriebetrieb. In beiden Bereichen ist der
Anteil der Männer weit überdurchschnittlich.

Übersicht 7

Beschäftigte Befragungsteilnehmer nach Wirtschaftsbereich des Betriebs und Geschlecht
- vH-Struktur der gewichteten Fallzahlen -

Wirtschaftsbereich des Betriebs	Männer	Frauen	Insgesamt	Zum Vergleich: Wirtschafts- bereich des Ausbildungs- betriebs
Land- oder Forstwirtschaft	1	0	1	1
Handwerk	35	13	25	29
Industrie	25	12	19	14
Handel	12	21	16	16
Öffentlicher Dienst	10	20	15	} 32
Sonstige Dienstleistungen	15	32	22	
Keine Angaben	2	2	2	8
Zusammen	100	100	100	100
Basis	1 312	1 048	2 360	2 360

Vergleicht man diese Struktur der Beschäftigungsbetriebe mit jener der
Ausbildungsbetriebe, so zeigen sich nur geringe Unterschiede. Dies ist angesichts der Tatsache, daß 55 vH der beschäftigten Befragungsteilnehmer im
Ausbildungsbetrieb verblieben sind (vgl. dazu Abschnitt 3.2.2 und 3.2.3), auch
zu erwarten. Doch zeigen sich Anteilsverschiebungen, die für (freiwillige oder
erzwungene) Abwanderungen aus ausbildenden Handwerksbetrieben in Indu-
strie- und Dienstleistungsbetriebe sprechen. Die Längsschnittanalyse bei Befragungsteilnehmern aus regulären Ausbildungsbetrieben zeigt:

1. Bei Befragungsteilnehmern, die in Handwerksbetrieben ausgebildet wurden, ist der Anteil derjenigen, die noch im Ausbildungsbetrieb beschäftigt sind, kleiner als bei Befragungsteilnehmern, die in anderen Wirtschaftsbereichen ausgebildet wurden (vgl. Übersicht 8, Spalte 2). Dabei liegt in der überwiegenden Zahl der Fälle kein Übernahmeangebot des Ausbildungsbetriebs vor; darauf wird später nochmals eingegangen (vgl. Abschnitt 3.2.2 und 3.2.3).

2. Zwei von drei Befragungsteilnehmern, die in einem anderen als dem Ausbildungsbetrieb beschäftigt sind, blieben im selben Wirtschaftsbereich; als Besonderheit ist dabei nur auf den Bereich der sonstigen Dienstleistungen (einschließlich öffentlicher Dienst) zu verweisen, in dem vier von fünf Betriebswechslern geblieben sind. Auch die im Handwerk ausgebildeten Betriebswechsler sind zu knapp zwei Dritteln im Wirtschaftsbereich verblieben. Wegen des überdurchschnittlichen Anteils der Betriebswechsler im Handwerk ist die Quote derjenigen, die im Handwerk verblieben sind, dennoch unterdurchschnittlich (vgl. Übersicht 8, Spalte 4).

3. Bei Abwanderungen aus Handwerksbetrieben sind die aufnehmenden Betriebe vor allem Industrie- und Dienstleistungsbetriebe. Befragungsteilnehmer, die aus der Industrie oder dem Handel in einen anderen Wirtschaftsbereich wechseln, finden überwiegend in Dienstleistungsbetrieben Beschäftigung. Wechsel in einen Handwerksbetrieb aus anderen Wirtschaftsbereichen sind dagegen ausgesprochen selten. Auch dies trägt zu den Strukturverschiebungen zwischen Beschäftigungsbetrieben und Ausbildungsbetrieben bei.

4. Männliche und weibliche Befragungsteilnehmer sind im Durchschnitt aller Wirtschaftsbereiche gleich häufig noch im selben Wirtschaftsbereich beschäftigt. Doch streuen die Ergebnisse bei den Frauen stärker als bei den Männern. Besonders gering ist die Verbleibquote der Frauen im Handwerk: Nur knapp drei von vier Frauen (72 vH) sind in diesem Wirtschaftsbereich verblieben, bei den Männern sind es sechs von sieben (85 vH; vgl. Übersicht 8). Dies korrespondiert mit der häufigeren Abwanderung der Frauen aus den Kleinbetrieben, auf die oben hingewiesen wurde.

Ausbildungsaktivitäten des Betriebs

In den vergangenen Jahren war durch das Heranwachsen besonders geburtenstarker Jahrgänge einerseits, durch vermehrte Nachfrage nach qualifizier-

Beschäftigte Befragungsteilnehmer aus regulären Ausbildungsbetrieben nach Wirtschaftsbereich

des Ausbildungsbetriebs, Betriebs- und Wirtschaftsbereichswechsel und Geschlecht

- vH-Struktur der gewichteten Fallzahlen -

Wirtschaftsbereich des Aus- bildungsbetriebs	Noch im Ausbildungs- betrieb beschäftigt	Betrieb gewechselt, noch im Wirtschafts- bereich	Zwischen- summe: Verbleib im Wirtschafts- bereich	Betrieb und Wirtschafts- bereich gewechselt	Zusammen[1]	Basis[1]
(1)	(2)	(3)	(4)	(5)	(6)	(7)
Insgesamt						
Handwerk	55	26	81	19	100	640
Industrie	71	17	88	12	100	330
Handel	64	19	84	16	100	368
Sonstige Dienst- leistungen	61	31	92	8	100	710
Insgesamt[2]	61	25	87	13	100	2 063
Männer						
Handwerk	58	27	85	15	100	486
Industrie	76	15	90	10	100	231
Handel	69	20	89	11	100	145
Sonstige Dienst- leistungen	59	29	88	12	100	244
Insgesamt[2]	63	24	87	13	100	1 117
Frauen						
Handwerk	48	24	72	28	100	155
Industrie	58	23	81	19	100	100
Handel	61	19	80	20	100	223
Sonstige Dienst- leistungen	63	32	95	5	100	466
Insgesamt[2]	59	27	86	14	100	948

1) Fälle ohne Angaben zum Betriebswechsel und zum Wirtschaftsbereich des Beschäftigungsbetriebs werden nicht mit einbezogen. - 2) Einschließlich Land- und Forstwirtschaft (Fallzahl insgesamt: 15), ohne Fälle ohne Angaben.

ter beruflicher Ausbildung andererseits eine gegenüber früheren Jahren deutlich erhöhte Zahl der Bewerber um Ausbildungsstellen zu registrieren. Wirtschaft und Verwaltung haben das Angebot an Ausbildungsstellen in bemerkenswertem Umfang gesteigert; in vielen Betrieben wurde verstärkt über den eigenen Bedarf hinaus ausgebildet. In den Jahren 1981 bis 1985 stieg die Zahl der Ausbildungsverhältnisse im Bundesgebiet um 9 vH, in Berlin sogar um 24 vH[15]. In den nächsten Jahren ist ein Rückgang dieser Zahlen sowohl im Bundesgebiet insgesamt als auch in Berlin zu erwarten, denn die Zahl der neu abgeschlossenen Ausbildungsverträge ist seit 1984 (in Berlin seit 1985) leicht rückläufig.

Auch die Zahl der Ausbildungsbetriebe hat von 1981 bis 1985 erheblich zugenommen; in Berlin betrug im Bereich der beiden "großen" Kammern (Handwerkskammer sowie Industrie- und Handelskammer) die Zunahme 20 vH. 1986 hat sich eine geringfügige Abnahme gezeigt[16]. Das betriebliche Ausbildungsvolumen, d.h. die Zahl der Ausbildungsplätze, die in den einzelnen Betrieben angeboten werden, variiert bei einem Teil der Betriebe von Jahr zu Jahr. Neben Betrieben, in denen erstmals Ausbildungsplätze angeboten werden, stehen andere, die zumindest vorübergehend die Berufsausbildung einschränken oder gar einstellen. Im folgenden soll dargestellt werden,

- welche Betriebe ausgebildete Fachkräfte aufnehmen, selber aber nicht ausbilden,

- wie Betriebe zu charakterisieren sind, die ihre Ausbildungsaktivitäten eingeschränkt oder eingestellt haben.

Drei von vier beschäftigten Befragungsteilnehmern arbeiten in Betrieben, die Lehrlinge ausbilden. Differenziert man danach, ob der Ausbildungsbetrieb verlassen wurde oder nicht, so zeigt sich:

- von denjenigen, die ihren Ausbildungsbetrieb verlassen haben und in einem anderen Betrieb beschäftigt sind, gibt fast die Hälfte (45 vH) an, daß dort keine berufliche Ausbildung durchgeführt wird;

- von denjenigen, die im Ausbildungsbetrieb weiterbeschäftigt sind, geben 9 vH an, daß im Betrieb keine Auszubildenden mehr sind. Weitere 16 vH antworten, daß sich die Zahl der Auszubildenden verringert hat[17], aber nur 7 vH, daß sie sich vergrößert hat.

Betriebe, die - jedenfalls zum Zeitpunkt der Befragung - Fachkräfte vom Arbeitsmarkt nachfragen, ohne selbst auszubilden, sind

- fast zur Hälfte (48 vH) Kleinbetriebe mit weniger als 10 Beschäftigten, bei weiteren 29 vH liegt die Zahl der Mitarbeiter zwischen 10 und 49 Personen; die Betriebsgröße liegt also weit unter dem Gesamtdurchschnitt (vgl. dazu Übersicht 4);

- überdurchschnittlich oft sonstige Dienstleistungsbetriebe (43 vH gegenüber 37 vH in der Gesamtheit der beschäftigten Befragungsteilnehmer).

Die von den Befragten in diesen Betrieben ausgeübten Tätigkeiten entsprechen allerdings in einem erheblichen Teil der Fälle nicht den in der Berufsausbildung erworbenen Kenntnissen und Fähigkeiten der Befragungsteilnehmer: Sie sind in vier von zehn Fällen in einem anderen als dem erlernten Beruf tätig, während dieser Anteil für alle beschäftigten Befragungsteilnehmer aus regulären Ausbildungsbetrieben nur bei zwei von zehn Fällen liegt (vgl. zum Berufswechsel Abschnitt 3.2.4). Teilweise handelt es sich dabei um berufliche Alternativen auf gleichem fachlichen Niveau, in günstigen Fällen unter Verwertbarkeit der in der Ausbildung erworbenen Qualifikationen; zum anderen Teil erfolgt jedoch eine Beschäftigung als ungelernter oder angelernter Arbeiter in Aushilfstätigkeiten.

Befragungsteilnehmer, die im Ausbildungsbetrieb als Arbeitnehmer beschäftigt sind und deren Betrieb die Ausbildungsaktivitäten - zumindest vorübergehend - eingestellt hat, waren in zwei von drei Fällen (65 vH) früher der einzige Lehrling gewesen; in weiteren 24 vH der Fälle gab es noch höchstens drei weitere Auszubildende. Ganz überwiegend stellten Kleinbetriebe die Ausbildung ein, nur in 7 vH der Fälle hat der Betrieb mehr als 50 Beschäftigte. Eine Erklärung könnte darin liegen, daß diese Betriebe stark am eigenen (kurzfristigen) Bedarf orientiert ausbilden, und dieser Bedarf durch die Übernahme von Auszubildenden in ein Arbeitsverhältnis zunächst gedeckt ist.

Etwas anders stellt sich die Situation bei den Befragungsteilnehmern dar, die in einem Ausbildungsbetrieb beschäftigt sind, der seine Ausbildungsaktivitäten eingeschränkt hat, also weniger Lehrlinge ausbildet als im Jahr vorher. Bei gut jedem dritten Fall (36 vH) handelt es sich um Betriebe mit 100 und mehr Beschäftigten. In jedem vierten dieser Betriebe nahm auch die Zahl der Mitarbeiter im Laufe des letzten Jahres ab[18] - möglicherweise Indiz für verringerten Personalbedarf infolge von Rationalisierung oder verschlechterten Absatzchancen. In beiden Fällen sinkt auch der (kurzfristige) Bedarf an Nachwuchskräften, eine Verringerung der (kostenverursachenden) Ausbildung ist daher aus betriebswirtschaftlicher Sicht sinnvoll.

Befristung oder Dauerhaftigkeit des Vertragsverhältnisses

Das Beschäftigungsförderungsgesetz aus dem Jahr 1985 hat die Möglichkeiten zur befristeten Beschäftigung von Arbeitnehmern spürbar erweitert. Es wurde daher auch erfragt, ob eine unbefristete Beschäftigung erreicht werden konnte. Neun von zehn beschäftigten Befragungsteilnehmern haben zum Zeitpunkt der Befragung einen unbefristeten Arbeitsvertrag (vgl. Übersicht 9); bezogen auf alle, die ihre ursprüngliche Ausbildung beendet haben, sind dies 78 vH. 8 vH der Beschäftigungsverhältnisse sind zeitlich befristet (einschließlich vorübergehender Aushilfsjobs und sonstiger kurzfristiger Beschäftigungen); Frauen sind davon etwas häufiger betroffen als Männer. ABM-Stellen und Praktikantenstellen sind für die Befragungsteilnehmer praktisch bedeutungslos.

Wöchentliche Arbeitszeit

In den letzten Jahren hat sich die durchschnittliche wöchentliche Arbeitszeit der abhängig Beschäftigten verringert. Die Tarifabschlüsse des Jahres 1985 bedeuteten für einen Großteil der Arbeitnehmer eine Reduzierung der tariflichen Wochenarbeitszeit auf 38,5 Stunden, auch wenn sich dies wegen der Arbeitszeitflexibilisierung und wegen vermehrter Überstunden nicht in gleichem Maße in den wöchentlich geleisteten Arbeitsstunden niederschlägt[19]. Auch die Teilzeitbeschäftigung hat deutlich zugenommen, ist allerdings bis heute eine Domäne verheirateter Frauen mit kleinen Kindern, wenngleich entsprechende Wünsche auch in anderen Bevölkerungsgruppen vorhanden sind[20].

5 vH der beschäftigten Befragungsteilnehmer haben eine normale wöchentliche Arbeitszeit von weniger als 30 Stunden, üben also eine Teilzeitbeschäftigung aus; 1 vH der beschäftigten Befragungsteilnehmer arbeitet durchschnittlich 30 bis 34 Stunden je Woche (vgl. Übersicht 10)[21]. Wöchentliche Arbeitszeiten von 35 bis 39 Stunden, also im Bereich der durch Tarifvereinbarungen reduzierten

Übersicht 9

Beschäftigte Befragungsteilnehmer
nach Dauerhaftigkeit des Vertragsverhältnisses und Geschlecht
- vH-Struktur der gewichteten Fallzahlen -

Art des Vertragsverhältnisses	Männer	Frauen	Insgesamt
Unbefristete Dauerbeschäftigung	91	88	90
Zeitlich befristetes Beschäftigungsverhältnis	5	9	7
Vorübergehender Aushilfsjob/sonstige kurzfristige Beschäftigung	1	1	1
ABM-Stelle	0	0	0
Praktikantenstelle o. ä.	0	0	0
Keine Angaben	2	2	2
Zusammen	99	100	100
Basis	1 312	1 048	2 360

Wochenarbeitszeit, haben 11 vH der beschäftigten Befragungsteilnehmer und 53 vH arbeiten im Durchschnitt 40 Stunden.

Sehr hoch ist mit 27 vH der Anteil derjenigen, die mehr als 40 Wochenstunden arbeiten. Dies deutet auf eine gewisse Regelmäßigkeit von Überstunden hin, insbesondere deshalb, weil auch Berufsbereiche betroffen sind, in denen durch tarifvertragliche Regelungen die Wochenarbeitszeit verkürzt wurde. Auch an der durchschnittlichen wöchentlichen Arbeitszeit in zusammengefaßten Berufsgruppen, die in Übersicht 11 dargestellt ist, ist dies zu sehen: Mit Ausnahme der Gesundheitsdienstberufe (vor allem Arzt- und Zahnarzthelfer) liegt die durchschnittliche wöchentliche Arbeitszeit der Vollzeitbeschäftigten höher als 40 Stunden; dies gilt auch bei detaillierter Analyse auf der Ebene einzelner Berufsklassen (tabellarisch nicht ausgewiesen).

Übersicht 10

Beschäftigte Befragungsteilnehmer nach wöchentlicher Arbeitszeit einschließlich etwaiger Überstunden und Geschlecht

- vH-Struktur der gewichteten Fallzahlen -

Durchschnittliche wöchentliche Arbeitszeit	Männer	Frauen	Insgesamt
unter 20 Stunden	1	1	1
20 bis 24 Stunden	1	2	1
25 bis 29 Stunden	0	1	1
30 bis 34 Stunden	0	3	1
35 bis 38 Stunden	3	7	5
39 Stunden	7	5	6
40 Stunden	53	54	53
41 bis 44 Stunden	12	15	13
45 bis 49 Stunden	10	7	9
50 und mehr Stunden	6	2	5
keine geregelte Wochenarbeitszeit	5	3	4
keine Angabe zur Arbeitszeit	1	1	1
Zusammen	99	101	100
Teilzeitbeschäftigte (Arbeitszeit unter 30 Stunden)[1]	4	6	5
Vollzeitbeschäftigte (Arbeitszeit 30 und mehr Stunden)[2]	94	93	94
Erwerbstätige ohne Angabe zur Arbeitszeit[3]	2	1	1
Zusammen	100	100	100
Basis	1 312	1 048	2 360

1) Einschließlich Befragungsteilnehmer ohne geregelte Wochenarbeitszeit, die sich als teilzeitbeschäftigt einstufen. - 2) Einschließlich Befragungsteilnehmer ohne geregelte Wochenarbeitszeit, die sich als vollzeitbeschäftigt einstufen. - 3) Einschließlich Befragungsteilnehmer ohne geregelte Wochenarbeitszeit, die keine Selbsteinstufung vorgenommen haben.

Übersicht 11

Beschäftigte Befragungsteilnehmer nach zusammengefaßten Berufsgruppen, Voll- und Teilzeitbeschäftigten

und durchschnittlicher wöchentlicher Arbeitszeit (einschließlich etwaiger Überstunden) der Vollzeitbeschäftigten

- vH-Struktur der gewichteten Fallzahlen -

	Zusammengefaßte Berufsgruppen	Vollzeit-beschäftigte [2]	Teilzeit-beschäftigte [3]	Ohne Angabe [4]	Zusammen	Basis	Durchschnittliche wöchentliche Arbeitszeit der Vollzeitbeschäftigten in Std.
19 - 30	Metallberufe	98	1	1	100	340	41,8
31	Elektroberufe	98	2	1	101	153	40,8
33 - 37	Textil-, Bekleidungs- und Lederberufe	100	-	-	100	17	40,9
39 - 43	Ernährungsberufe	85	5	11	101	68	44,7
44 - 51	Bau- und Baunebenberufe einschließlich Tischler, Maler und Lackierer	97	3	0	100	206	40,9
62, 63	Techniker, Technische Sonderfachkräfte	97	1	2	100	35	40,2
68 - 70	Waren- und Dienstleistungskaufleute	95	3	1	99	481	41,1
75 - 78	Organisations-, Verwaltungs- und Büroberufe	94	5	1	100	507	40,8
85	Gesundheitsdienstberufe	88	9	3	100	128	38,3
90 - 93	Körperpfleger, Gästebetreuer, Hauswirtschafts- und Reinigungsberufe	95	5	-	100	123	42,3
	Sonstige Berufsgruppen [1]	87	12	1	100	302	41,4
	Insgesamt	94	5	1	100	2 360	41,2

1) Siehe Anhang 3. - 2) Arbeitszeit 30 und mehr Stunden einschließlich Befragungsteilnehmer ohne geregelte Wochenarbeitszeit, die sich als vollzeitbeschäftigt einstufen. - 3) Arbeitszeit unter 30 Stunden einschließlich Befragungsteilnehmer ohne geregelte Wochenarbeitszeit, die sich als teilzeitbeschäftigt einstufen. - 4) Einschließlich Befragungsteilnehmer, die keine Selbsteinstufung vorgenommen haben.

Zwischen Männern und Frauen gibt es nur geringe Unterschiede bei der wöchentlichen Arbeitszeit, auch der Anteil der Teilzeitbeschäftigten ist nahezu gleich hoch. Dies war auch zu erwarten, da Teilzeitarbeit vor allem von Frauen mit kleinen Kindern gesucht wird - die überwiegende Mehrheit der Befragungsteilnehmer hat aber noch keine Familie gegründet. Zwischen verheirateten und ledigen Befragungsteilnehmern zeigen sich zwar Unterschiede in der Häufigkeit von Teilzeitbeschäftigung, sie sind aber geringer als zwischen Befragungsteilnehmern, die eine weitere Ausbildung begonnen haben, und den übrigen Befragungsteilnehmern. Mit anderen Worten: Teilzeitbeschäftigung der Befragungsteilnehmer trägt dazu bei, den Lebensunterhalt während einer weiteren Ausbildung zu sichern.

Ähnliche Ergebnisse brachte bereits die erste Befragung bei den Aussagen zur angestrebten Arbeitszeit[22]. Verknüpft man diese Angaben mit den Ergebnissen der zweiten Befragung zu einem Indikator für die Realisierungschancen von Arbeitszeitwünschen, so zeigt sich, daß

- bei den jetzt Vollzeitbeschäftigten fast durchweg (92 vH) auch der Wunsch nach einer Beschäftigung mit voller Wochenstundenzahl bestand. Bei den Männern ist dieser Anteil mit 95 vH noch etwas höher als bei den Frauen (89 vH); immerhin jede zehnte vollzeitbeschäftigte Frau unter den Befragungsteilnehmern hatte eine Präferenz für eine Teilzeitbeschäftigung mit weniger als 30 Wochenstunden geäußert;

- nur jeder dritte Befragungsteilnehmer, der teilzeitbeschäftigt ist (33 vH), dies auch zum Zeitpunkt der ersten Befragung angestrebt hatte. Die Mehrheit der jetzt mit weniger als 30 Wochenstunden Beschäftigten hätte lieber eine Vollzeitstelle angenommen; bei den Männern ist dies (mit 80 vH) noch deutlicher als bei den Frauen (51 vH). Die in der ersten Befragung von der Mehrheit der Prüfungsteilnehmer geäußerte Bereitschaft zur Flexibilität bei der Aufnahme der Berufstätigkeit hat sich offensichtlich als konkrete Anpassung an die angebotenen Stellen niedergeschlagen.

3.2.2 Übernahme durch den Ausbildungsbetrieb

Im vorangegangenen Abschnitt ging es um die Frage, in welchen Betrieben und Branchen diejenigen Befragungsteilnehmer beschäftigt sind, die zum Zeitpunkt der Befragung in einem Arbeitsverhältnis stehen. Dabei wurde auch schon der

Verbleib im Ausbildungsbetrieb angesprochen. Im folgenden geht es im einzelnen um Übernahmeangebote und tatsächliche Übernahme durch den Ausbildungsbetrieb. Dabei rücken alle Befragungsteilnehmer ins Blickfeld, die ihre ursprüngliche Ausbildung beendet haben.

3.2.2.1 Betriebliches Übernahmeangebot

Zwei von drei Befragungsteilnehmern (67 vH) mit beendeter Ausbildung haben ein Übernahmeangebot erhalten, bei gut jedem fünften (22 vH) hat der Betrieb dies abgelehnt. Bei 8 vH der Befragungsteilnehmer ist eine Übernahme nicht möglich, da sie außerbetrieblich ausgebildet oder als Externe zur Abschlußprüfung zugelassen wurden (vgl. Übersicht 12).

Auch in der ersten Befragung, kurze Zeit vor der Abschlußprüfung, ist danach gefragt worden, ob für den Fall eines erfolgreichen Abschlusses der Berufsausbildung die Übernahme in ein reguläres Arbeitsverhältnis im Ausbildungsbetrieb zugesagt worden war[23]. Damals hatten nur 43 vH der Prüfungsteilnehmer bereits eine Übernahmezusage erhalten, bei 19 vH hatte der Betrieb eine Ablehnung ausgesprochen und bei einem guten Viertel der Fälle (27 vH) war die Übernahme noch offen. Von diesem Viertel der Befragungsteilnehmer erhielten 73 vH später noch eine Übernahmezusage, bei jedem vierten hat der Betrieb die Umwandlung des Ausbildungsvertrags in einen Arbeitsvertrag abgelehnt. In den Fällen, in denen bereits zum Zeitpunkt der ersten Befragung Zusage oder Ablehnung seitens des Betriebs vorlagen, zeigt sich eine sehr große Stabilität: Nur 2 vH der Befragungsteilnehmer gingen von einer Übernahmezusage aus, haben dann aber doch kein konkretes Übernahmeangebot erhalten; 6 vH rechneten mit einer Ablehnung durch den Betrieb, haben dann aber doch noch ein Übernahmeangebot erhalten.

Befragungsteilnehmer, die ihre Ausbildung ohne Abschluß abgebrochen haben, erhalten ebenfalls Übernahmeangebote, aber weit seltener als erfolgreiche Absolventen, und bei ihnen zieht der Betrieb auch überdurchschnittlich häufig eine Übernahmezusage zurück.

Übersicht 12

Befragungsteilnehmer mit beendeter ursprünglicher Ausbildung nach Übernahmeangebot und Geschlecht

- vH-Struktur der gewichteten Fallzahlen -

Übernahme-angebot	Männer	Frauen	Insgesamt	Mit erfolgreich abgeschlossener Ausbildung	Mit abgebrochener ursprünglicher Ausbildung
Betrieb hat Übernahme angeboten	69	67	68	71	28
Betrieb hat Übernahme abgelehnt	20	25	22	21	37
Keine Übernahme möglich 1)	10	6	8	7	32
Keine Angabe	1	2	2	1	3
Zusammen	100	100	100	100	100
Basis	1 504	1 228	2 732	2 581	148

1) Außerbetriebliche Berufsausbildung/externe Prüfungsteilnehmer.

Betriebliches Übernahmeangebot und soziodemographische Merkmale

Männliche Befragungsteilnehmer erhalten - dies hatte sich schon in der ersten Befragung gezeigt - etwas häufiger Übernahmeangebote ihres Ausbildungsbetriebs und seltener Ablehnungen als weibliche Befragungsteilnehmer. Berücksichtigt man nur Befragungsteilnehmer, die eine Ausbildung in regulären Ausbildungsbetrieben durchlaufen haben (bei denen eine Übernahme also überhaupt möglich ist), so werden die Unterschiede deutlicher.

Auch beim Zusammenhang zwischen allgemeinbildendem Schulabschluß und betrieblichem Übernahmeangebot bestätigen sich die Ergebnisse der ersten Befragung: Je höher der allgemeinbildende Schulabschluß ist, desto höher ist der Anteil der Befragungsteilnehmer, die ein Übernahmeangebot erhalten haben (vgl. Übersicht 13). Dies gilt auch dann, wenn nur Befragungsteilnehmer berücksichtigt werden, die in regulären Ausbildungsbetrieben ausgebildet worden sind und ihre Ausbildung erfolgreich abgeschlossen haben. Anders formuliert: Ehemalige Schüler einer Sonderschule oder ohne allgemeinbildenden Schulabschluß haben selbst dann deutlich schlechtere Chancen, im Ausbildungsbetrieb beschäftigt zu werden, wenn sie einen Ausbildungsplatz in einem regulären Ausbildungsbetrieb gefunden und die Berufsausbildung erfolgreich absolviert haben (vgl. Übersicht 14).

Betriebliches Übernahmeangebot und Ausbildungsbereiche

Differenziert man die Befragungsteilnehmer nach den für die Berufsbildung zuständigen Stellen in Ausbildungsbereiche, so zeigt sich (vgl. Übersicht 15):

- Am häufigsten sind Übernahmeangebote im öffentlichen Dienst (einschließlich Sozialversicherung) mit 82 vH;

- im Mittelfeld liegen Industrie und Handel (70 vH Übernahmeangebote), Freie Berufe (68 vH) und Handwerk (65 vH) recht dicht beieinander;

- die geringste Quote gibt es im Bereich Land- und Hauswirtschaft (45 vH), wobei allerdings zu berücksichtigen ist, daß in diesem Bereich etwa jeder dritte Befragungsteilnehmer außerbetrieblich ausgebildet oder als Externer zur Prüfung zugelassen wurde, also ein Übernahmeangebot gar nicht möglich war.

Übersicht 13

Befragungsteilnehmer mit beendeter ursprünglicher Ausbildung nach
allgemeinbildendem Schulabschluß und Übernahmeangebot

- vH-Struktur der gewichteten Fallzahlen -

Übernahme-angebot	Abschluß einer Son-derschule/ ohne Abschluß[1]	Haupt-schul-abschluß	Mittlere Reife oder gleich-wertiger Abschluß	Abitur, Fachhoch-schulreife oder gleich-wertig	Insgesamt
Betrieb hat Über-nahme angeboten	36	62	71	74	68
Betrieb hat Über-nahme abgelehnt	27	23	23	16	22
Keine Übernahme möglich 2)	36	14	5	8	8
Keine Angaben	-	2	1	2	2
Zusammen	99	101	100	100	100
Basis	97	680	1 549	406	2 732

1) Einschließlich Fälle ohne Angabe zur allgemeinen Schulbildung. - 2) Außerbetriebliche Berufs-ausbildung/externe Prüfungsteilnehmer.

Übersicht 14

Befragungsteilnehmer aus regulären Ausbildungsbetrieben mit erfolgreich abgeschlossener
Ausbildung nach allgemeinbildendem Schulabschluß und Übernahmeangebot

- vH-Struktur der gewichteten Fallzahlen -

Übernahme-angebot	Abschluß einer Son-derschule/ ohne Abschluß[1]	Haupt-schul-abschluß	Mittlere Reife oder gleich-wertiger Abschluß	Abitur, Fachhoch-schulreife oder gleich-wertig	Insgesamt
Betrieb hat Über-nahme angeboten	59	75	76	80	76
Betrieb hat Über-nahme abgelehnt	41	24	23	17	23
Keine Angaben	-	2	1	2	2
Zusammen	100	101	100	99	101
Basis	59	536	1 433	374	2 403

1) Einschließlich Fälle ohne Angabe zur allgemeinen Schulbildung.

Übersicht 15

Befragungsteilnehmer mit beendeter ursprünglicher Ausbildung nach Ausbildungsbereichen und Übernahmeangebot

– vH-Struktur der gewichteten Fallzahlen –

Übernahme-angebot	Industrie und Handel	Handwerk	Öffentl. Dienst (einschl. Sozialvers.)	Freie Berufe	Land- und Hauswirt-schaft	Insgesamt
Betrieb hat Über-nahme angeboten	70	65	82	68	45	68
Betrieb hat Über-nahme abgelehnt	19	25	17	31	19	22
Keine Übernahme möglich 1)	9	10	–	0	36	8
Keine Angaben	2	1	1	1	–	2
Zusammen	100	101	100	100	100	100
Basis	1 451	804	120	302	55	2 732

1) Außerbetriebliche Berufsausbildung/externe Prüfungsteilnehmer.

Läßt man diese außerbetrieblich ausgebildeten Befragungsteilnehmer für die folgenden Analysen außer acht und betrachtet nur Befragungsteilnehmer, die ihre Ausbildung in einem regulären Ausbildungsbetrieb durchlaufen haben, so sind die Unterschiede zwischen den verschiedenen Ausbildungsbereichen deutlich geringer (vgl. Übersicht 16). Unverändert hoch bleibt die Quote der Übernahmeangebote im öffentlichen Dienst (82 vH), doch wesentlich dichter folgen Industrie und Handel (76 vH). Die geringste Quote der Übernahmeangebote ist bei den Freien Berufen (68 vH) zu verzeichnen. Dies hängt nicht mit der unterschiedlichen Häufigkeit eines erfolglosen Abbruchs der beruflichen Ausbildung zusammen, denn die Unterschiede bleiben erhalten, wenn nur erfolgreiche Absolventen in die Analyse einbezogen werden.

In Übersicht 16 ist auch zu sehen, daß Frauen in allen Ausbildungsbereichen mit Ausnahme des öffentlichen Dienstes seltener Übernahmeangebote erhalten haben als Männer. In den beiden großen Ausbildungsbereichen (Industrie und Handel sowie Handwerk) liegt dieser Unterschied bei 5 vH-Punkten; in den anderen - quantitativ weniger bedeutsamen Bereichen - ist er weit größer. Ebenfalls beträchtlich ist der Abstand - aber umgekehrt zugunsten der Frauen - im öffentlichen Dienst (einschließlich Sozialversicherung). Im folgenden soll der Frage nachgegangen werden, welche Rolle die geschlechtsspezifischen Berufsspektren bei diesen Unterschieden spielen.

Betriebliches Übernahmeangebot und Ausbildungsberufe

Männer und Frauen haben bekanntermaßen verschiedene berufliche Schwerpunkte; Männer werden überwiegend in den gewerblich-technischen, Frauen in den kaufmännischen und sonstigen Büro- und Dienstleistungsberufen ausgebildet (vgl. auch die Ergebnisse der ersten Befragung)[24]. Zwei Drittel der Berliner Prüfungsteilnehmer wurden in stark geschlechtsspezifisch geprägten Berufen (Männer- beziehungsweise Frauenberufen)[25] ausgebildet. In diesen Berufen werden von den Betrieben seltener Übernahmeangebote ausgesprochen als in den Mischberufen. Frauen erhalten stets, selbst in den ausgesprochenen Frauenberufen, weniger Übernahmeangebote als männliche Befragungsteilnehmer, wobei allerdings - wegen der geringen Fallzahlen - für die Männer in Frauenberufen und für die Frauen in Männerberufen keine gesicherten Aussagen möglich sind (vgl. Übersicht 17).

46

Übersicht 16

Befragungsteilnehmer aus regulären Ausbildungsbetrieben mit beendeter ursprünglicher Ausbildung

nach Ausbildungsbereichen, Übernahmeangebot und Geschlecht

- vH-Struktur der gewichteten Fallzahlen -

Übernahme-angebot	Industrie und Handel	Handwerk	Öffentl. Dienst (einschl. Sozialvers.)	Freie Berufe	Land- und Hauswirt-schaft	Insgesamt
	Insgesamt					
Betrieb hat Über-nahme angeboten	76	72	82	68	71	74
Betrieb hat Über-nahme abgelehnt	21	28	17	31	29	24
Keine Angaben	3	1	1	1	-	2
Zusammen	100	101	100	100	100	100
Basis	1 321	727	120	302	35	2 504
	Männer					
Betrieb hat Über-nahme angeboten	79	73	67	(93)	(90)	77
Betrieb hat Über-nahme abgelehnt	19	26	32	(7)	(11)	22
Keine Angaben	3	1	1	-	-	2
Zusammen	101	100	100	(100)	(101)	101
Basis	728	529	51	(17)	(25)	1 350
	Frauen					
Betrieb hat Über-nahme angeboten	73	68	93	67	(29)	72
Betrieb hat Über-nahme abgelehnt	24	31	6	32	(71)	27
Keine Angaben	3	1	1	1	-	2
Zusammen	100	100	100	100	(100)	101
Basis	593	198	69	284	(11)	1 154

Übersicht 17

Befragungsteilnehmer aus regulären Ausbildungsbetrieben mit beendeter ursprünglicher Ausbildung nach Männer-, Frauen- und Mischberufen, Übernahmeangebot und Geschlecht

- vH-Struktur der gewichteten Fallzahlen -

Männer-, Frauen- und Mischberufe	Männer		Frauen		Insgesamt		Basis		
	Übernahme-angebot	kein Angebot	Übernahme-angebot	kein Angebot	Übernahme-angebot	kein Angebot	Männer	Frauen	Insgesamt
Männerberufe	76	23	42	58	75	24	954	32	986
Mischberufe	79	20	77	21	78	21	375	493	869
Frauenberufe	84	16	69	30	69	29	20	629	649
Insgesamt	77	22	72	27	74	24	1 350	1 154	2 504

Differenziert man nach zusammengefaßten Berufsgruppen (vgl. Übersicht 18), so zeigen sich überdurchschnittlich häufige Übernahmeangebote bei den Waren- und Dienstleistungskaufleuten sowie bei den Organisations-, Verwaltungs- und Büroberufen. Dies gilt jedoch nicht für jeden einzelnen Ausbildungsberuf in diesen zusammengefaßten Gruppen: So hat bei den Verkäufern nur gut jeder zweite Befragungsteilnehmer (54 vH) ein Übernahmeangebot erhalten; dieser Beruf bildet damit das Schlußlicht hinsichtlich der Weiterbeschäftigungsmöglichkeiten. Zwei weitere Berufe fallen durch ihre besonders schlechten Möglichkeiten der Beschäftigung im Ausbildungsbetrieb auf: Arzthelfer (59 vH Übernahmeangebote) und Fernmeldehandwerker (65 vH Übernahmeangebote). Bei letzteren hat von den im öffentlichen Dienst ausgebildeten Fernmeldehandwerkern nur gut die Hälfte (56 vH) ein Übernahmeangebot erhalten, während die von der Industrie- und Handelskammer geprüften Fernmeldeinstallateure beziehungsweise Fernmeldeelektroniker weitaus häufiger Übernahmeangebote erhalten haben[26]. Trotz der Unsicherheiten aufgrund geringer Fallzahlen scheint der Schluß gerechtfertigt, daß dies auf bedarfsübersteigende Ausbildung zurückzuführen ist, die im öffentlichen Dienst seit einigen Jahren in den Berufen mit Beschäftigungsmöglichkeiten auch in der Privatwirtschaft vorgenommen wird. Die Fernmeldehandwerker, die im Auftrage des Senats in den Ausbildungsstätten der Landespostdirektion ausgebildet wurden, sind hierfür nur ein Beispiel. Dies erklärt auch die unterdurchschnittlichen Übernahmeangebote der männlichen Befragungsteilnehmer im öffentlichen Dienst (vgl. oben); bei den Verwaltungsfachkräften im öffentlichen Dienst haben Männer wie Frauen dagegen außergewöhnlich gute Chancen der Weiterbeschäftigung (94 vH).

Die Mehrzahl der Berufe mit besonders häufigen Übernahmeangeboten seitens der Ausbildungsbetriebe sind dem kaufmännischen Bereich zuzuordnen. Den "Spitzenplatz" teilen sich die schon erwähnten Verwaltungsfachkräfte des öffentlichen Dienstes mit den Bankkaufleuten (beide 94 vH; vgl. Übersicht 19), danach folgen die Einzelhandelskaufleute mit 85 vH Übernahmeangeboten. Erst an vierter Stelle folgt mit den Schlossern eine Berufsgruppe aus dem gewerblich-technischen Bereich. Den fünften Rang nehmen die Zahnarzthelfer ein, die sich damit deutlich von den Arzthelfern abheben.

Die Berufe, in denen sowohl Männer als auch Frauen in nicht zu kleinem Umfang ausgebildet werden, lassen sich hinsichtlich der geschlechtsspezifischen Unterschiede in der Häufigkeit der Übernahmeangebote in drei Gruppen einteilen:

Übersicht 18

Befragungsteilnehmer aus regulären Ausbildungsbetrieben mit beendeter ursprünglicher Ausbildung nach zusammengefaßten Ausbildungsberufen, Übernahmeangebot und Geschlecht

- vH-Anteile der gewichteten Fallzahlen -

Zusammengefaßte Berufsgruppen	Männer		Frauen		Insgesamt		Basis		
	Übernahme-angebot	kein Angebot	Übernahme-angebot	kein Angebot	Übernahme-angebot	kein Angebot	Männer	Frauen	Insgesamt
19 - 30 Metallberufe	75	22	.	.	75	22	401	7	408
31 Elektroberufe	74	24	.	.	73	25	175	5	180
33 - 37 Textil-, Bekleidungs- und Lederberufe	.	.	62	38	62	38	2	29	31
39 - 43 Ernährungsberufe	69	31	.	.	68	33	73	5	78
44 - 51 Bau- und Baunebenberufe einschl. Tischler, Maler und Lackierer	77	23	.	.	76	23	259	4	263
62, 63 Techniker, Technische Sonderfachkräfte	64	36	69	32	67	34	17	22	40
68 - 70 Waren- und Dienstleistungskaufleute	80	19	77	21	78	21	260	381	640
75 - 78 Organisations-, Verwaltungs- und Büroberufe	86	14	77	21	79	19	100	345	445
85 Gesundheitsdienstberufe	-	-	66	33	66	33	0	173	173
90 - 93 Körperpfleger, Gästebetreuer, Hauswirtschafts- und Reinigungsberufe	68	29	60	37	61	36	21	145	166
Sonstige Berufsgruppen[1]	90	10	51	49	72	28	43	37	80
Insgesamt	77	22	72	27	74	24	1 350	1 154	2 504

1) Siehe Anhang 3.

. Wegen zu geringer Fallzahl kein Nachweis möglich.

Befragungsteilnehmer aus regulären Ausbildungsbetrieben mit beendeter ursprünglicher Ausbildung
nach Ausbildungsberufen, Übernahmeangebot und Geschlecht

- vH-Anteile der gewichteten Fallzahlen -

Berufsgruppen darunter: Berufsklassen	Übernahmeangebot			Basis		
	Männer	Frauen	Insge-samt	Männer	Frauen	Insge-samt
05 Gärtner	89	58	73	25	26	51
26 Feinblechner, Installateure	74	x	74	93	0	93
27 Schlosser	82	x	82	114	0	114
28 Mechaniker	76	.	76	133	1	134
dar.: 2811 Kraftfahrzeuginstand-setzer	68	x	68	88	0	88
31 Elektriker	74	.	73	175	5	180
dar.: 3110 Elektroinstallateure, -monteure	72	x	72	92	0	92
3120 Fernmeldemonteure, -handwerker	64	.	65	33	1	33
63 Technische Sonderfachkräfte	82	67	73	13	22	35
68 Warenkaufleute	75	74	74	164	293	457
dar.: 6812 Einzelhandelskaufleute	87	84	85	96	88	184
6820 Verkäufer	45	57	54	35	94	130
69 Bank-, Versicherungskaufleute	91	93	92	78	68	146
dar.: 6910 Bankkaufleute	92	95	94	62	58	120
70 Andere Dienstleistungskaufleute und zugehörige Berufe	70	73	72	17	20	37
75 Unternehmer, Organisatoren, Wirt-schaftsprüfer	93	70	77	17	42	59
dar.: 7535 Fachgehilfen in steuer- und wirtschaftsberaten-den Berufen	93	70	77	17	42	59
78 Bürofachkräfte	83	77	79	78	301	379
dar.: 7810 Bürofachkräfte, allge-mein	92	72	74	13	140	153
7811 Verwaltungsfachkräfte öffentlicher Dienst	94	93	94	20	66	85
7812 Industriekaufleute	75	78	77	41	37	78
85 Gesundheitsdienstberufe	x	66	66	0	173	173
dar.: 8561 Arzthelfer	x	59	59	0	110	110
8562 Zahnarzthelfer	x	80	80	0	63	63
Übrige Berufsgruppen[1]	73	60	69	442	204	646
Insgesamt	77	72	74	1 350	1 154	2 504

1) Siehe Anhang 2.
. Wegen zu geringer Fallzahl kein Nachweis möglich. x Zelle nicht besetzt.

1. Berufe mit überdurchschnittlicher Häufigkeit der Übernahmeangebote für männliche Befragungsteilnehmer, aber weit geringeren Chancen für Frauen; hierzu gehören (in der Reihenfolge ihrer quantitativen Bedeutung):

   - Bürokaufleute, Bürogehilfen,
   - Fachgehilfen in steuer- und wirtschaftsberatenden Berufen,
   - Gärtner,
   - Technische Sonderfachkräfte.

2. Berufe, in denen sich die Häufigkeit der Übernahmeangebote zwischen den Geschlechtern nur unwesentlich unterscheidet; hierzu gehören ausschließlich Berufe aus dem kaufmännischen und Verwaltungsbereich:

   - Einzelhandelskaufleute,
   - Bank-, Versicherungskaufleute,
   - Verwaltungsfachkräfte im öffentlichen Dienst,
   - Industriekaufleute,
   - Andere Dienstleistungskaufleute.

3. Berufe mit häufigeren Übernahmeangeboten für Frauen; hier ist als einziger Beruf der Verkäufer zu nennen.

Insgesamt bleibt jedoch zu konstatieren, daß Männer häufiger als Frauen Übernahmeangebote seitens der Betriebe erhalten.

Betriebliches Übernahmeangebot und Merkmale des Betriebs

Zwischen der Zahl der Beschäftigten im Ausbildungsbetrieb und einem Weiterbeschäftigungsangebot des Betriebs besteht ein Zusammenhang: Knapp zwei Drittel der Befragungsteilnehmer (64 vH), die in Betrieben mit höchstens 4 Beschäftigten ausgebildet worden waren, haben ein entsprechendes Angebot erhalten; bei Befragungsteilnehmern aus Betrieben mit 5 bis 49 Beschäftigten liegt dieser Anteil bei knapp drei Vierteln (73 vH), bei noch größeren Betrieben bei vier Fünfteln (80 vH). In den großen Betrieben haben weibliche Befragungsteilnehmer sogar etwas häufiger Übernahmeangebote erhalten als männliche Befragungsteilnehmer (vgl. Übersicht 20)[27]. In den Kleinbetrieben dagegen treffen die ungünstigeren Möglichkeiten der Weiterbeschäftigung besonders Frauen, da hier überwiegend Frauen ausgebildet wurden. In den mittleren Betrieben sind die Übernahmeangebote für Frauen seltener als für Männer.

Übersicht 20

Befragungsteilnehmer aus regulären Ausbildungsbetrieben mit beendeter ursprünglicher Ausbildung nach Übernahmeangebot, Größe des Ausbildungsbetriebs und Geschlecht

- vH-Anteile der gewichteten Fallzahlen -

Größe des Ausbildungsbetriebs (Zahl der Beschäftigten)	Männer		Frauen		Insgesamt		Basis		
	Übernahme-angebot	kein Angebot	Übernahme-angebot	kein Angebot	Übernahme-angebot	kein Angebot	Männer	Frauen	Insgesamt
Ein-Mann-Betrieb	·	·	58	42	62	39	9	40	49
2 bis 4 Beschäftigte	64	35	64	34	64	34	128	276	404
5 bis 9 Beschäftigte	72	28	72	27	72	27	109	195	304
10 bis 49 Beschäftigte	75	24	70	29	73	26	366	213	578
50 bis 99 Beschäftigte	83	13	84	16	84	14	127	64	191
100 und mehr Beschäftigte	81	17	86	20	80	18	562	334	895
keine Angabe	67	33	77	23	71	29	49	32	81
Insgesamt	77	22	72	27	74	24	1 350	1 154	2 504

· Wegen zu geringer Fallzahl kein Nachweis möglich.

Die Zahl der Auszubildenden im Betrieb korreliert eng mit der Zahl der dort Beschäftigten[28]. Die Quote der Übernahmeangebote nimmt mit der Größe des Betriebs (vgl. Übersicht 20) und auch mit der Zahl der Auszubildenden im Betrieb zu (vgl. Übersicht 21). Die Unterschiede sind in der Gliederung nach der Zahl der Beschäftigten im Ausbildungsbetrieb ausgeprägter als in der Gliederung nach der Zahl der Auszubildenden.

Befragungsteilnehmer, die ihre Ausbildung ohne Abschluß abgebrochen haben, erhalten seltener als andere ein Weiterbeschäftigungsangebot des Ausbildungsbetriebs; in den Kleinbetrieben mit weniger als 10 Beschäftigten wird ihnen jedoch fast in der Hälfte der Fälle (46 vH) ein Arbeitsvertrag angeboten, in größeren Betrieben nur in jedem dritten Fall (29 vH).

Art der angebotenen Stellen

Zusätzlich zur Information über das Angebot einer Weiterbeschäftigung im Ausbildungsbetrieb wurden zwei Fragen zur Art des angebotenen Arbeitsplatzes gestellt: Zur wöchentlichen Arbeitszeit sowie zur Befristung oder Dauerhaftigkeit des angebotenen Arbeitsvertrages. Auch in der ersten Befragungswelle waren solche Angaben erhoben worden; die damals zu Tage getretenen Verständnisprobleme seitens der Befragungsteilnehmer konnten diesmal vermieden werden[29].

Nur in relativ wenigen Fällen wurde die Weiterbeschäftigung in einem Teilzeitarbeitsverhältnis angeboten; häufiger wird das angebotene Arbeitsverhältnis zeitlich befristet (vgl. Übersicht 22). Bei 82 vH der Beschäftigungsangebote handelt es sich um unbefristete Beschäftigung auf einer Vollzeitstelle. 12 vH der Beschäftigungsangebote sind für Vollzeitarbeitsplätze, aber mit einer zeitlichen Befristung des Vertragsverhältnisses verknüpft. Die vorgesehene Arbeitszeit ist bei Männern und Frauen etwa gleich häufig Vollzeit beziehungsweise Teilzeit; bei Frauen werden Beschäftigungsangebote etwas häufiger zeitlich befristet als bei Männern. Bezogen auf alle Befragungsteilnehmer, die ihre ursprüngliche Ausbildung beendet haben, hat in 56 vH der Fälle der Betrieb eine Dauerbeschäftigung mit voller Wochenstundenzahl angeboten, in 8 vH der Fälle wurde eine befristete Vollzeitstelle angeboten, und nur in 3 vH der Fälle wurde eine Stelle mit reduzierter Wochenstundenzahl (als Dauerstelle oder zeitlich befristet) angeboten (vgl. Übersicht 23). Gut jeder zweite

Übersicht 21

Befragungsteilnehmer aus regulären Ausbildungsbetrieben mit beendeter ursprünglicher Ausbildung nach Übernahmeangebot, Zahl der Auszubildenden im Ausbildungsbetrieb und Geschlecht

- vH-Anteile der gewichteten Fallzahlen -

Zahl der Auszubildenden im Ausbildungsbetrieb	Männer Übernahme-angebot	Männer kein Angebot	Frauen Übernahme-angebot	Frauen kein Angebot	Insgesamt Übernahme-angebot	Insgesamt kein Angebot	Basis Männer	Basis Frauen	Basis Insgesamt
nur 1 Auszubildender	75	25	69	29	71	28	87	224	311
2 bis 4 Auszubildende	75	25	67	33	70	29	379	439	818
5 bis 9 Auszubildende	75	22	76	24	75	22	242	123	365
10 bis 19 Auszubildende	78	21	78	18	78	20	145	76	221
20 und mehr Auszubildende	78	20	78	19	78	20	463	262	726
keine Angabe	91	9	69	32	81	20	33	29	63
Insgesamt	77	22	72	27	74	24	1 350	1 154	2 504

Befragungsteilnehmer mit Übernahmeangebot
nach Art der angebotenen Stelle und Geschlecht
- vH-Struktur der gewichteten Fallzahlen -

Art der angebotenen Stelle	Befragungsteilnehmer mit Übernahmeangebot		
	Männer	Frauen	Insgesamt
Vollzeit, unbefristet	84	80	82
Teilzeit, unbefristet	3	5	4
Vollzeit, befristet	10	13	12
Teilzeit, befristet	1	1	1
Keine Angaben	1	2	2
Zusammen	99	101	101
Vollzeitstelle	95	93	94
Teilzeitstelle	4	6	5
unbefristete Stelle	88	84	86
befristete Stelle	11	14	12
Basis	1 035	825	1 860

Befragungsteilnehmer hatte also das Angebot, in seinem Ausbildungsbetrieb ein "Normalarbeitsverhältnis" aufzunehmen (wobei hier offen bleiben muß, ob es sich um eine Tätigkeit im erlernten Beruf oder eine andere Beschäftigung handelt; vgl. dazu Abschnitt 3.2.4).

Von den Befragungsteilnehmern, die ihre Ausbildung ohne Abschluß abgebrochen haben, hat gut jeder vierte (28 vH) ein Übernahmeangebot erhalten; diese Übernahmeangebote sind aber doppelt so häufig wie bei den erfolgreichen Absolventen zeitlich befristet (Abbrecher: 23 vH, erfolgreiche Absolventen: 12 vH der Übernahmeangebote).

Die genauere Analyse zeigt, daß

- Betriebe mit höchstens vier Beschäftigten überdurchschnittlich häufig befri-

Befragungsteilnehmer mit beendeter ursprünglicher Ausbildung nach Art des Übernahmeangebots und Geschlecht

- vH-Struktur der gewichteten Fallzahlen -

Übernahmeangebot	Männer	Frauen	Insgesamt	Mit erfolgreich abgeschlossener Ausbildung	Mit abgebrochener ursprünglicher Ausbildung
Betrieb hat unbefristete Vollzeitstelle angeboten	58	54	56	58	19
Betrieb hat befristete Vollzeitstelle angeboten	7	9	8	8	4
Betrieb hat Teilzeitstelle angeboten	3	4	3	3	3
Zusammen:					
Betrieb hat Stelle angeboten[1]	69	67	68	71	28
Betrieb hat Übernahme abgelehnt	20	25	22	21	37
Keine Übernahme möglich[2]	10	6	8	7	32
Keine Angabe	1	2	2	1	3
Zusammen	100	100	100	100	100
Basis	1 504	1 228	2 732	2 581	148

1) Einschließlich Fälle ohne Angaben zur Art der angebotenen Stelle. - 2) Außerbetriebliche Berufsausbildung/externer Prüfungsteilnehmer.

stete Arbeitsverträge anbieten (16 vH der Übernahmeangebote gegenüber 12 vH im Durchschnitt der Befragungsteilnehmer aus Ausbildungsbetrieben mit mehr Beschäftigten) und auch häufiger Übernahmeangebote mit reduzierter Wochenstundenzahl aussprechen (9 vH der Übernahmeangebote der Kleinbetriebe gegenüber 4 vH der Befragungsteilnehmer aus größeren Ausbildungsbetrieben);

- Befragungsteilnehmer, die im Bereich der Freien Berufe ausgebildet worden sind, haben besonders selten von ihrem Ausbildungsbetrieb eine volle Dauerstelle angeboten bekommen; bei schon geringer Quote der Übernahmeangebote liegt der Anteil der Weiterbeschäftigungsangebote mit Befristung und/oder reduzierter Wochenarbeitszeit an allen Übernahmeangeboten weit über dem Durchschnitt (31 vH gegenüber 17 vH in den anderen Ausbildungsbereichen);

- diese Begrenzungen, besonders die Gesundheitsdienstberufe, aber auch die Ernährungsberufe treffen. Ferner spielen bei der zusammgengefaßten Berufsgruppe "Körperpfleger, Gästebetreuer, Hauswirtschafts- und Reinigungsberufe" (wichtigster einzelner Ausbildungsberuf: Friseure) zeitlich befristete Übernahmeangebote eine bedeutende Rolle;

- bei Frauen im Bereich des Handwerks und in den kleineren Ausbildungsbetrieben häufiger als bei ihren männlichen Kollegen Beschäftigungsangebote mit einer Befristung verknüpft werden, während solche geschlechtsspezifischen Differenzierungen in der Industrie und in den größeren Betrieben nicht auftreten. Auch die überdurchschnittlich häufige Befristung der Übernahmeangebote im Ausbildungsbereich der Freien Berufe trifft nahezu ausschließlich Frauen, da männliche Auszubildende in diesen Berufen die Ausnahme sind.

3.2.2.2 Übernahmeangebot und Verbleibabsicht

Übereinstimmung von betrieblichem Übernahmeangebot und Verbleibabsicht der Absolventen

Bei der ersten Befragung kurz vor der Abschlußprüfung wurde bereits nach den Wünschen der Prüfungsteilnehmer, nach Abschluß der Ausbildung im Ausbildungsbetrieb zu arbeiten, gefragt; fast zwei Drittel (63 vH) der Prüfungsteilnehmer, die in regulären Ausbildungsbetrieben ausgebildet worden waren, hatten diesen Wunsch geäußert. Etwa ein Drittel der Prüfungsteilnehmer wollte den Ausbildungsbetrieb lieber verlassen. Die Mehrheit davon wollte sich lieber eine andere Stelle suchen (19 vH), andere hatten bereits eine andere Stelle in Aussicht (9 vH). Ein kleiner Teil wollte vorerst gar nicht arbeiten (3 vH)[30].

Nur in einem Teil der Fälle stimmen betriebliches Übernahmeangebot und Verbleibabsicht der Prüfungsteilnehmer überein: Übersicht 24 zeigt, daß bei zwei Dritteln der Befragungsteilnehmer, die ihre Ausbildung in einem regulären Ausbildungsbetrieb beendet haben, betriebliches Übernahmeangebot und der Wunsch, im Ausbildungsbetrieb zu bleiben, übereinstimmen: Jeder zweite (52 vH) wollte und konnte bleiben, etwa jeder siebte (14 vH) wollte gehen und hatte auch kein Weiterbeschäftigungsangebot erhalten.

Übersicht 24

Befragungsteilnehmer aus regulären Ausbildungsbetrieben mit beendeter ursprünglicher Ausbildung nach Geschlecht und Übereinstimmung von betrieblichem Übernahmeangebot und Verbleibabsicht

- vH-Struktur der gewichteten Fallzahlen -

Betriebliches Übernahmeangebot und Verbleibabsicht	Männer	Frauen	Insgesamt
Angebot/will im Betrieb bleiben	56	47	52
Angebot/will nicht bleiben	14	18	16
Kein Angebot/will nicht bleiben	12	16	14
Kein Angebot/will bleiben	9	9	9
Keine Angabe[1]	9	9	9
Zusammen	100	99	100
Basis	1 350	1 154	2 504

1) Hier werden Fälle ausgewiesen, in denen zu einer der beiden Basisvariablen keine Angabe vorliegt.

Weibliche Befragungsteilnehmer wollen etwas seltener als männliche den Ausbildungsvertrag in einen Arbeitsvertrag mit demselben Betrieb umwandeln; entsprechend häufiger sind bei ihnen die Kategorien "Übernahmeangebot/will nicht bleiben" und "kein Angebot/will nicht bleiben" besetzt. Der Anteil derjenigen, die gerne im Ausbildungsbetrieb arbeiten wollen, aber kein Übernahmeangebot erhalten haben, liegt bei ihnen - wie bei den Männern - bei 9 vH.

Unfreiwillige Mobilität nach Ausbildungsende

Der Anteil derjenigen, die im Ausbildungsbetrieb arbeiten möchten, aber kein Übernahmeangebot erhalten haben, ist ein Indikator für erzwungene Mobilität der betrieblich Ausgebildeten unmittelbar nach Ausbildungsende[31]. Sie ist besonders hoch

- bei männlichen Befragungsteilnehmern, die eine Ausbildung im öffentlichen Dienst absolviert haben (vgl. Übersicht 25); dies geht weitgehend auf die bereits diskutierte Besonderheit bei den Fernmeldehandwerkern zurück;

- bei Befragungsteilnehmern, die Schüler einer Sonderschule waren oder ohne Abschluß die allgemeinbildende Schule verlassen hatten (vgl. Übersicht 25);

- bei Befragungsteilnehmern, die als Technische Sonderfachkräfte oder in Bau- und Baunebenberufen ausgebildet worden waren (vgl. Übersicht 26).

Zwischen der Größe des Ausbildungsbetriebs und erzwungener Mobilität nach Ausbildungsende gibt es keinen eindeutigen Zusammenhang (vgl. Übersicht 25); besonders selten ist der unfreiwillige Betriebswechsel bei den Ein-Mann-Betrieben - hier will etwa die Hälfte der Befragungsteilnehmer von sich aus den Betrieb verlassen, und fast alle, die im Betrieb bleiben wollen, haben ein Übernahmeangebot erhalten.

Neben dieser erzwungenen Mobilität der Befragungsteilnehmer, die in regulären Ausbildungsbetrieben ausgebildet worden waren, muß eine weitere, ebenso große Gruppe von Befragungsteilnehmern mit beendeter ursprünglicher Ausbildung nach Beschäftigung suchen: die außerbetrieblich Ausgebildeten, bei denen eine Übernahme wegen des Charakters der Ausbildungsstätten nicht möglich ist. Bezieht man die Gruppe in die Betrachtung mit ein, so muß jeder sechste Befragungsteilnehmer (16 vH) nach Ausbildungsende nach einem Arbeitsplatz

Übersicht 25

Erzwungene Mobilität der betrieblich Ausgebildeten unmittelbar nach Ausbildungsende nach ausgewählten Merkmalen

- vH-Anteile der Befragungsteilnehmer aus regulären Ausbildungsbetrieben auf der Grundlage gewichteter Fallzahlen -

Ausgewählte Merkmale	Männer	Frauen	Insgesamt	Basis		
				Männer	Frauen	Insgesamt
Ausbildungsbereiche						
Industrie und Handel	8	10	9	728	593	1 321
Handwerk	10	8	9	529	198	727
Öffentlicher Dienst (einschl. Sozialversicherung)	25	3	12	51	69	120
Freie Berufe	-	10	10	17	284	301
Land- und Hauswirtschaft	-	-	-	25	11	35
Zahl der Beschäftigten im Ausbildungsbetrieb						
Ein-Mann-Betrieb	-	1	0	9	40	49
2 bis 4 Beschäftigte	12	9	10	128	276	404
5 bis 9 Beschäftigte	8	10	9	109	195	304
10 bis 49 Beschäftigte	12	8	10	366	213	578
50 bis 99 Beschäftigte	5	7	6	127	64	191
100 und mehr Beschäftigte	7	11	8	562	334	895
Allgemeinbildender Schulabschluß						
Abschluß einer Sonderschule/ ohne Abschluß 1)	23	11	17	35	27	62
Hauptschulabschluß	11	13	11	372	217	589
Mittlere Reife oder gleichwertiger Abschluß	8	10	9	775	703	1 478
Abitur, Fachhochschulreife oder gleichwertig	8	3	5	168	208	375
Insgesamt	9	9	9	1 350	1 154	2 504

1) Einschließlich Fälle ohne Angabe zur allgemeinen Schulbildung.

Übersicht 26

Erzwungene Mobilität der betrieblich Ausgebildeten unmittelbar nach Ausbildungsende

nach zusammengefaßten Berufsgruppen und Geschlecht

- vH-Anteile der Befragungsteilnehmer aus regulären Ausbildungsbetrieben auf der Grundlage gewichteter Fallzahlen -

	Zusammengefaßte Berufsgruppen	Männer	Frauen	Insgesamt	Basis		
					Männer	Frauen	Insgesamt
19 - 30	Metallberufe	10	.	10	401	7	408
31	Elektroberufe	11	.	11	175	5	180
33 - 37	Textil-, Bekleidungs- und Lederberufe	.	7	7	2	29	31
39 - 43	Ernährungsberufe	4	.	4	73	5	78
44 - 51	Bau- und Baunebenberufe einschl. Tischler, Maler und Lackierer	12	.	13	259	4	263
62, 63	Techniker, Technische Sonderfachkräfte	26	17	21	17	22	40
68 - 70	Waren- und Dienstleistungskaufleute	8	8	8	260	381	640
75 - 78	Organisations-, Verwaltungs- und Büroberufe	4	9	8	100	345	445
85	Gesundheitsdienstberufe	.	10	10	0	173	173
90 - 93	Körperpfleger, Gästebetreuer, Hauswirtschafts- und Reinigungsberufe	.	7	7	21	145	166
	Sonstige Berufsgruppen[1]	1	15	7	43	37	80
	Insgesamt	9	9	9	1 350	1 154	2 504

1) Siehe Anhang 3.

. Wegen zu geringer Fallzahl kein Nachweis möglich.

suchen, weil eine Weiterbeschäftigung nicht möglich ist beziehungsweise vom Betrieb abgelehnt wird, obwohl der Wunsch nach Umwandlung des Ausbildungsvertrages in einen Arbeitsvertrag mit dem Ausbildungsbetrieb besteht. Dies wird im folgenden als unfreiwillige Mobilität bezeichnet.

Außerbetriebliche Berufsausbildung (z.B. im Berufsamt) wird vor allem für Jugendliche durchgeführt, die in regulären Ausbildungsbetrieben keinen Ausbildungsplatz finden konnten. Darunter sind viele Personen ohne Schulabschluß oder mit dem Abgangszeugnis einer Sonderschule[32]. Da für diese Personengruppen auch in regulären Ausbildungsbetrieben die Chancen auf Weiterbeschäftigung schlecht sind (vgl. Übersicht 25), erreicht der Anteil der unfreiwilligen Mobilität insgesamt 47 vH (vgl. Übersicht 27).

Aus dem Vergleich der Übersichten 26 und 28 wird deutlich, wie sich in der Gliederung nach zusammengefaßten Berufsgruppen die Strukturen verschieben, wenn als unfreiwillig Mobile alle bezeichnet werden, die einen Arbeitsplatz suchen müssen. Dies spiegelt teilweise die Berufsgruppenstruktur der außerbetrieblichen Berufsausbildung. Auch die höheren Anteile der Männer in außerbetrieblicher Berufsausbildung schlagen sich in einer höheren Quote unfreiwilliger Mobilität nieder.

3.2.2.3 Übernahme im Ausbildungsbetrieb

Nicht jedes Angebot auf Umwandlung des Ausbildungsvertrags in einen Arbeitsvertrag führt tatsächlich zur Weiterbeschäftigung im Betrieb - auch dann nicht, wenn in der ersten Befragung kurz vor der Prüfung der Wunsch geäußert wurde, im Betrieb zu bleiben. Dies kann auf attraktivere Stellenangebote anderer Arbeitgeber zurückzuführen sein, auf die Bedingungen der angebotenen Stelle, oder auf sonstige Faktoren; auf die Gründe für die Ablehnung von Beschäftigungsangeboten des Ausbildungsbetriebs wird später (Abschnitt 3.2.3.1) eingegangen.

In neun von zehn Fällen (89 vH) kann der Betrieb jedoch damit rechnen, daß bei einem Übernahmeangebot (zumindest für gewisse Dauer) ein Arbeitsverhältnis begründet wird (vgl. Übersicht 29). Der Anteil ist bei den Befragungsteilnehmern, die schon bei der ersten Befragung kurz vor der Prüfung angaben, im Betrieb bleiben zu wollen, mit 95 vH erheblich höher als bei denjenigen, die

Übersicht 27

Unfreiwillige Mobilität unmittelbar nach Ausbildungsende nach ausgewählten Merkmalen

- vH-Anteile der Befragungsteilnehmer mit beendeter ursprünglicher Ausbildung auf der Grundlage gewichteter Fallzahlen -

Ausgewählte Merkmale	Männer	Frauen	Insgesamt	Basis		
				Männer	Frauen	Insgesamt
Ausbildungsbereiche						
Industrie und Handel	18	16	17	814	637	1 451
Handwerk	19	14	18	592	212	804
Öffentlicher Dienst (einschl. Sozialversicherung)	25	3	12	51	69	120
Freie Berufe	5	10	10	18	284	302
Land- und Hauswirtschaft	17	58	36	29	26	55
Allgemeinbildender Schulabschluß						
Abschluß einer Sonderschule/ ohne Abschluß 1)	53	40	47	57	40	97
Hauptschulabschluß	25	21	23	441	240	680
Mittlere Reife oder gleichwertiger Abschluß	13	13	13	819	730	1 549
Abitur, Fachhochschulreife oder gleichwertig	18	8	12	188	218	406
Insgesamt	18	14	17	1 504	1 228	2 732
darunter:						
- wegen außerbetrieblicher Ausbildung	10	6	8	1 504	1 228	2 732
- wegen fehlendem Übernahmeangebot, Befragter würde gerne im Betrieb bleiben	8	8	8	1 504	1 228	2 732

1) Einschließlich Fälle ohne Angabe zur allgemeinen Schulbildung.

Übersicht 28

Unfreiwillige Mobilität unmittelbar nach Ausbildungsende nach zusammengefaßten Berufsgruppen und Geschlecht

- vH-Anteile der Befragungsteilnehmer mit beendeter ursprünglicher Ausbildung auf der Grundlage gewichteter Fallzahlen -

Zusammengefaßte Berufsgruppen		Männer	Frauen	Insgesamt	Basis		
					Männer	Frauen	Insgesamt
19 - 30	Metallberufe	21	.	21	457	10	467
31	Elektroberufe	27	.	29	216	9	224
33 - 37	Textil-, Bekleidungs- und Lederberufe	.	42	43	4	48	51
39 - 43	Ernährungsberufe	4	.	6	73	6	79
44 - 51	Bau- und Baunebenberufe einschl. Tischler, Maler und Lackierer	21	.	22	286	9	295
62, 63	Techniker, Technische Sonderfachkräfte	28	17	22	18	22	41
68 - 70	Waren- und Dienstleistungskaufleute	9	8	9	264	381	645
75 - 78	Organisations-, Verwaltungs- und Büroberufe	11	15	14	108	368	476
85	Gesundheitsdienstberufe	.	10	10	0	173	173
90 - 93	Körperpfleger, Gästebetreuer, Hauswirtschafts- und Reinigungsberufe	9	15	14	23	158	181
	Sonstige Berufsgruppen[1]	23	16	25	56	43	99
	Insgesamt	18	14	17	1 504	1 228	2 732

1) Siehe Anhang 3.

. Wegen zu geringer Fallzahl kein Nachweis möglich.

65

Übersicht 29

Befragungsteilnehmer mit beendeter ursprünglicher Ausbildung mit betrieblichem
Übernahmeangebot nach Verbleibabsicht, tatsächlicher Übernahme und Geschlecht

- vH-Struktur der gewichteten Fallzahlen -

	Im Ausbil- dungsbetrieb beschäftigt (gewesen)	Über- nahme- angebot abgelehnt	Zusammen	Basis
Männer				
mit Übernahmeangebot und Verbleibabsicht	96	4	100	762
mit Übernahmeangebot, keine Verbleibabsicht	72	28	100	186
Zusammen mit Über- nahmeangebot	90	10	100	1 035
Frauen				
mit Übernahmeangebot und Verbleibabsicht	95	5	100	547
mit Übernahmeangebot, keine Verbleibabsicht	66	34	100	211
Zusammen mit Über- nahmeangebot	87	13	100	825
Insgesamt				
mit Übernahmeangebot und Verbleibabsicht	95	5	100	1 308
mit Übernahmeangebot, keine Verbleibabsicht	69	31	100	398
Zusammen mit Über- nahmeangebot	89	11	100	1 860

damals lieber den Betrieb verlassen wollten (69 vH). Anders formuliert: Fast jeder, der zum Zeitpunkt der Prüfung im Betrieb bleiben wollte und ein entsprechendes Angebot erhalten hat, nimmt dieses Angebot an. Diejenigen, die lieber nicht im Betrieb bleiben wollten, begründen in zwei von drei Fällen doch ein Arbeitsverhältnis, wenn der Betrieb ein konkretes Angebot macht. Dies ist allerdings zum Teil von nur geringer Dauer: Gut jeder dritte (35 vH), der - entgegen der ursprünglich geäußerten Absicht - eine Beschäftigung im Ausbildungsbetrieb aufgenommen hatte, hat den Betrieb im Laufe des ersten Jahres nach der Prüfung wieder verlassen; dieser Anteil ist doppelt so hoch wie bei denen, die im Betrieb bleiben wollten. Die Aufnahme der Beschäftigung im Ausbildungsbetrieb ist offensichtlich für einen Teil der Befragten nur das kleinere Übel; aus dieser Gruppe sind weitere Betriebswechsel (zu späterer Zeit) zu erwarten. In Abschnitt 3.2.3 werden der Wechsel des Betriebs und die dafür genannten Gründe diskutiert. In Übersicht 29 ist - wie in den folgenden Ausführungen - zunächst nur auf die Tatsache eines Arbeitsverhältnisses im Betrieb abgestellt, unabhängig von seiner Dauer. Da der weitaus größte Teil der Befragungsteilnehmer, denen vom Betrieb die Übernahme angeboten wurde, dort auch ein Arbeitsverhältnis eingeht, gibt es weitgehende Übereinstimmungen in den Strukturen der Übernahmeangebote und der Übernahmen.

Übernahme im Ausbildungsbetrieb und soziodemographische Merkmale

61 vH der Befragungsteilnehmer mit beendeter Ausbildung haben im Ausbildungsbetrieb ein Beschäftigungsverhältnis begonnen; diese Übernahmequote liegt bei den Männern (mit 62 vH) etwas höher als bei den Frauen (58 vH). Betrachtet man nur erfolgreiche Absolventen, so erhöht sich bei Männern wie bei Frauen die Übernahmequote um 3 vH-Punkte.

Befragungsteilnehmer, die nicht vom Betrieb übernommen wurden, wollten zum größeren Teil (22 vH aller Befragten) von sich aus den Betrieb verlassen: 8 vH haben ein Übernahmeangebot ihres Ausbildungsbetriebs abgelehnt, 14 vH hatten kein Übernahmeangebot erhalten, wollten aber ohnehin lieber den Betrieb wechseln. 17 vH aller Befragten waren unfreiwillig mobil. Anders ist die Situation bei den Befragungsteilnehmern, die ihre Ausbildung ohne Ausbildungsabschluß abgebrochen haben: die Hälfte (49 vH) von ihnen mußte unfreiwillig auf die Suche nach einem Arbeitsplatz gehen, jeder dritte (34 vH) hat freiwillig den Ausbildungsbetrieb verlassen, und jeder siebte (14 vH) wurde vom Ausbildungsbetrieb in ein Beschäftigungsverhältnis übernommen.

Befragungsteilnehmer mit höheren schulischen Abschlüssen (Mittlere Reife, Abitur oder gleichwertige Abschlüsse) wurden zu etwa zwei Dritteln vom Ausbildungsbetrieb übernommen (vgl. Übersicht 30). Ausbildungsabsolventen mit Studienberechtigung gingen ebenso häufig wie Befragungsteilnehmer mit Mittlerer Reife ein Arbeitsverhältnis mit dem Ausbildungsbetrieb ein; Studienabsichten, die ein Teil der Befragungsteilnehmer mit Hochschulreife hat, werden offensichtlich aufgeschoben. Insgesamt variiert die freiwillige Mobilität nur gering mit dem allgemeinbildenden Schulabschluß, die unfreiwillige Mobilität dagegen stark.

Übersicht 30

Befragungsteilnehmer mit beendeter ursprünglicher Ausbildung nach Übernahme im Ausbildungsbetrieb, freiwilliger und unfreiwilliger Mobilität und allgemeinbildendem Schulabschluß

- vH-Struktur der gewichteten Fallzahlen -

	Abschluß einer Sonderschule/ ohne Abschluß [1]	Haupt- schul- abschluß	Mittlere Reife oder gleich- wertiger Abschluß	Abitur, Fachhoch- schulreife oder gleich- wertig	Insgesamt
Übernahme	32	55	64	65	61
Übernahmeangebot abgelehnt	5	6	8	9	8
Wunsch zum Wechsel des Betriebs, kein Übernahmeangebot	17	14	14	11	14
Unfreiwillige Mobilität	47	23	13	12	17
keine Angaben	-	2	1	2	1
Zusammen	101	100	100	99	101
Basis	97	680	1 549	406	2 732

1) Einschließlich Fälle ohne Angabe zur allgemeinen Schulbildung.

Übernahme im Ausbildungsbetrieb und Ausbildungsbereiche

Die beiden großen Ausbildungsbereiche - Industrie und Handel einerseits, Handwerk andererseits - unterscheiden sich in ihren Übernahmequoten nur unwesentlich: In Industrie und Handel liegen sie leicht über dem Durchschnitt, im Handwerk leicht darunter (vgl. Übersicht 31). Überdurchschnittlich häufig ist im Handwerk allerdings die Situation, in der sowohl der Betrieb als auch der Befragungsteilnehmer keine Umwandlung des Ausbildungsvertrages in einen Arbeitsvertrag wünschen.

Deutlich anders ist die Situation in den anderen Ausbildungsbereichen:

- Im öffentlichen Dienst ist bei einer Übernahmequote von 79 vH die freiwillige Mobilität äußerst gering;

- in den Freien Berufen ist die Übernahmequote leicht unterdurchschnittlich, der Anteil derjenigen, bei denen weder Befragter noch Betrieb eine Weiterbeschäftigung wünschen, ist mit 22 vH deutlich höher als im Durchschnitt, und überdurchschnittlich häufig werden Übernahmeangebote ausgeschlagen;

- in der Land- und Hauswirtschaft (mit etwa einem Drittel außerbetrieblicher Ausbildung) ist die unfreiwillige Mobilität besonders hoch, die Übernahmequote liegt mit 39 vH weit unter dem Durchschnitt.

Übernahme im Ausbildungsbetrieb und Ausbildungsberufe

Zwischen den Ausbildungsberufen gibt es große Unterschiede hinsichtlich der Übernahmequote nach Abschluß der Ausbildung: Dies zeigt sich sowohl auf der Ebene der zusammengefaßten Berufsgruppen (vgl. Übersicht 32) als auch bei den Ausbildungsberufen. Tendenziell liegen die Übernahmequoten bei kaufmännischen Berufen höher als bei Berufen aus dem gewerblich-technischen Bereich. Am Beispiel der Verkäufer läßt sich zeigen, daß dies nicht für jeden einzelnen Beruf gilt: Bei den Waren- und Dienstleistungskaufleuten wurden im Durchschnitt aller dort zusammengefaßten Berufsgruppen 71 vH aller Befragungsteilnehmer mit beendeter ursprünglicher Ausbildung übernommen (vgl. Übersicht 32); von den Bankkaufleuten aber 85 vH, von den Verkäufern nur 50 vH (vgl. Übersicht 33).

Übersicht 31

Befragungsteilnehmer mit beendeter ursprünglicher Ausbildung nach Übernahme im Ausbildungsbetrieb, freiwilliger und unfreiwilliger Mobilität und Ausbildungsbereichen

- vH-Struktur der gewichteten Fallzahlen -

	Industrie und Handel	Handwerk	Öffentlicher Dienst (einschließlich Sozialvers.)	Freie Berufe	Land- und Hauswirtschaft	Insgesamt
Übernahme	62	59	79	57	39	61
Übernahmeangebot abgelehnt	8	6	3	11	6	8
Wunsch zum Wechsel des Betriebs, kein Übernahmeangebot	11	17	5	22	19	14
unfreiwillige Mobilität	17	18	12	10	36	17
keine Angaben	2	1	1	1	-	1
Zusammen	100	101	100	101	100	101
Basis	1 451	804	120	302	55	2 732

Befragungsteilnehmer mit beendeter ursprünglicher Ausbildung nach Übernahme im Ausbildungsbetrieb, freiwilliger und unfreiwilliger Mobilität und zusammengefaßten Ausbildungsberufen

- vH-Struktur der gewichteten Fallzahlen -

Zusammengefaßte Berufsgruppen	Übernahme	Übernahme-angebot abgelehnt	Wunsch zum Wechsel, kein Angebot	unfrei-willige Mobilität	keine Angabe	Zusammen	Basis
19 - 30 Metallberufe	58	7	11	21	3	100	467
31 Elektroberufe	52	7	11	29	2	101	224
33 - 37 Textil-, Bekleidungs- und Lederberufe	27	10	19	44	-	100	51
39 - 43 Ernährungsberufe	57	9	28	6	-	100	79
44 - 51 Bau- und Baunebenberufe einschl. Tischler, Maler und Lackierer	64	5	10	22	0	101	295
62, 63 Techniker, Technische Sonderfachkräfte	57	7	12	23	-	99	41
68 - 70 Waren- und Dienstleistungskaufleute	71	7	13	8	2	101	645
75 - 78 Organisations-, Verwaltungs- und Büroberufe	66	8	10	14	2	100	476
85 Gesundheitsdienstberufe	57	9	23	10	1	100	173
90 - 93 Körperpfleger, Gästebetreuer, Hauswirtschafts- und Reinigungsberufe	40	16	27	14	2	99	181
Sonstige Berufsgruppen[1]	53	5	17	25	-	100	99
Insgesamt	61	8	14	17	1	101	2 732

1) Vgl. Anhang 3.

Befragungsteilnehmer mit beendeter ursprünglicher Ausbildung nach Übernahme im Ausbildungsbetrieb,
freiwilliger und unfreiwilliger Mobilität und Ausbildungsberufen
- vH-Struktur der gewichteten Fallzahlen -

Berufsgruppen darunter: Berufsklassen	Übernahme	Übernahme- angebot abgelehnt	Wunsch zum Wechsel, kein Angebot	unfrei- willige Mobilität	keine Angabe	Zusammen	Basis
05 Gärtner	57	8	24	12	-	101	58
26 Feinblechner, Installateure	62	11	11	12	4	100	94
27 Schlosser	59	5	6	28	2	100	145
28 Mechaniker	59	6	11	20	4	100	155
dar.: 2811 Kraftfahrzeuginstand- setzer	56	9	17	12	6	100	93
31 Elektriker	52	7	11	29	2	101	224
dar.: 3110 Elektroinstallateure, -monteure	57	2	13	26	2	100	111
3120 Fernmeldemonteure, -handwerker	60	6	10	24	1	101	33
63 Technische Sonderfachkräfte	62	8	14	15	-	99	36
68 Warenkaufleute	68	6	15	10	2	101	462
dar.: 6812 Einzelhandelskaufleute	79	6	8	6	2	101	186
6820 Verkäufer	50	3	25	18	4	100	131
69 Bank-, Versicherungskaufleute	84	8	4	4	0	100	146
dar.: 6910 Bankkaufleute	85	8	2	4	0	99	120
70 Andere Dienstleistungskaufleute und zugehörige Berufe	61	10	24	5	-	100	37
75 Unternehmer, Organisatoren, Wirt- schaftsprüfer	66	10	14	8	3	101	60
dar.: 7535 Fachgehilfen in steuer- und wirtschaftsberaten- den Berufen	66	10	14	8	3	101	60
78 Bürofachkräfte	65	8	10	15	2	100	408
dar.: 7810 Bürofachkräfte, allge- mein	55	7	8	26	4	100	182
7811 Verwaltungsfachkräfte öffentlicher Dienst	92	2	3	3	1	101	85
7812 Industriekaufleute	69	8	14	8	2	101	78
85 Gesundheitsdienstberufe	57	9	23	10	1	100	173
dar.: 8561 Arzthelfer	50	8	30	11	1	100	111
8562 Zahnarzthelfer	70	11	12	8	-	101	63
Übrige Berufsgruppen[1]	52	9	17	22	1	101	733
Insgesamt	61	8	14	17	1	101	2 732

1) Siehe Anhang 2.

Unter den fünf Ausbildungsberufen mit den höchsten Übernahmequoten dominieren die kaufmännischen Berufe, und keiner ist dem gewerblich-technischen Bereich zuzurechnen:

	Berufsklasse	Übernahmequote in vH
7811	Verwaltungsfachkräfte, öffentlicher Dienst	92
6910	Bankkaufleute	85
6812	Einzelhandelskaufleute	79
8562	Zahnarzthelfer	70
7812	Industriekaufleute	69

Die fünf Ausbildungsberufe mit den geringsten Übernahmequoten lassen sich keinem Bereich schwerpunktmäßig zuordnen:

	Berufsklasse	Übernahmequote in vH
6820	Verkäufer	50
8561	Arzthelfer	50
7810	Bürokaufleute, -gehilfen	55
2811	Kraftfahrzeuginstandsetzer	56
3110	Elektroinstallateure, -monteure	57

Bei den Elektroinstallateuren und -monteuren sowie bei den Bürofachkräften ist die geringe Übernahmequote teilweise durch überdurchschnittliche Anteile außerbetrieblich Ausgebildeter zu erklären, bei denen eine Übernahme nicht möglich ist. In den anderen Berufen lehnt der Ausbildungsbetrieb überdurchschnittlich häufig die Weiterbeschäftigung ab - die Befragungsteilnehmer wollen aber auch von sich aus besonders häufig den Betrieb verlassen. In zwei Fällen gibt es auffallende Unterschiede zwischen Berufen, die von ihren Inhalten her relativ ähnlich sind, sich aber in den Übernahmequoten eklatant unterscheiden:

- Verkäufer und Einzelhandelskaufleute einerseits (Übernahmequote 50 vH beziehungsweise 79 vH);

- Arzthelfer und Zahnarzthelfer andererseits (Übernahmequote 50 vH beziehungsweise 70 vH).

Sowohl bei den Verkäufern wie bei den Arzthelfern ist die freiwillige Mobilität ohne Vorliegen eines Übernahmeangebots vom Betrieb etwa doppelt so hoch wie im Durchschnitt aller Befragungsteilnehmer, bei den Zahnarzthelfern entspricht sie etwa dem Durchschnitt, bei den Einzelhandelskaufleuten liegt sie deutlich darunter. In den beiden zweijährigen Ausbildungsberufen[33] war also einerseits der Wunsch, den Ausbildungsbetrieb nach dem Ende der Ausbildung zu verlassen, stärker als in den anderen Berufen, andererseits gab es hier auch besonders selten Übernahmeangebote.

Übernahme im Ausbildungsbetrieb und Betriebsgröße

Je größer die Zahl der Beschäftigten im Ausbildungsbetrieb ist, desto häufiger werden die ehemaligen Lehrlinge nach der Abschlußprüfung im Betrieb weiterbeschäftigt (vgl. Übersicht 34). Bei Betrieben mit 2 bis 4 Beschäftigten wird gut jeder zweite vom Ausbildungsbetrieb übernommen; bei Betrieben mit mehr als 50 Beschäftigten sind es rund drei Viertel. Nur die Übernahmequote bei Befragungsteilnehmern aus Ein-Mann-Betrieben (die allerdings nur mit geringer Fallzahl vertreten sind) paßt nicht in dieses Muster: sie liegt mit 60 vH deutlich höher als in den etwas größeren Betrieben. Die Häufigkeit, mit der betriebliche Übernahmeangebote abgelehnt werden, schwankt mit der Betriebsgröße, ohne daß ein klares Muster erkennbar wäre. Ein deutlicher Zusammenhang zeigt sich zwischen dem Wunsch nach Betriebswechsel bei fehlendem Übernahmeangebot und der Betriebsgröße: je kleiner der Betrieb ist, desto häufiger tritt diese Situation auf.

Art des Arbeitsplatzes im Ausbildungsbetrieb

Die Mehrheit der Befragungsteilnehmer, die eine Beschäftigung im Ausbildungsbetrieb aufgenommen haben, ist einen zeitlich nicht befristeten Arbeitsvertrag mit voller Wochenstundenzahl eingegangen (84 vH), nur jeder neunte (11 vH) der übernommenen Befragungsteilnehmer hat eine von vornherein zeitlich befristete Stelle im Ausbildungsbetrieb angenommen (vgl. Übersicht 35). Bezogen auf alle Befragungsteilnehmer, die ihre ursprüngliche

Übersicht 34

Befragungsteilnehmer aus regulären Ausbildungsbetrieben mit beendeter ursprünglicher Ausbildung nach Übernahme im Ausbildungsbetrieb, freiwilliger und unfreiwilliger Mobilität und Größe des Ausbildungsbetriebs

- vH-Struktur der gewichteten Fallzahlen -

Größe des Ausbildungsbetriebs (Zahl der Beschäftigten)	Übernahme	Übernahme-angebot abgelehnt	Wunsch zum Wechsel, kein Angebot	unfrei-willige Mobilität	keine Angabe	Zusammen	Basis
Ein-Mann-Betrieb	60	2	38	1	-	101	49
2 bis 4 Beschäftigte	52	12	24	10	2	100	404
5 bis 9 Beschäftigte	63	9	18	9	1	100	304
10 bis 49 Beschäftigte	67	6	16	10	1	100	578
50 bis 99 Beschäftigte	75	9	8	6	3	101	191
100 und mehr Beschäftigte	72	7	10	8	3	100	895
Insgesamt[1]	66	8	15	9	2	100	2 504

1) Einschließlich Fälle ohne Angabe zur Zahl der Beschäftigten im Ausbildungsbetrieb.

Befragungsteilnehmer, die vom Ausbildungsbetrieb übernommen wurden, nach Art der dortigen Stelle und Geschlecht

- vH-Struktur der gewichteten Fallzahlen -

Art der dortigen Stelle	Männer	Frauen	Insgesamt
Vollzeit, unbefristet	85	82	84
Teilzeit, unbefristet	3	4	3
Vollzeit, befristet	10	12	11
Teilzeit, befristet	1	1	1
keine Angaben	1	2	1
Zusammen	100	101	100
Vollzeitstelle	95	94	94
Teilzeitstelle	4	5	4
unbefristete Stelle	88	85	87
befristete Stelle	11	13	12
Basis	936	718	1 654

Ausbildung beendet haben, hat die Hälfte (51 vH) eine unbefristete Vollzeit-stelle im Ausbildungsbetrieb angetreten, 7 vH haben eine Vollzeitstelle, die aber zeitlich befristet ist, und 2 vH eine (zumeist zeitlich nicht befristete) Stelle mit reduzierter Wochenarbeitszeit.

Auf befristete Vollzeitstellen werden überdurchschnittlich viele Befragungs-teilnehmer aus den freien Berufen übernommen, und hier ist auch der Anteil der auf eine Teilzeitstelle Übernommenen besonders hoch (vgl. Übersicht 36). Dazu paßt, daß vor allem in kleineren Betrieben die Übernahme auf eine Teilzeitstelle überdurchschnittlich häufig ist.

Zwischen den Ausbildungsabsolventen verschiedener Ausbildungsberufe gibt es deutliche Unterschiede hinsichtlich der Befristung eines Arbeitsplatzes im

Befragungsteilnehmer, die vom Ausbildungsbetrieb übernommen wurden, nach Art der dortigen Stelle und ausgewählten Merkmalen

- vH-Struktur der gewichteten Fallzahlen -

Ausgewählte Merkmale	Vollzeit, unbefristet	Vollzeit, befristet	Teilzeit	keine Angaben	Zusammen	Basis
Männer	85	10	4	1	100	936
Frauen	82	12	5	2	101	718
Insgesamt	84	11	4	1	100	1 654
Betriebsgröße						
Ein-Mann-Betrieb	69	8	23	-	100	30
2 bis 4 Beschäftigte	79	11	7	3	100	212
5 bis 9 Beschäftigte	83	10	4	2	99	191
10 bis 49 Beschäftigte	86	11	2	1	100	389
50 bis 99 Beschäftigte	83	13	3	1	100	143
100 und mehr Beschäftigte	86	10	4	1	101	645
Ausbildungsbereich						
Industrie und Handel	85	11	3	1	100	894
Handwerk	86	9	4	2	101	472
Öffentlicher Dienst (einschl. Sozialversicherung)	89	8	4	-	101	95
Freie Berufe	70	16	12	2	100	172
Land- und Hauswirtschaft	76	25	-	-	101	22

Ausbildungsbetrieb (vgl. Übersicht 37). Die höchsten Anteile zeitlich befristeter Übernahmen lassen sich keinem einzelnen Berufsfeld zuordnen:

	Berufsklasse	Anteil der Befristungen an allen Übernahmen in vH
3120	Fernmeldemonteure, -handwerker	24
8561	Arzthelfer	21
8562	Zahnarzthelfer	19
6820	Verkäufer	17
3110	Elektroinstallateure, -monteure	15

Die Ausbildungsberufe mit unterdurchschnittlicher Häufigkeit der Befristung
von Übernahmen gehören überwiegend zum kaufmännisch-verwaltenden Bereich:

	Berufsklasse	Anteil der Befristungen an allen Übernahmen in vH
6910	Bankkaufleute	3
7811	Verwaltungsfachkräfte, öffentli-cher Dienst	6
2811	Kraftfahrzeuginstandsetzer	6
6812	Einzelhandelskaufleute	7

Faßt man die Ausbildungsberufe zu Berufsgruppen zusammen (vgl. Übersicht 38), so sind vor allem bei

- Ernährungsberufen (28 vH der Übernahmen),
- Körperpflegern (20 vH),
- Gesundheitsdienstberufen (20 vH)

Übernahmen mit einer zeitlichen Befristung verknüpft; für weitere Einzelhei-
ten vgl. Übersichten 37 und 38. Solche Befristungen können zwar auch nach-
träglich noch aufgehoben werden - zu erwarten ist jedoch, daß sie bald zum
Betriebswechsel führen.

Befragungsteilnehmer, die vom Ausbildungsbetrieb übernommen wurden, nach Ausbildungsberufen und Art der Stelle
- vH-Struktur der gewichteten Fallzahlen-

Berufsgruppen, darunter: Berufsklassen	Vollzeit, unbefristet	Vollzeit, befristet	Teilzeit	keine Angaben	Zusammen	Basis
05 Gärtner	80	20	0	0	100	33
26 Feinblechner, Installateure	100	0	0	0	100	59
27 Schlosser	84	11	3	2	100	86
28 Mechaniker	87	7	3	4	101	92
dar.: 2811 Kraftfahrzeuginstandsetzer	89	6	2	3	100	52
31 Elektriker	83	14	3	0	100	117
dar.: 3110 Elektroinstallateure, -monteure	84	15	2	0	101	64
3120 Fernmeldemonteure, -handwerker	73	24	3	0	100	20
63 Technische Sonderfachkräfte	80	17	3	0	100	23
68 Warenkaufleute	86	9	4	1	100	312
dar.: 6812 Einzelhandelskaufleute	91	7	2	0	100	147
6820 Verkäufer	75	15	6	5	101	66
69 Bank-, Versicherungskaufleute	91	4	5	0	100	122
dar.: 6910 Bankkaufleute	96	3	1	0	100	102
70 Andere Dienstleistungskaufleute und zugehörige Berufe	85	5	8	3	101	23
75 Unternehmer, Organisatoren, Wirtschaftsprüfer	75	11	10	4	100	39
dar.: 7535 Fachgehilfen in steuer- und wirtschaftsberatenden Berufen	75	11	10	4	100	39
78 Bürofachkräfte	85	11	4	0	100	266
dar.: 7810 Bürofachkräfte, allgemein	85	13	2	0	100	99
7811 Verwaltungsfachkräfte öffentlicher Dienst	90	6	4	0	100	78
7812 Industriekaufleute	84	13	3	0	100	54
85 Gesundheitsdienstberufe	69	16	13	2	100	99
dar.: 8561 Arzthelfer	70	16	13	2	101	56
8562 Zahnarzthelfer	68	16	14	2	100	44
Übrige Berufsgruppen[1]	80	14	4	3	101	383
Insgesamt	84	11	4	1	100	1 654

1) Siehe Anhang 2.

Befragungsteilnehmer, die vom Ausbildungsbetrieb übernommen wurden, nach zusammengefaßten Ausbildungsberufen und Art der Stelle

- vH-Struktur der gewichteten Fallzahlen -

Zusammengefaßte Berufsgruppen	Vollzeit, unbefristet	Teilzeit, unbefristet	Vollzeit, befristet	Teilzeit, befristet	keine Angaben	Zusammen	Basis
19 - 30 Metallberufe	88	2	7	0	2	99	272
31 Elektroberufe	83	3	14	0	0	100	117
33 - 37 Textil-, Bekleidungs- und Lederberufe	88	0	12	0	0	100	14
39 - 43 Ernährungsberufe	50	19	25	2	4	100	45
44 - 51 Bau- und Baunebenberufe einschl. Tischler, Maler und Lackierer	88	0	10	0	2	100	187
62, 63 Techniker, Technische Sonderfachkräfte	81	3	17	0	0	101	23
68 - 70 Waren- und Dienstleistungskaufleute	87	3	8	1	1	100	458
75 - 78 Organisations-, Verwaltungs- und Büroberufe	84	4	11	1	1	101	312
85 Gesundheitsdienstberufe	69	9	16	4	2	100	99
90 - 93 Körperpfleger, Gästebetreuer, Hauswirtschafts- und Reinigungsberufe	73	1	20	0	6	100	73
Sonstige Berufsgruppen[1]	81	2	17	0	0	100	53
Insgesamt	84	3	11	1	1	100	1 654

1) Siehe Anhang 3.

3.2.3 Betriebswechsel

Von allen Befragungsteilnehmern, die ihre ursprüngliche Ausbildung beendet haben, wurden - wie oben dargestellt - 61 vH vom Ausbildungsbetrieb übernommen; das übrige gute Drittel hat den Ausbildungsbetrieb (freiwillig oder unfreiwillig) unmittelbar nach Ausbildungsende verlassen und übt entweder in einem anderen Betrieb eine Beschäftigung aus, hat eine weitere Ausbildung begonnen oder ist arbeits- beziehungsweise erwerbslos. Gut jeder vierte, der im Ausbildungsbetrieb eine Beschäftigung aufgenommen hatte, hat im Laufe des ersten Berufsjahrs den Ausbildungsbetrieb verlassen. Zum Zeitpunkt der zweiten Befragung ist nur knapp jeder zweite Befragungsteilnehmer (47 vH) mit beendeter Ausbildung noch im Ausbildungsbetrieb beschäftigt.

Im folgenden wird unter Betriebswechsel das Verlassen des Ausbildungsbetriebs im Zeitraum des ersten Jahres seit der Abschlußprüfung verstanden, und zwar unabhängig vom Zeitpunkt (unmittelbar nach Ende der Ausbildung oder später), von der Veranlassung (freiwillig/unfreiwillig) und von der nachfolgenden Tätigkeit[34]. Da es um das Verlassen des Ausbildungs_betriebs_ geht, sind außerbetrieblich ausgebildete Befragungsteilnehmer nicht in die Analysen mit einbezogen. (Obwohl man auch bei ihnen von einem "Betriebs"-Wechsel im weiteren Sinne sprechen könnte, alle außerbetrieblich Ausgebildeten in diesem weiteren Sinne als "Betriebswechsler" angesehen werden könnten.) Von den Befragten aus regulären Ausbildungsbetrieben ist die eine Hälfte (51 vH) am Ende des ersten Berufsjahrs noch im Ausbildungsbetrieb beschäftigt, die andere Hälfte (47 vH) hat den Betrieb verlassen. Zwischen Männern und Frauen gibt es hierbei keine Unterschiede.

Von den Betriebswechslern haben zwei Drittel unmittelbar nach der Abschlußprüfung den Ausbildungsbetrieb verlassen, ein Drittel nach einer zeitweiligen Beschäftigung von weniger als einem Jahr. Bei den weiblichen Befragungsteilnehmern liegt der Anteil derjenigen, die vorübergehend im Ausbildungsbetrieb beschäftigt waren, nur bei einem Viertel.

3.2.3.1 Gründe für den Wechsel des Betriebs

Für die Entscheidung der Ausbildungsabsolventen, den Arbeitgeber zu wechseln oder ein Beschäftigungsangebot auszuschlagen, spielen zumeist mehrere Gründe eine Rolle. Zur Aufhellung der Begründungszusammenhänge wurden deshalb mehrere Fragen gestellt; prinzipiell sind solche Begründungen in schriftlichen Fragebögen aber nur bedingt erhebbar, weil gleiche Tatbestände unterschiedlich gewertet werden und auch im Bewußtsein der Befragten nicht gleichermaßen präsent sind.

Der Betriebswechsel ist nur in einem Teil der Fälle auf eine Entscheidung der Befragungsteilnehmer zurückzuführen: In den Fällen, in denen der Betrieb eine Kündigung ausspricht, einen befristeten Arbeitsvertrag auslaufen läßt oder erst gar kein Übernahmeangebot macht, ist ein Betriebswechsel erforderlich, ohne daß hierbei eine "Entscheidung" des Befragungsteilnehmers zugrundeliegen muß. Andererseits bedingen sich Wunsch nach Betriebswechsel und Übernahmeangebot beziehungsweise Kündigung des Betriebs auch gegenseitig (darauf wurde bereits hingewiesen), so daß eine klare Abgrenzung zwischen freiwilligem und unfreiwilligem Betriebswechsel nicht immer möglich ist.

Anlaß zum Betriebswechsel

Der Anstoß zum Betriebswechsel ging bei 40 vH der Betriebswechsler nach eigener Einschätzung ausschließlich von ihnen selber aus, 21 vH geben an, daß dies sowohl von ihnen selbst als auch vom Betrieb ausging, und 38 vH geben ausschließlich betriebliche Veranlassung an. Dabei gibt es Unterschiede zwischen denjenigen, die nach einer vorübergehenden Beschäftigung den Ausbildungsbetrieb verlassen, denjenigen, die ein Übernahmeangebot ausgeschlagen haben, und denen, die überhaupt kein Übernahmeangebot erhalten haben (vgl. Übersicht 39): Die Betriebswechsler, die trotz eines Übernahmeangebots den Ausbildungsbetrieb unmittelbar nach der Abschlußprüfung verlassen haben, geben in vier von fünf Fällen (80 vH) an, daß dies nur von ihnen selbst ausging; jeder achte (13 vH) meint jedoch, daß der Wechsel auch vom Betrieb mit ausging. Diejenigen, die kein Übernahmeangebot erhalten hatten, geben mehrheitlich an, daß der Weggang aus dem Ausbildungsbetrieb ausschließlich (56 vH) oder teilweise (28 vH) vom Betrieb veranlaßt wurde; nur jeder siebte (15 vH) hat nach eigener Einschätzung den Betrieb von sich aus verlassen. In diesen beiden Gruppen von Betriebswechslern sind die Unterschiede zwischen Männern und Frauen jeweils nur gering.

Anders ist dies bei denjenigen, die nach einer vorübergehenden Beschäftigung im Ausbildungsbetrieb den Betrieb gewechselt haben. Hier meinen zwei Drittel

Betriebswechsler nach Übernahmeangebot, Anlaß des Wechsels und Geschlecht
- vH-Struktur der gewichteten Fallzahlen -

Übernahme-angebot und Geschlecht	Betriebswechsel ging ...			keine Angaben	Zusammen	Basis
	vom Be-fragten aus	teils/ teils	vom Betrieb aus			
Männer	38	20	41	1	100	615
Frauen	42	23	35	1	101	555
Insgesamt	40	21	38	1	100	1 174
darunter:						
kein Übernahme-angebot						
Männer	13	26	59	2	101	293
Frauen	16	31	52	1	100	309
Insgesamt	15	28	56	1	100	602
Übernahmeangebot abgelehnt						
Männer	81	12	7	1	101	99
Frauen	79	14	6	1	100	107
Insgesamt	80	13	6	1	100	206
Betrieb später gewechselt						
Männer	52	15	32	1	100	223
Frauen	67	14	19	0	100	143
Insgesamt	58	14	27	1	100	366

der Frauen (67 vH), aber nur die Hälfte der Männer (52 vH), daß dieser Wechsel von ihnen selbst ausging; entsprechend unterschiedlich ist die Einschätzung einer betrieblichen Veranlassung des Wechsels.

Dies hängt zusammen mit schon früher (zum Zeitpunkt der Abschlußprüfung) geäußerten Wünschen nach Verbleib im Betrieb oder Betriebswechsel. Ein Teil der Befragten hat - vermutlich wegen fehlender alternativer Beschäftigungs-angebote - einen Arbeitsvertrag mit dem ehemaligen Ausbildungsbetrieb ak-zeptiert, obwohl der Wunsch nach einem Arbeitsplatz in einem anderen Betrieb bestand (vgl. Abschnitt 3.2.2.3). In dieser Gruppe ist der Anteil der Betriebswechsler mit 35 vH dann auch doppelt so hoch wie bei denjenigen, die schon zum Zeitpunkt der Prüfung den Wunsch äußerten, im Ausbildungsbetrieb zu arbeiten (18 vH Betriebswechsler). Bei Frauen ist die Wechslerquote der - entgegen ihren ursprünglichen Absichten - Übernommenen mit 37 vH deutlich höher als bei den Männern (33 vH); umgekehrt bleiben sie auch häufiger über das erste Berufsjahr hinaus im Betrieb, wenn sie schon zum Zeitpunkt der Prüfung angaben, dort gerne zu bleiben (Betriebswechslerquote der Frauen 15 vH, der Männer 21 vH).

Der zum Zeitpunkt der ersten Befragung geäußerte Wunsch, den Ausbildungsbetrieb zu verlassen,

- erhöht also die Wahrscheinlichkeit des Betriebswechsels unmittelbar im Anschluß an die Prüfung oder im Verlauf des ersten Jahres;

- führt dazu, daß Betriebswechsel häufiger ausschließlich oder teilweise vom Befragungsteilnehmer ausgeht (vgl. Übersicht 40).

Gründe für den Betriebswechsel aus der Sicht der Befragungsteilnehmer

Aus einer vorgegebenen Aufzählung von Gründen sollten alle Gründe für den Betriebswechsel angegeben werden, die im eigenen Fall von Bedeutung waren. Die Summe der genannten Gründe ist etwa doppelt so groß wie die Zahl der Betriebswechsler - deutlicher Hinweis darauf, daß häufig mehr als ein Grund zum Weggang aus dem Ausbildungsbetrieb geführt hat. In Übersicht 41 ist die Häufigkeit der Nennung der einzelnen Gründe dargestellt; es zeigt sich, daß

- betriebliche Kündigung,
- Befristung des Arbeitsverhältnisses,
- Wahrnehmung besserer Chancen zum beruflichen Weiterkommen in einem anderen Betrieb,
- schlechtes Betriebsklima/Ärger mit Vorgesetzten,
- Erwartung besserer Verdienstmöglichkeiten im anderen Betrieb

die wichtigsten Gründe sind.

Frauen nennen häufiger als Männer das schlechte Betriebsklima und den Ärger mit den Vorgesetzten als Grund; bei Männern spielt die Kündigung durch den Betrieb eine größere Rolle. Weitere wichtige Gründe für den Betriebswechsel

Übersicht 40

Befragungsteilnehmer aus regulären Ausbildungsbetrieben mit beendeter ursprünglicher Ausbildung nach Wunsch zum Betriebswechsel[1], tatsächlichem Betriebswechsel[2] und Anlaß hierzu

- vH-Struktur der gewichteten Fallzahlen -

Betriebswechsel und Anlaß hierzu	Männer		Frauen		Insgesamt	
	wollten im Betrieb bleiben	wollten Betrieb wechseln	wollten im Betrieb bleiben	wollten Betrieb wechseln	wollten im Betrieb bleiben	wollten Betrieb wechseln
Noch im Ausbildungsbetrieb beschäftigt	64	25	67	21	66	23
Betrieb gewechselt	35	71	31	77	34	73
keine Angaben	1	4	2	2	1	3
Zusammen	100	100	100	100	101	99
Basis	891	362	661	409	1 552	770
Betriebswechsel ging aus:						
- vom Befragten	35	43	38	45	36	44
- teils/teils	18	22	18	28	18	24
- vom Betrieb	46	34	44	26	45	30
- keine Angaben	1	1	0	1	1	1
Zusammen	100	100	100	100	100	99
Basis Betriebswechsler	308	256	207	313	515	569

1) Zum Zeitpunkt der ersten Befragung. - 2) Unmittelbar nach der Prüfung oder im Jahr danach.

Betriebswechsler nach Gründen für das Verlassen
des Ausbildungsbetriebs und Geschlecht
- vH-Struktur der gewichteten Fallzahlen -

Gründe für Betriebswechsel (Mehrfachangaben waren möglich)	Männer	Frauen	Insgesamt
Der Betrieb hat gekündigt/die Kündigung nahegelegt	35	28	31
Arbeitsverhältnis war von vornherein befristet	24	27	26
Ungünstige Arbeitsbedingungen im Betrieb	14	24	19
Schlechtes Betriebsklima/Ärger mit Vorgesetzten	22	31	26
Anderswo bessere Verdienstmöglichkeiten	24	25	25
Anderswo bessere Chancen, beruflich weiterzukommen	27	30	28
Wollte Beschäftigung in anderem Beruf	10	16	13
Fortsetzung der Ausbildung/ weitere Ausbildung	17	14	16
Wunsch nach Selbständigkeit	3	1	2
Mitarbeit im Betrieb der Familie	2	1	1
Private Gründe (z. B. Familie, Heirat)	3	7	5
Wegzug aus Berlin	2	4	3
Sonstige Gründe	3	2	3
Summe	186	208	197
Basis	615	559	1 174

sind ungünstige Arbeitsbedingungen, der Wunsch nach weiterer Ausbildung oder nach einer Beschäftigung in einem anderen Beruf. Alle anderen Gründe sind jeweils nur für einen kleinen Teil der Betriebswechsler bedeutsam; am häufigsten bei den Frauen sind dabei private Gründe (z.B. Familie). Der Fortzug aus Berlin hat nur bei 3 vH der Betriebswechsler eine Rolle gespielt. (Der Fortzug aus Berlin wird in Abschnitt 3.5 ausführlich behandelt.)

Dabei werden einzelne Gründe besonders häufig in Kombination mit anderen genannt: Knapp zwei Drittel der Betriebswechsler, die als Grund für den Betriebswechsel die Wahrnehmung besserer Chancen zum beruflichen Weiterkommen in einem anderen Betrieb angegeben haben, sehen dort zugleich bessere Verdienstmöglichkeiten. Mehr als die Hälfte derjenigen, die unter anderem wegen ungünstiger Arbeitsbedingungen den Ausbildungsbetrieb verlassen haben, gab auch Ärger mit Vorgesetzten und schlechtes Betriebsklima als Grund an. Die Analyse zeigt:

- Mehr als die Hälfte der Betriebswechsel (51 vH) sind auf betriebliche Kündigung oder auf die Befristung des Arbeitsverhältnisses zurückzuführen; etwa jeder fünfte, der aus diesem Grund den Betrieb wechselt, nennt daneben noch schlechtes Betriebsklima und Ärger mit Vorgesetzten als Grund.

- Bessere Chancen beruflichen Weiterkommens sind auch dann ein häufig genannter Grund für Betriebswechsel, wenn keine besseren Verdienstmöglichkeiten angegeben werden; jeder vierte nennt daneben schlechtes Betriebsklima, aber auch den Wunsch nach weiterer Ausbildung als Grund.

- Frauen nennen häufiger als männliche Betriebswechsler schlechtes Betriebsklima und Ärger mit Vorgesetzten als Grund für den Wechsel, und dies geht bei ihnen auch häufiger mit ungünstigen Arbeitsbedingungen einher. Mehr als die Hälfte derjenigen, die schlechte Arbeitsbedingungen und/oder Ärger mit den Vorgesetzten als Grund für den Wechsel nannten, geben zugleich bessere Verdienstmöglichkeiten und/oder bessere Chancen, beruflich weiterzukommen, als Grund an.

- Der Wunsch nach Beschäftigung in einem anderen Beruf geht bei Männern und Frauen in etwa der Hälfte der Fälle mit der Aussicht auf besseren Verdienst und berufliches Weiterkommen einher; bei Frauen kommen - mit quantitativ etwa gleicher Bedeutung - schlechtes Betriebsklima, Ärger mit Vorgesetzten und ungünstige Arbeitsbedingungen hinzu. Jeder fünfte verknüpft mit dem Wunsch nach Berufswechsel den Plan, die berufliche Ausbildung fortzusetzen.

Zwischen den Gründen für den Betriebswechsel und dem Anstoß, den Betrieb zu verlassen, bestehen - wie zu erwarten - deutliche Zusammenhänge (vgl. Übersicht 42). Der Betriebswechsel geht in zwei Dritteln der Fälle ausschließlich vom Betrieb aus, wenn Kündigung oder Befristung des Arbeitsverhältnisses als Grund genannt werden. Umgekehrt geben mehr als zwei Drittel der Betriebswechsler an, den Ausbildungsbetrieb von sich aus verlassen zu haben, wenn der Wunsch nach Beschäftigung in einem anderen Beruf, die Fortsetzung der Ausbildung oder bessere Verdienstmöglichkeiten und bessere Chancen beruflichen Weiterkommens in einem anderen Betrieb als Grund genannt werden.

Für das Ausschlagen eines Übernahmeangebots werden am häufigsten die erwarteten beruflichen Verbesserungen durch den Wechsel als Grund genannt (vgl. Übersicht 43). Der Betriebswechsel kann in der Mehrzahl dieser Fälle als "freiwillig" bezeichnet werden; auch der Anstoß zum Betriebswechsel geht vor allem von den Befragungsteilnehmern selbst aus (vgl. Übersicht 39). Bei Befragungsteilnehmern, die den Ausbildungsbetrieb nach einer vorübergehenden Beschäftigung verlassen haben, geschah dies aber in fast der Hälfte der Fälle nicht freiwillig: 42 vH geben an, der Betrieb habe ihnen gekündigt oder die Kündigung nahegelegt, oder der Arbeitsvertrag sei von vornherein zeitlich befristet gewesen. Dieser Anteil ist bei den Männern (mit 46 vH) deutlich höher als bei den Frauen (35 vH). Diejenigen, bei denen der Betrieb kein Übernahmeangebot gemacht hat, geben deutlich häufiger betriebliche Kündigung beziehungsweise Befristung des Vertragsverhältnisses an - auch dann, wenn sie wegen ungünstiger Arbeitsbedingungen, schlechten Betriebsklimas und Ärger mit den Vorgesetzten gar nicht im Ausbildungsbetrieb bleiben wollten.

Der Wunsch nach Beschäftigung in einem anderen Beruf spielt bei den Befragungsteilnehmern eine überdurchschnittliche Rolle, die nach Abbruch ihrer Ausbildung den Ausbildungsbetrieb verlassen haben (35 vH gegenüber 11 vH der erfolgreichen Absolventen). Bessere Verdienstmöglichkeiten oder bessere berufliche Chancen waren bei ihnen in gleichem Maße von Bedeutung

Übersicht 42

Betriebswechsler nach ausgewählten Gründen für das Verlassen des Ausbildungsbetriebs und Anlaß des Wechsels

- vH-Struktur der gewichteten Fallzahlen -

Ausgewählte Gründe für Betriebswechsel (Mehrfachangaben waren möglich)	Betriebswechsel ging ...				Zusammen	Basis
	vom Befragten aus	teils/teils	vom Betrieb aus	keine Angaben		
Betrieb hat gekündigt/Kündigung nahegelegt	4	26	68	1	99	301
Arbeitsverhältnis war von vornherein befristet	12	26	62	1	101	302
Bessere Verdienstmöglichkeiten/Chancen beruflichen Weiterkommens	67	24	8	1	100	415
Ungünstige Arbeitsbedingungen/schlechtes Betriebsklima	44	31	25	1	101	400
Wunsch nach Beschäftigung in anderem Beruf	71	23	7	0	101	149
Fortsetzung der Ausbildung/weitere Ausbildung	69	17	15	0	101	187
Insgesamt	40	21	38	1	100	1 174

Übersicht 43   Betriebswechsel nach Übernahmeangebot, Zeitpunkt des Wechsels und
ausgewählten Gründen für das Verlassen des Ausbildungsbetriebs

- vH-Struktur der gewichteten Fallzahlen -

Ausgewählte Gründe für Betriebswechsel (Mehrfachangaben waren möglich)	Übernahme, Betrieb später gewechselt	Übernahmeangebot abgelehnt	kein Übernahmeangebot, Wunsch zum Betriebswechsel	Unfreiwillige Mobilität	Insgesamt
Betrieb hat gekündigt/Kündigung nahegelegt/Arbeitsverhältnis war von vornherein befristet	42	16	64	77	51
Bessere Verdienstmöglichkeiten/Chancen beruflichen Weiterkommens	43	58	26	18	35
Ungünstige Arbeitsbedingungen/schlechtes Betriebsklima	24	34	46	28	34
Wunsch nach Beschäftigung in anderem Beruf	12	23	12	6	13
Fortsetzung der Ausbildung/weitere Ausbildung	15	28	16	5	16
Basis	366	206	376	226	1 174

wie bei den erfolgreichen Absolventen (jeweils 35 vH); ungünstige Arbeitsbedingungen, schlechtes Betriebsklima und Ärger mit Vorgesetzten wurden überdurchschnittlich oft als Grund angegeben (46 vH gegenüber 33 vH der erfolgreichen Absolventen).

3.2.3.2 Struktur der Betriebswechsler

Die Gründe für einen Betriebswechsel sind - wie deutlich wurde - ausgesprochen vielfältig. Im folgenden werden weitere Faktoren, die den Betriebswechsel beeinflussen, wie allgemeine Schulbildung, Chancen einzelner Ausbildungsberufe auf dem Arbeitsmarkt und Größe des Ausbildungsbetriebs dargestellt.

Betriebswechsel und allgemeinbildender Schulabschluß

Je höher der allgemeinbildende Schulabschluß der Befragungsteilnehmer ist, desto geringer ist der Anteil derjenigen, die unmittelbar nach der Abschlußprüfung oder im ersten Jahr danach den Ausbildungsbetrieb verlassen haben (vgl. Übersicht 44). Dabei ist der Unterschied zwischen den Absolventen einer Sonderschule beziehungsweise Schulabgängern ohne Abschluß und den Befragten mit höheren Schulabschlüssen am ausgeprägtesten. Die nur geringen Unterschiede zwischen den Befragten, die mindestens den Hauptschulabschluß erreichen konnten, sind auf unterschiedliche Häufigkeiten der Übernahmeangebote zurückzuführen. Mit anderen Worten: Die betrieblich ausgebildeten Abiturienten verlassen nicht überdurchschnittlich häufig ihren Ausbildungsbetrieb; obwohl ein Teil von ihnen die Ausbildung im dualen System als Ergänzung eines anzuschließenden Studiums absolviert hat, schlägt sich dies - zumindest im Laufe des ersten Jahres nach der Prüfung - nicht in einem überdurchschnittlichen Anteil der Betriebswechsler nieder.

Betriebswechsel und Ausbildungsberufe

In Abschnitt 3.2.2.3 wurden bereits die erheblichen Unterschiede der Übernahmequoten zwischen den verschiedenen Berufen diskutiert. Eine geringe Übernahmequote bedeutet zugleich eine hohe Quote der Betriebswechsler.

Befragungsteilnehmer aus regulären Ausbildungsbetrieben mit beendeter ursprünglicher Ausbildung nach allgemeinbildendem Schulabschluß und Betriebswechsel

- vH-Struktur der gewichteten Fallzahlen -

Übernahme-angebot und Betriebs-wechsel	Abschluß einer Sonderschule/[1] ohne Abschluß	Hauptschul-abschluß	Mittlere Reife oder gleichwer-tiger Abschluß	Abitur, Fach-hochschul-reife oder gleichwertig	Insgesamt
kein Übernahme-angebot erhalten	44	27	24	17	24
Übernahmeange-bot abgelehnt	8	7	8	10	8
Betrieb später gewechselt	15	16	14	16	15
Zwischensumme Betriebswechsler	66	50	46	43	47
Noch im Ausbil-dungsbetrieb be-schäftigt	34	48	53	54	51
keine Angabe	0	2	1	2	2
Zusammen	100	100	100	99	100
Basis	62	589	1 478	376	2 504

1) Einschließlich Fälle ohne Angaben zum allgemeinbildenden Schulabschluß.

Eine hohe Übernahmequote geht aber nur dann mit einer geringen Wechslerquote einher, wenn nur wenige Ausbildungsabsolventen, die im Ausbildungsbetrieb eine Beschäftigung aufgenommen haben, den Betrieb im Laufe des ersten Jahres nach der Prüfung verlassen.

Faßt man die Ausbildungsberufe zunächst zusammen (vgl. Übersicht 45), so zeigen sich unterdurchschnittliche Betriebswechsel-Quoten in drei Berufsbereichen:

- Organisations-, Verwaltungs- und Büroberufe (37 vH),
- Waren- und Dienstleistungskaufleute (40 vH),
- Metallberufe (42 vH).

Auffallend hohe Anteile der Betriebswechsler gibt es in folgenden Berufsbereichen:

- Ernährungsberufe (69 vH),
- Körperpfleger, Gästebetreuer, Hauswirtschafts- und Reinigungsberufe (66 vH),
- Textil-, Bekleidungs- und Lederberufe (65 vH),
- Gesundheitsdienstberufe (60 vH),
- Bau- und Baunebenberufe einschließlich Tischler, Maler und Lackierer (55 vH).

In diesen zusammengefaßten Berufsgruppen bestehen große Unterschiede in den Anteilen derjenigen, die nicht übernommen wurden beziehungsweise erst später wechselten. Bezieht man die später Wechselnden auf die im Betrieb Übernommenen, so zeigen sich vor allem bei den Ernährungsberufen, den Bau- und Baunebenberufen und den Gesundheitsdienstberufen hohe Anteile derjenigen, die den Betrieb innerhalb des ersten Jahres nach der Prüfung verlassen. Bei diesen Wechseln spielen auch zeitliche Befristungen der Arbeitsverträge mit dem Ausbildungsbetrieb eine Rolle; sie waren bei den Ernährungsberufen, den Körperpflegern und den Gesundheitsdienstberufen besonders häufig (vgl. Übersicht 37).

Auf die Unterschiede innerhalb der zusammengefaßten Berufsgruppen wurde schon mehrfach hingewiesen, und sie zeigen sich hier erneut (vgl. Übersicht 46). So gehören die Verkäufer zu den Berufen mit den höchsten Anteilen an den Betriebswechslern, die Einzelhandelskaufleute zu denjenigen mit den

Übersicht 45

Befragungsteilnehmer aus regulären Ausbildungsbetrieben mit beendeter ursprünglicher Ausbildung nach zusammengefaßten Ausbildungsberufen und Betriebswechsel

- vH-Struktur der gewichteten Fallzahlen -

Zusammengefaßte Berufsgruppen		Kein Übernahmeangebot erhalten	Übernahmeangebot abgelehnt	Betrieb später gewechselt	Zwischensumme: Betriebswechsler	Noch im Ausbildungsbetrieb beschäftigt	keine Angaben	Zusammen	Basis
19 - 30	Metallberufe	22	8	12	42	55	3	100	407
31	Elektroberufe	25	8	15	48	50	2	100	181
33 - 37	Textil-, Bekleidungs- und Lederberufe	39	16	10	65	35	0	100	31
39 - 43	Ernährungsberufe	32	9	27	69	31	0	100	77
44 - 51	Bau- und Baunebenberufe einschl. Tischler, Maler und Lackierer	23	5	27	55	45	0	100	263
62, 63	Techniker, Technische Sonderfachkräfte	33	8	10	51	48	0	99	40
68 - 70	Waren- und Dienstleistungskaufleute	20	7	13	40	59	2	101	641
75 - 78	Organisations-, Verwaltungs- und Büroberufe	19	8	9	37	61	2	100	445
85	Gesundheitsdienstberufe	33	9	17	60	40	1	101	173
90 - 93	Körperpfleger, Gästebetreuer, Hauswirtschafts- und Reinigungsberufe	36	18	12	66	32	2	100	166
	Sonstige Berufsgruppen[1]	28	6	25	59	42	0	101	79
	Insgesamt	24	8	15	47	51	2	100	2 504

1) Siehe Anhang 3.

Befragungsteilnehmer aus regulären Ausbildungsbetrieben mit beendeter ursprünglicher Ausbildung nach Ausbildungsberufen und Betriebswechsel

- vH-Struktur der gewichteten Fallzahlen -

Berufsgruppen darunter: Berufsklassen	Kein Übernahmeange- bot erhalten	Übernahme- angebot abgelehnt	Betrieb später ge- wechselt	Zwischen- summe: Betriebs- wechsler	Noch im Ausbildungs- betrieb be- schäftigt	keine Angaben	Zusammen	Basis
05 Gärtner	27	8	29	65	35	0	100	51
26 Feinblechner, Installateure	22	11	5	38	58	4	100	93
27 Schlosser	16	6	17	39	58	2	99	114
28 Mechaniker	20	8	11	39	58	4	101	134
dar.: 2811 Kraftfahrzeuginstand- setzer	26	9	8	43	51	7	101	89
31 Elektriker	25	8	15	48	50	2	100	181
dar.: 3110 Elektroinstallateure, -monteure	25	3	19	47	50	3	100	92
3120 Fernmeldemonteure, -handwerker	33	6	22	61	38	2	101	33
63 Technische Sonderfachkräfte	27	9	12	47	53	0	100	35
68 Warenkaufleute	24	6	14	43	55	2	100	457
dar.: 6812 Einzelhandelskaufleute	13	5	11	29	69	2	100	184
6820 Verkäufer	42	2	15	60	36	5	101	130
69 Bank-, Versicherungskaufleute	8	8	8	24	76	0	100	146
dar.: 6910 Bankkaufleute	6	8	8	23	77	0	100	120
70 Andere Dienstleistungskaufleute und zugehörige Berufe	29	10	19	57	43	0	100	37
75 Unternehmer, Organisatoren, Wirt- schaftsprüfer	21	10	12	43	55	3	101	58
dar.: 7535 Fachgehilfen in steuer- und wirtschaftsberaten- den Berufen	21	10	12	43	55	3	101	58
78 Bürofachkräfte	19	8	9	37	61	2	100	379
dar.: 7810 Bürofachkräfte, allge- mein	22	9	9	40	56	4	100	152
7811 Verwaltungsfachkräfte öffentlicher Dienst	6	2	4	11	88	1	100	85
7812 Industriekaufleute	22	8	8	37	61	2	100	78
85 Gesundheitsdienstberufe	33	9	17	60	40	1	101	173
dar.: 8561 Arzthelfer	41	8	16	65	34	1	100	111
8562 Zahnarzthelfer	20	11	19	50	50	0	100	63
Übrige Berufsgruppen[1]	30	10	20	60	40	1	101	645
Insgesamt	24	8	15	47	51	2	100	2 504

1) Siehe Anhang 2.

geringsten Betriebswechselquoten. Bei den Berufen mit niedrigen Betriebswechselquoten handelt es sich ausschließlich um Berufe mit besonders hohen Übernahmequoten, überwiegend um kaufmännische Berufe sowie um Berufe, in denen die übernommenen Befragungsteilnehmer in unterdurchschnittlichem Maße "ihren" Betrieb im ersten Berufsjahr verlassen:

	Berufsklasse	Anteil der Betriebswechsler an	
		Befragungsteilnehmern mit beendeter Ausbildung in vH	Befragungsteilnehmern, die vom Ausbildungsbetrieb übernommen wurden, in vH
7811	Verwaltungsfachkräfte, öffentlicher Dienst	11	4
6910	Bankkaufleute	23	10
6812	Einzelhandelskaufleute	29	14
7812	Industriekaufleute	37	11
8562	Zahnarzthelfer	40	27

Anders bei den Berufen mit besonders hohen Anteilen von Betriebswechslern: Sie lassen sich keinem Bereich schwerpunktmäßig zuordnen, haben überwiegend geringe Übernahmequoten und hohe Anteile späterer Betriebswechsel:

	Berufsklasse	Anteil der Betriebswechsler an	
		Befragungsteilnehmern mit beendeter Ausbildung in vH	Befragungsteilnehmern, die vom Ausbildungsbetrieb übernommen wurden, in vH
8561	Arzthelfer	65	32
3120	Fernmeldemonteure, -handwerker	61	35
6820	Verkäufer	60	29

Dabei zeigt sich erneut die Bedeutung einer zeitlichen Befristung des Arbeits-vertrages für den Betriebswechsel nach einer vorübergehenden Beschäftigung im Ausbildungsbetrieb (vgl. Übersicht 43): Tendenziell steigt mit dem Anteil der späteren Betriebswechsler an allen vom Ausbildungsbetrieb Übernommenen auch der Anteil derjenigen, die nur einen zeitlich befristeten Arbeitsvertrag mit dem Ausbildungsbetrieb abschließen konnten (vgl. Übersicht 47).

Übersicht 47

Befragungsteilnehmer, die vom Ausbildungsbetrieb übernommen wurden, nach ausgewählten Ausbildungsberufen, späterem Betriebswechsel und Befristung des Arbeitsvertrags

- vH-Anteile der gewichteten Fallzahlen -

Ausgewählte Ausbildungsberufe		Betrieb später ge-wechselt	Befristung des Arbeits-vertrags
7811	Verwaltungsfachkräfte, öffentlicher Dienst	4	6
6910	Bankkaufleute	10	3
7812	Industriekaufleute	11	15
2811	Kraftfahrzeuginstand-setzer	14	6
6812	Einzelhandelskaufleute	14	7
7810	Bürofachkräfte, allg.	14	13
7535	Fachgehilfen in steuer- und wirtschaftsberaten-den Berufen	18	13
3110	Elektroinstallateure	27	15
8562	Zahnarzthelfer	27	19
6820	Verkäufer	29	17
8561	Arzthelfer	32	21
3120	Fernmeldemonteure, -handwerker	35	24

Je größer die Zahl der Beschäftigten im Ausbildungsbetrieb ist, desto häufiger wird der Ausbildungsvertrag in einen Arbeitsvertrag umgewandelt (vgl. Übersicht 34), und desto häufiger sind die Befragungsteilnehmer auch nach Ablauf des ersten Berufsjahrs noch dort beschäftigt (vgl. Übersicht 48). Der Anteil der übernommenen Befragungsteilnehmer, der den Betrieb im Laufe des ersten Jahres wechselt, ist in den kleinen Betrieben mit 2 bis 4 Beschäftigten (mit 30 vH) nahezu doppelt so hoch wie in den Betrieben mit mehr als 100 Beschäftigten (16 vH). Nur die Ergebnisse für Befragte aus Ein-Mann-Betrieben passen nicht in dieses Muster: Sie haben vergleichsweise hohe Übernahmequoten, und die übernommenen Befragungsteilnehmer sind überdurchschnittlich oft im Ausbildungsbetrieb geblieben. Wegen der geringen Zahl der Befragungsteilnehmer in dieser Gruppe darf dieser Befund jedoch nicht überbewertet werden.

Ein gutes Viertel (27 vH) derjenigen, die den Ausbildungsbetrieb nach einer vorübergehenden Beschäftigung verlassen haben, hatte dort nur eine von vornherein zeitlich befristete Beschäftigung aufnehmen können; dieser Anteil variiert mit der Betriebsgröße, ohne daß ein klares Muster erkennbar ist. Fast die Hälfte (42 vH) dieser Gruppe gibt an, daß der Betrieb die Kündigung ausgesprochen oder nahegelegt hatte oder ein befristeter Vertrag ausgelaufen war. Dieser Anteil streut ebenfalls ohne eindeutige Tendenz.

Auch bei den genannten Kündigungsgründen läßt sich kein Zusammenhang mit der Größe des Betriebes feststellen. Befragungsteilnehmer wandern aus kleinen wie aus großen Betrieben ab, weil sie sich in einem anderen Betrieb bessere berufliche Chancen erwarten, und auch der Ärger mit Vorgesetzten (den man in kleineren Betrieben schlechter durch berufliche Kontakte mit anderen Mitarbeitern kompensieren kann) wird von den Betriebswechslern aus kleinen Betrieben nicht häufiger als Grund angegeben.

3.2.3.3 Situation der Betriebswechsler

Zum Zeitpunkt der Befragung, also etwa ein Jahr nach der Prüfung, sind drei von vier Befragungsteilnehmern, die den Ausbildungsbetrieb nach der Ausbildung verlassen haben, erwerbstätig; bei den außerbetrieblich Ausgebildeten

Übersicht 48

Befragungsteilnehmer aus regulären Ausbildungsbetrieben mit beendeter ursprünglicher Ausbildung nach Größe des Ausbildungsbetriebs und Betriebswechsel

- vH-Struktur der gewichteten Fallzahlen -

Zahl der Beschäftigten im Ausbildungsbetrieb	Kein Übernahmeangebot erhalten	Übernahmeangebot abgelehnt	Betrieb später gewechselt	Zwischensumme: Betriebswechsler	Noch im Ausbildungsbetrieb beschäftigt	keine Angaben	Zusammen	Basis
Ein-Mann-Betrieb	39	2	9	50	51	0	101	49
2 bis 4 Beschäftigte	34	12	16	62	37	2	101	404
5 bis 9 Beschäftigte	27	9	16	53	47	1	101	304
10 bis 49 Beschäftigte	26	6	16	48	51	1	100	578
50 bis 99 Beschäftigte	14	9	17	39	58	3	100	191
100 und mehr Beschäftigte	18	7	12	37	60	3	100	895
Insgesamt [1]	24	8	15	47	51	2	100	2 504

1) Einschließlich Fälle ohne Angaben zur Zahl der Beschäftigten im Ausbildungsbetrieb.

Übersicht 49

Betriebswechsler nach Übernahmeangebot und Status zum Zeitpunkt der Befragung

- vH-Struktur der gewichteten Fallzahlen -

Status	Kein Übernahmeangebot erhalten	Übernahmeangebot abgelehnt	Betrieb später gewechselt	Betriebswechsler insgesamt	Zum Vergleich: Außerbetrieblich Ausgebildete
Erwerbstätig, volle Arbeitszeit	70	62	73	70	65
Erwerbstätig, Teilzeit	4	6	6	5	10
Zwischensumme: erwerbstätig	74	68	79	75	75
Weitere Ausbildung	9	25	12	12	6
Arbeitslos	13	4	6	9	15
Sonstige Erwerbslosigkeit	4	4	4	4	4
Zusammen	100	101	101	100	100
Basis	602	206	366	1 174	228

liegt dieser Anteil ebenso hoch (vgl. Übersicht 49). Jeder achte Betriebswechsler (12 vH) ist in einer weiteren Ausbildung (überwiegend nicht im dualen System), jeder elfte (9 vH) ist arbeitslos. Nur ein kleiner Teil (4 vH) ist weder erwerbstätig noch arbeitslos oder in Ausbildung, sondern hat sich (zumindest vorübergehend) vom Arbeitsmarkt zurückgezogen (vgl. dazu ausführlicher Abschnitt 3.4).

Dabei gibt es Unterschiede je nach der Situation am Ende der Ausbildung:

- Jeder vierte Befragungsteilnehmer, der ein betriebliches Übernahmeangebot ausgeschlagen hatte, hat eine weitere (hauptberufliche) Ausbildung begonnen; die Arbeitslosigkeit ist in dieser Gruppe mit 4 vH am geringsten.

- Diejenigen, die den Ausbildungsbetrieb nach einer vorübergehenden Beschäftigung verlassen haben, sind zum Zeitpunkt der Befragung zu 79 vH erwerbstätig; 12 vH sind in einer weiteren Ausbildung, der Anteil der Arbeitslosen liegt bei 6 vH.

- Von denjenigen, die kein Übernahmeangebot ihres Ausbildungsbetriebs erhalten hatten, sind 9 vH in einer weiteren Ausbildung und 13 vH zum Zeitpunkt der Befragung noch oder wieder arbeitslos.

Zum Vergleich sind in Übersicht 49 auch die Ergebnisse für die außerbetrieblich Ausgebildeten angeben. Obwohl die Übernahme im Ausbildungsbetrieb ausgeschlossen ist, beträgt der Anteil der Erwerbstätigen ebenfalls 75 vH. Die Situation ist dennoch insgesamt als schlechter einzustufen, da - weit überdurchschnittlich - 10 vH teilzeitbeschäftigt und 15 vH arbeitslos sind.

In der Mehrheit der Fälle gelingt es den Betriebswechslern nicht, unmittelbar anschließend einen dauerhaften Arbeitsplatz zu finden: 70 vH der Betriebswechsler und 79 vH der außerbetrieblich Ausgebildeten waren im Verlauf des Jahres seit der Abschlußprüfung (einmal oder mehrmals) beim Arbeitsamt arbeitslos gemeldet, nahmen durch Vermittlung des Arbeitsamtes an Maßnahmen zur Erleichterung des Übergangs in den Beruf teil, oder hatten zwischenzeitlich kurzfristige, vorübergehende Beschäftigung oder Aushilfsjobs angenommen (vgl. Übersicht 50). Diese Anteile variieren mit dem Status zum Zeitpunkt der Befragung und sind auch jeweils unterschiedlich zu interpretieren:

- Von den Betriebswechslern, die bis zur Befragung wieder eine Beschäftigung mit voller Arbeitszeit gefunden haben, waren zwei Drittel zwischenzeitlich

Übersicht 50

Anteil der Betriebswechsler mit Erfahrungen mit Arbeitslosigkeit, Maßnahmen des Arbeitsamts oder kurzfristiger Beschäftigung nach Übernahmeangebot und Status zum Zeitpunkt der Befragung

- vH-Anteile der gewichteten Fallzahlen -

Status	Kein Übernahmeangebot erhalten	Übernahmeangebot abgelehnt	Betrieb später gewechselt	Betriebswechsler insgesamt	Zum Vergleich: Außerbetrieblich Ausgebildete
Erwerbstätig, volle Arbeitszeit	78	50	54	66	77
Erwerbstätig, Teilzeit	97	89	95	95	81
Zwischensumme: erwerbstätig	79	53	57	68	78
Weitere Ausbildung	62	75	43	61	66
Arbeitslos	100	100	100	100	100
Sonstige Erwerbslosigkeit	90	68	87	86	71
Insgesamt	81	60	59	70	79
Basis	602	206	366	1 174	228

arbeitslos oder in Aushilfsjobs. Diejenigen, die kein Übernahmeangebot erhalten haben, waren sogar zu drei Vierteln davon betroffen.

- Von den mittlerweile teilzeitbeschäftigten Betriebswechslern müßte praktisch jeder Erfahrungen mit Arbeitslosigkeit oder kurzfristiger Beschäftigung sammeln. Dies könnte darauf hindeuten, daß solche Teilzeitstellen (mit weniger als 30 Wochenstunden) von der Mehrheit der Befragungsteilnehmer nur ungern, nur bei Fehlen alternativer Beschäftigungsangebote und nach einer Phase der "Sucharbeitslosigkeit" akzeptiert werden; die Mehrheit der jetzt teilzeitbeschäftigten Befragungsteilnehmer hatte in der ersten Befragung auch angegeben, eine Vollzeitstelle anzustreben. Umgekehrt kann es auch schwierig sein, den Wunsch nach Teilzeitbeschäftigung zu realisieren.

- Betriebswechsler, die zum Zeitpunkt der Befragung in weiterer Ausbildung sind, haben in 61 vH der Fälle Erfahrungen mit Arbeitslosigkeit und kurzfristiger Beschäftigung gemacht. Dies kann zum einen auf Wartezeiten bis zum Beginn der Ausbildung zurückzuführen sein; andererseits kann die Arbeitslosigkeit auch dazu motivieren, eine weitere Ausbildung aufzunehmen.

Der Weggang aus dem Ausbildungsbetrieb geht häufig mit einem Berufswechsel[35] einher. Bezogen auf die erwerbstätigen Betriebswechsler sind 62 vH im gleichen Beruf beschäftigt, 36 vH haben mit dem Betriebswechsel auch einen Berufswechsel vollzogen. Bei den Ausbildungsabsolventen, die noch im Ausbildungsbetrieb beschäftigt sind, sind nur 8 vH als Berufswechsler anzusehen. Von denen, die als Grund für das Verlassen des Ausbildungsbetriebs den Wunsch nach Beschäftigung in einem anderen Beruf angaben, war gut die Hälfte (54 vH) zum Zeitpunkt der Befragung in einem anderen Beruf tätig, und jeder sechste (16 vH) war in weiterer Ausbildung - möglicherweise als Voraussetzung für die Beschäftigung in einem anderen Beruf. Aber auch von den Betriebswechslern, die nicht den Wunsch nach Berufswechsel geäußert hatten, hat ein Viertel einen Berufswechsel vollzogen. Der Berufswechsel wird in Abschnitt 3.2.4 ausführlich behandelt.

3.2.3.4 Wege der Stellenfindung

In diesem Abschnitt wird untersucht, auf welche Weise die erfolgreichen Stellenbewerber ihren Arbeitsplatz gefunden haben; es geht nicht um die Frage, welche Aktivitäten insgesamt bei der Suche nach einem Arbeitsplatz ergriffen werden. So haben 12 vH der erwerbstätigen Betriebswechsler und

24 vH der erwerbstätigen außerbetrieblich Ausgebildeten - nach eigener Aussage - ihren derzeitigen Arbeitsplatz durch Vermittlung des Arbeitsamtes gefunden. Das heißt nun nicht, daß das Arbeitsamt nur in diesen Fällen eingeschaltet war beziehungsweise tätig geworden ist; gut die Hälfte der Betriebswechsler (56 vH) und fast drei Viertel der außerbetrieblich Ausgebildeten (71 vH), die zum Zeitpunkt der Befragung erwerbstätig sind, waren beim Arbeitsamt arbeitslos gemeldet. Über den Anteil der Befragungsteilnehmer mit Vermittlungsvorschlägen des Arbeitsamtes liegen keine Angaben vor; die obigen Zahlen geben den Anteil der erfolgreichen Stellenbewerber an, die den Kontakt zum neuen Arbeitgeber über das Arbeitsamt vermittelt bekamen.

Am häufigsten wird die Vermittlung durch Eltern, Verwandte oder Bekannte als erfolgreicher Weg bei der Stellensuche genannt; gut jeder dritte (36 vH) hat so Arbeit gefunden (vgl. Übersicht 51). An zweiter Position steht die Bewerbung auf eine Stellenanzeige in der Zeitung (30 vH), an dritter Position folgt die Bewerbung "einfach auf Verdacht" (22 vH) und erst dann die Vermittlung durch das Arbeitsamt (12 vH). Die übrigen Wege der Stellenfindung über den Ausbildungsbetrieb, die Berufschule, die zuständige Kammer oder ein eigenes Stellengesuch in der Zeitung sind kaum von Bedeutung.

Diese erfolgreichen Wege der Stellensuche unterscheiden sich von den Strategien bei der Suche nach einer Ausbildungsstelle: Dabei wurden die Vermittlung durch das Arbeitsamt und die eigene Anfrage bei den Betrieben (mit jeweils 28 vH der Prüfungsteilnehmer) am häufigsten als erfolgreiche Wege bei der Suche genannt, die Hilfe durch Eltern, Verwandte und Bekannte wurde - ebenso wie die Bewerbung auf eine Stellenausschreibung - nur in 20 vH der Fälle angegeben[36]. Die Rangfolge der erfolgreichen Wege bei der Stellensuche, wie sie hier für Betriebswechsler ermittelt wurde, stimmt jedoch überein mit Ergebnissen, die vom Institut für Arbeitsmarkt- und Berufsforschung der Bundesanstalt für Arbeit (IAB) kürzlich für abhängig Beschäftigte im Bundesgebiet vorgelegt wurden[37].

Zwischen männlichen und weiblichen Stellungssuchenden gibt es Unterschiede: Bei männlichen Bewerbern dominiert die Vermittlung durch Eltern, Verwandte und Bekannte weit stärker, während bei den Frauen die erfolgreiche Bewerbung auf eine Stellenanzeige in der Zeitung sogar den ersten Rang einnimmt. Bewerbungen "auf Verdacht" werden etwa gleich häufig als erfolgreiche Wege der Stellenfindung genannt. Über das Arbeitsamt haben relativ mehr Männer als Frauen einen neuen Arbeitsplatz gefunden.

Übersicht 51

Erfolgreiche Stellenbewerber nach Wegen der Stellenfindung und Geschlecht

- vH-Struktur der gewichteten Fallzahlen -

Wege der Stellenfindung (Mehrfachangaben waren möglich)	Betriebswechsler			Zum Vergleich: Außerbetrieblich Ausgebildete
	Männer	Frauen	Insgesamt	
Vermittlung durch Eltern/ Verwandte/Bekannte	41	30	36	26
Bewerbung auf Stellenanzeige in der Zeitung	22	39	30	27
Bewerbung "auf Verdacht"	21	24	22	16
Vermittlung durch Arbeitsamt	15	9	12	24
Vermittlung durch ehemaligen Ausbildungsbetrieb	2	4	3	2
Kontakt durch Berufsschule/zuständige Kammer	2	1	1	4
Eigenes Stellengesuch in der Zeitung	1	1	1	7
keine Angabe	3	2	3	2
Zusammen	107	110	108	107
Basis	458	416	874	171

Übersicht 51 enthält zum Vergleich auch die außerbetrieblich Ausgebildeten, die zwar - gemäß oben erläuterter Definition - keine Betriebswechsler sind, aber als Stellungssuchende auf dem Arbeitsmarkt in Erscheinung treten. Bei ihnen ist die Bedeutung der Vermittlung durch Familie und Freunde geringer als bei anderen Stellungssuchenden - das Arbeitsamt als erfolgreicher Vermittler wird dagegen doppelt so häufig genannt.

Die unterschiedlichen Vermittlungserfolge über das Arbeitsamt hängen mit der ebenfalls unterschiedlichen Betroffenheit von Arbeitslosigkeit in beiden Gruppen zusammen: Stellungssuchende, die seit Abschluß der betrieblichen Berufsausbildung ein- oder mehrmals beim Arbeitsamt arbeitslos gemeldet waren, nennen häufiger als andere die Vermittlung durch das Arbeitsamt als erfolgreichen Weg der Stellenfindung; bei denjenigen, die mehr als einmal arbeitslos gemeldet waren, gilt dies verstärkt (vgl. Übersicht 52). Die Vermittlungsquote des Arbeitsamts liegt aber bei den außerbetrieblich Ausgebildeten auch dann höher als bei betrieblich ausgebildeten Stellungssuchenden, wenn diese Faktoren kontrolliert werden.

Der Zusammenhang zwischen der Art der Berufsausbildung (betrieblich/außerbetrieblich), der Dauer der Arbeitslosigkeit nach der Berufsausbildung und der Häufigkeit erfolgreicher Vermittlung durch das Arbeitsamt ist nicht so eindeutig: Bei Stellungssuchenden, die eine reguläre betriebliche Ausbildung durchlaufen hatten, nimmt die Häufigkeit der Vermittlung durch das Arbeitsamt mit zunehmender Dauer der Arbeitslosigkeit ab; bei außerbetrieblich Ausgebildeten (mit teilweise allerdings nur geringen Fallzahlen) besteht zwischen beiden Variablen keine lineare Beziehung. Dies schlägt sich dann auch bei den erfolgreichen Bewerbern insgesamt nieder. Zur Erklärung dieses Befundes wären genauere Analysen und zusätzliche Erhebungen erforderlich, die den Rahmen dieses Forschungsprojekts sprengen würden.

Analoges gilt für den Zusammenhang zwischen allgemeinbildendem Schulabschluß und den erfolgreichen Wegen der Stellenfindung (vgl. Übersicht 53): Die Anteile streuen ohne klar erkennbares Muster. Allerdings ist dabei von wechselseitigen Überlagerungen verschiedener Effekte auszugehen:

- Der allgemeinbildende Schulabschluß korreliert vermutlich mit jeweils spezifischen Stärken und Schwächen bei den verschiedenen Strategien der Stellenfindung, beispielsweise mit der Fähigkeit, überzeugende schriftliche

Übersicht 52

Vermittlung durch das Arbeitsamt als erfolgreicher Weg der Stellenfindung nach Art der Berufsausbildung
sowie Häufigkeit und Dauer der Arbeitslosigkeit nach Abschluß der Berufsausbildung

- vH-Anteile der gewichteten Fallzahlen -

Häufigkeit und Dauer der Arbeitslosigkeit	Art der Berufsausbildung			Basis Erfolgreiche Stellenbewerber		
	betrieblich	außer-betrieblich	Insgesamt	betrieblich ausgebildet	außer-betrieblich ausgebildet	Insgesamt
nicht arbeitslos gemeldet gewesen	3	10	3	377	37	414
einmal arbeitslos gemeldet gewesen	18	29	20	397	80	477
zwei- oder mehrmals arbeitslos gemeldet gewesen	25	33	27	93	42	135
Zusammen: arbeitslos gemeldet gewesen	20	30	22	490	122	612
darunter: Dauer der Arbeitslosigkeit						
- 1 Monat	22	5	20	234	38	272
- 2 Monate	21	.	24	104	10	114
- 3 Monate	18	.	31	64	20	84
- 4 und mehr Monate	14	23	17	77	48	125
Insgesamt	12	24	14	874	171	1 045

. Wegen zu geringer Fallzahl kein Nachweis möglich.

Übersicht 53

Erfolgreiche Stellenbewerber nach allgemeinbildendem Schulabschluß und ausgewählten Wegen der Stellenfindung

- vH-Anteile der gewichteten Fallzahlen -

Ausgewählte Wege der Stellenfindung (Mehrfachangaben waren möglich)	Abschluß einer Sonderschule/ ohne Abschluß[1]	Hauptschulabschluß	Mittlere Reife oder gleichwertiger Abschluß	Abitur, Fachhochschulreife oder gleichwertig	Insgesamt
Vermittlung durch Eltern/Verwandte/Bekannte	28	36	35	32	34
Bewerbung auf Stellenanzeige in der Zeitung	33	27	30	29	30
Bewerbung "auf Verdacht"	30	18	22	24	21
Vermittlung durch Arbeitsamt	17	19	10	15	14
Basis	54	297	562	132	1 045

1) Einschließlich Fälle ohne Angaben zum allgemeinbildenden Schulabschluß.

Bewerbungen zu verfassen; daraus ergeben sich dann unterschiedliche Erfolgsquoten bei verschiedenen Suchstrategien.

- Die Möglichkeit, durch die Vermittlung von Familie, Freunden und Bekannten in Kontakt mit dem neuen Arbeitgeber zu gelangen, hängt u.a. von den Möglichkeiten sozialer Einflußnahme ab; dies wiederum dürfte stark schichtspezifisch geprägt sein. Nimmt man als Indikator für "Schicht" die berufliche Stellung des Vaters zum Zeitpunkt der Abschlußprüfung (beziehungsweise in den Fällen, in denen hierzu keine Information vorliegt, die berufliche Stellung der Mutter), so geben erfolgreiche Bewerber mit Vätern in gehobener beruflicher Position (Meister, Poliere, leitende Angestellte, Beamte im gehobenen oder höheren Dienst, Selbständige und mithelfende Familienangehörige) besonders häufig an, durch Vermittlung von Eltern, Verwandten oder Freunden den neuen Arbeitsplatz gefunden zu haben (vgl. Übersicht 54). Generelle Unterschiede zwischen Befragungsteilnehmern aus Arbeiterfamilien einerseits, Angestellten- oder Beamtenfamilien andererseits gibt es dabei nicht.

- Bemühungen der Stellungssuchenden können nur dann Erfolg haben, wenn sie zu den betrieblichen Rekrutierungsstrategien passen; diese sind vermutlich je nach Art des zu besetzenden Arbeitsplatzes unterschiedlich. Direkte Aussagen zu diesen betrieblichen Strategien sind aus den hier präsentierten Erhebungen nicht zu gewinnen; hier wurden Erwerbstätige, nicht Betriebe befragt. Allerdings zeigen die großen Unterschiede zwischen den ausgeübten Berufen, daß offensichtlich solche Faktoren eine Rolle spielen (vgl. Übersicht 55).

Dabei ist zu berücksichtigen, daß die hier beispielhaft genannten Faktoren sich wechselweise beeinflussen. Als Hinweis soll genügen, daß beispielsweise der Zusammenhang zwischen Herkunftsmilieu ("Schicht") und Bildungs- und Ausbildungswegen von Jugendlichen seit den 60er Jahren bis heute nahezu unverändert geblieben ist[38].

3.2.4 Berufswechsel und Ausbildungsverwertung

In diesem Abschnitt wird für die Gruppe der erwerbstätigen Befragungsteilnehmer (ohne Auszubildende) untersucht, ob Ausbildungsberuf und ausgeübter

Erfolgreiche Stellenbewerber nach sozialer Stellung des Elternhauses und ausgewählten Wegen der Stellenfindung

– vH-Anteile der gewichteten Fallzahlen –

Soziale Stellung[1) des Elternhauses	Vermittlung durch Eltern/ Verwandte/ Bekannte	Bewerbung auf Stellen- anzeigen	Bewerbung "auf Verdacht"	Vermittlung durch Arbeitsamt	Basis
		(Mehrfachangaben waren möglich)			
nicht erwerbstätig, verstorben, verschollen, keine Angaben	30	24	18	21	205
einfache Arbeiter, einfache Ange- stellte	33	33	26	17	198
Facharbeiter, Vorarbeiter, Gesellen, mittlere Angestellte	31	32	27	12	267
Meister, Poliere, leitende Ange- stellte	42	25	24	8	133
Beamte im einfachen/mittleren Dienst	24	35	15	23	71
Beamter im gehobenen/höheren Dienst	41	32	9	9	62
Selbständige/Mithelfende im Fami- lienbetrieb	47	27	15	6	108
Insgesamt	34	30	21	14	1 045

1) Berufliche Stellung des Vaters zum Zeitpunkt der Prüfung; bei Fällen ohne Angabe hierzu berufliche Stellung der Mutter.

Übersicht 55

Erfolgreiche Stellenbewerber nach ausgeübtem Beruf und ausgewählten Wegen der Stellenfindung

- vH-Anteile der gewichteten Fallzahlen -

Zusammengefaßte Berufsgruppen	Vermittlung durch Eltern/ Verwandte/ Bekannte	Bewerbung auf Stellen- anzeigen	Bewerbung "auf Verdacht"	Vermittlung durch Arbeitsamt	Basis
		(Mehrfachangaben waren möglich)			
19 - 30 Metallberufe	30	16	21	30	124
31 Elektroberufe	26	16	21	35	69
39 - 43 Ernährungsberufe	23	51	17	5	43
44 - 51 Bau- und Baunebenberufe einschl. Tischler, Maler und Lackierer	66	19	8	14	86
68 - 70 Waren- und Dienstleistungskaufleute	34	36	20	10	129
75 - 78 Organisations-, Verwaltungs- und Büroberufe	29	41	25	8	212
85 Gesundheitsdienstberufe	30	48	12	3	58
90 - 93 Körperpfleger, Gästebetreuer, Hauswirtschafts- und Reinigungsberufe	37	25	22	15	68
Sonstige Berufsgruppen[1]	34	24	27	11	255
Insgesamt	34	30	21	14	1 045

1) Vgl. Anhang 3; hier einschließlich Textil-, Bekleidungs-, Lederberufe sowie Techniker, Technische Sonderfachkräfte.

Beruf gleich sind oder ob hier ein Wechsel stattgefunden hat. Dabei wird versucht zu klären, welche Variablen Einfluß auf Wechsel oder Nichtwechsel haben, welche Berufe verlassen und welche eingenommen werden. Darüber hinaus soll untersucht werden, wie die erlernten Kenntnisse bei Berufswechsel verwertet werden können, welche Anforderungen eine neue Tätigkeit stellt und welcher Einluß sich auf den beruflichen Status ergibt. Schließlich soll auf die Gründe für den Berufswechsel eingegangen werden.

3.2.4.1   Definition und Grunddaten des Berufswechsels

Berufswechsel kann als plötzliche Änderung der beruflichen Tätigkeit in ihren wesentlichen Teilen verstanden werden[39]. Diese allgemeine Definition ist hier so zu spezifizieren, daß bei Berufswechsel eine wesentliche Änderung der Tätigkeitsbestandteile im Vergleich zum Lehrberuf eingetreten sein muß. Bisher gibt es jedoch noch keine praktikable Methode, berufliche Tätigkeiten nach einheitlichen Kriterien in ihre Bestandteile zu zerlegen; der zu bewältigende Forschungsaufwand wäre erheblich[40]. In der empirischen Sozialforschung wird deshalb ein Berufswechsel im wesentlichen durch zwei Methoden ermittelt:

1. Vergleich der Berufskennziffern, die innerhalb der amtlichen Systematik der Berufe vergeben werden;

2. Selbsteinschätzung der Befragten.

Beide Methoden haben Stärken und Schwächen. Der Kennziffernvergleich unterstellt zunächst, daß eine Systematisierung nach berufskonstituierenden Merkmalen gegeben ist - eine Unterstellung, die im großen und ganzen zutrifft. Es muß jedoch davon ausgegangen werden, daß in der Regel Überdeckungen einzelner Berufselemente[41] bei "benachbarten" Berufen unterschiedlich sind. So umfassen Aggregate von Berufen mehr oder weniger enge "Verwandtschaften" der Berufe. Die Kennziffern sind hierarchisch geordnet, wobei mit stärkerer Aggregation die interne Homogenität abnimmt. Die üblichen Systematiken unterscheiden vierstellige Berufsklassen, dreistellige Berufsordnungen, zweistellige Berufsgruppen sowie weitere Zusammenfassungen zu Berufsabschnitten und Berufsbereichen[42]. Oft sind diese Kennziffern die einzig mögliche Grundlage für Berufswechselanalysen, wie etwa bei der Auswertung der Beschäftigtenstatistik der Bundesanstalt für Arbeit, die im Rahmen des vorliegenden Untersuchungsprojekts vorgenommen wurde[43].

Es hat sich gezeigt, daß der Kennziffernvergleich einen höheren Berufswechsel ergibt als die Selbsteinstufung, auch noch auf der Ebene dreistelliger Berufsordnungen[44]. Allerdings bestehen bei einer Selbsteinstufung individuell unterschiedliche Vorstellungen darüber, was mit dem Begriff Berufswechsel zu verbinden ist, mit der Folge uneinheitlicher Berufswechselkriterien. Dieses Verfahren trägt jedoch der Mehrdimensionalität des Berufsbegriffs - also insbesondere dem stärkeren Einbezug von sozialen Dimensionen - besser Rechnung[45].

Insgesamt läßt sich feststellen, daß der Kennziffernvergleich stärker die objektive Änderung von Tätigkeitsmerkmalen widerspiegelt, während die Selbsteinstufung anzeigt, daß ein Wechsel als Bruch in der beruflichen Laufbahn empfunden wird, der oft von anderen Eindrücken überlagert wird. Veränderungen des betrieblichen Umfeldes oder des beruflichen Status, eine Spezialisierung innerhalb des Ausbildungsberufs oder eine Verbreiterung des Aufgabenbereiches werden subjektiv unterschiedlich als Wechsel oder Nichtwechsel des Berufs angesehen. Somit liegen Kennziffernvergleich und Selbsteinstufung unterschiedliche Konzepte der Identifikation des Berufswechsels zugrunde.

Hier wird ein Wechsel zwischen dem Ausbildungsberuf und der ausgeübten beruflichen Tätigkeit ein Jahr nach der Abschlußprüfung untersucht. Die Angaben der erwerbstätigen Befragungsteilnehmer wurden vercodet und sind so zunächst Grundlage für den Kennziffernvergleich. Zusätzlich wurde gefragt, ob die angegebene ausgeübte Tätigkeit dem erlernten Beruf entspricht oder nicht. Es ergab sich folgendes Bild (vgl. Übersicht 56):

Für zwei Drittel (64 vH) der erfolgreichen Absolventen änderten sich die Berufskennziffern nicht, aber drei Viertel (77 vH) gaben an, daß der ausgeübte Beruf auch der erlernte sei. Hierin spiegelt sich der bereits erwähnte Befund, daß ein Kennziffernvergleich einen höheren Berufswechsel anzeigt als die Selbsteinstufung. Mit abnehmender Stellenzahl der Kennziffern - also stärkerer Aggregation - erhöht sich die Übereinstimmung: Von nur 32 vH auf der Ebene ungleicher vierstelliger Berufsklassen, über 44 vH (dreistellige Berufsordnungen) auf 81 vH bei den zweistelligen Berufsgruppen.

Die Unterschiede nach Männern und Frauen betrachtet sind nicht stark ausgeprägt und haben vermutlich mehr mit den von Männern und Frauen

Übersicht 56

Berufswechsel von beschäftigten Befragungsteilnehmern[1] mit erfolgreich abgeschlossener Ausbildung

- vH-Struktur der gewichteten Fallzahlen -

Wechselmerkmal	Wechsel der Berufskennziffer (objektiv)			Wechsel nach eigener Einschätzung (subjektiv)			Anteil der subjektiven Wechsler an den objektiven		
	Männer	Frauen	Insgesamt	Männer	Frauen	Insgesamt	Männer	Frauen	Insgesamt
Kein Wechsel	65	63	64	76	78	77	.	.	.
Wechsel bei gleicher vierstelliger Kennziffer	-	-	-	1	1	1	.	.	.
Wechsel innerhalb vierstelliger, aber nicht dreistelliger Kennziffern	7	8	8	2	3	2	29	35	32
Wechsel innerhalb dreistelliger, aber nicht zweistelliger Kennziffern	6	9	7	3	3	3	52	37	44
Wechsel innerhalb zweistelliger Kennziffern	20	19	19	17	14	16	84	77	81
Ohne (konkrete) Angabe der ausgeübten Tätigkeit/ des Berufswechsels	2	1	2	1	1	1	69	55	63
Zusammen	100	100	100	100	100	100	.	.	.
Basis	1 255	998	2 253	1 255	998	2 253			

1) Ohne Auszubildende.
. Anteilsberechnung nicht sinnvoll.

114

jeweils besetzten Berufen und deren unterschiedlichen Überdeckungen zu tun als mit dem Geschlecht (hierauf wird später noch eingegangen).

In der vorliegenden Untersuchung steht der "objektiv" meßbare Berufswechsel im Vordergrund des Interesses. Es soll ermittelt werden, welche - durch die amtliche Systematik bestimmbare - Berufskategorien verlassen und welche eingenommen werden. Hierbei wird der Wechsel zwischen zweistelligen Berufsgruppen zugrundegelegt, weil innerhalb der dreistelligen Berufsordnungen erst recht der vierstelligen Berufsklassen Ausbildungsberuf und ausgeübte Tätigkeit meist als eng verwandt angesehen werden. Erst bei den Berufsgruppen kommen sich objektive und subjektive Kriterien nahe (vgl. Übersicht 56). Der so definierte Berufswechsel betrifft 19 vH der erwerbstätigen Befragten, die ihre Abschlußprüfung bestanden haben[46].

Der subjektiv empfundene Berufswechsel ist aus Vergleichsgründen häufig mit angegeben worden, insbesondere dann, wenn es um Wertungen aus der Sicht der Befragten geht. Beispiele hierfür sind Zufriedenheit mit dem Beruf, Statuseinschätzung und Einschätzung der erforderlichen Ausbildung für die ausgeübte Tätigkeit. Mit einem Anteil von 22 vH ist der subjektiv empfundene Berufswechsel etwas häufiger als der "objektive" Berufsgruppenwechsel.

3.2.4.2 Berufswechsler, die die Abschlußprüfung nicht bestanden haben

Von den Befragten, die erwerbstätig sind, haben gut 4 vH die Abschlußprüfung nicht bestanden. Auf diese kleine Gruppe wird nur kurz eingegangen. Erwartungsgemäß war der Berufswechsel hoch: 59 vH wechselten die zweistellige Berufsgruppe, 14 vH machten keine oder unzureichende Angaben über ihre ausgeübte Tätigkeit. 75 vH gaben an, ihre ausgeübte Tätigkeit entspreche nicht dem Ausbildungsberuf. 78 vH der Männer nahmen eine Tätigkeit als ungelernte oder angelernte Arbeiter auf. Bei den Frauen waren dies 54 vH, weitere 33 vH der Frauen wurden einfache Angestellte.

3.2.4.3 Berufswechsel der erfolgreichen Absolventen

Auf diese Befragungsteilnehmer zielt die Analyse des Berufswechsels; ihr Anteil an allen Befragten beträgt 76 vH. Nach einer Analyse der Berufsgruppenmobilität werden die Wechselwirkungen mit einigen Variablen, die Ausbildungsverwertung bei Berufswechsel sowie die Gründe für den Berufswechsel untersucht.

Berufsgruppenmobilität

Einen ersten Überblick über den Berufswechsel gibt Übersicht 57[47]. Die durchschnittliche Wechselquote beträgt 20 vH. In den zusammengefaßten Berufsgruppen sind die Abgänge aus den Ausbildungsberufen meist höher als die entsprechenden Zugänge in den ausgeübten Tätigkeiten. Der Ausgleich konzentriert sich auf zwei Bereiche: die quantiativ bedeutende Berufsgruppe "Organisations-, Verwaltungs- und Büroberufe" sowie die "Sonstigen Berufsgruppen", letztere mit einer Zugangsquote von 70 vH.

Deutlich überdurchschnittliche Abgänge aus Ausbildungsberufen verzeichnen die Kategorien "Textil-, Bekleidungs- und Lederberufe" sowie "Körperpfleger (hier lediglich Friseure), Gästebetreuer, Hauswirtschafts- und Reinigungsberufe".

Um die Ab- und Zugänge detaillierter darstellen zu können, sind einzelne Berufsgruppen mit hohen Anteilen von Wechslern aufgelistet worden (vgl. Übersichten 58 und 59). Die jeweils zehn Berufsgruppen repräsentieren auf der Abgangsseite 74 vH und auf der Zugangsseite 65 vH aller Wechslerfälle.

Für diese Berufsgruppen sind in Spalte 1 der beiden Übersichten die Anteile an allen Wechslern und in Spalte 2 die Wechsleranteile der Berufsgruppen angegeben. Die Ergebnisse informieren über das quantitative Gewicht jeder Gruppe (Wechsler insgesamt = 100) und die Häufigkeit des Wechsels (Abweichung von 20 vH als Durchschnitt). Darüber hinaus ist in den Spalten 4 angegeben, wohin oder woher der Wechsel hauptsächlich erfolgte; in der Regel werden die drei wichtigsten Berufsgruppen genannt.

Ein erheblicher Teil des Berufswechsels vollzieht sich zwischen den Berufsgruppen "Warenkaufleute", "Bürofach-, Bürohilfskräfte" sowie "Rechnungskaufleute, Datenverarbeitungsfachleute". Zu letzteren gehören auch Kassierer, die insbesondere im Handel in enger Beziehung zu den Verkäufern stehen, aber auch Buchhalter (vgl. Anhang 1). Der Wechsel zwischen diesen drei Gruppen macht insgesamt 21 vH des gesamten Berufswechsels aus.

Übersicht 57

Berufsgruppenwechsel nach zusammengefaßten Berufsgruppen[1]
- vH-Anteile der gewichteten Fallzahlen -

		Berufswechsel ...			
Zusammengefaßte Berufsgruppen		... aus Ausbildungs-berufen		... in ausgeübten Tätigkeiten	
		Wechsler-anteil	Basis Ausbildungs-berufe 1984/85	Wechsler-anteil	Basis ausgeübte Tätigkeit 1985/86
19 - 30	Metallberufe	22	375	12	333
31	Elektroberufe	14	164	6	149
33 - 37	Textil-, Bekleidungs- und Lederberufe	50	30	-	15
39 - 43	Ernährungsberufe	16	71	11	67
44 - 51	Bau- und Baunebenberufe, einschl. Tischler, Maler und Lackierer	23	254	5	206
62, 63	Techniker, Technische Sonder-fachkräfte	4	32	12	35
68 - 70	Waren- und Dienstleistungs-kaufleute	22	535	12	470
75 - 78	Organisations-, Verwaltungs- und Büroberufe	14	413	28	489
85	Gesundheitsdienstberufe	10	136	2	126
90 - 93	Körperpfleger, Gästebetreuer, Hauswirtschafts- und Reinigungsberufe	29	129	16	108
	Sonstige Berufsgruppen[2]	18	81	70	222
	Zusammen	20	2 220	20	2 220

1) Erfolgreiche Absolventen. Fälle ohne (konkrete) Angaben zur ausgeübten Tätigkeit blieben außer Betracht. - 2) Siehe Anhang 3.

Übersicht 58

Berufsgruppenwechsel aus Ausbildungsberufen[1]

Zehn am stärksten mit Wechslern besetzte Berufsgruppen der Ausbildungsberufe

- vH-Struktur der gewichteten Fallzahlen -

Ausgewählte Berufsgruppen der Ausbildungsberufe	Anteile an allen Wechslern	Anteile an Wechslern in der Berufsgruppe	Basis Ausbildungsberufe 1984/85 (Spalte 2)	wichtigste Berufsgruppen[2], in die gewechselt wurde:
	(1)	(2)	(3)	(4)
68 Warenkaufleute	23	27	381	77, 78, 74
78 Bürofach-, Bürohilfskräfte	12	14	356	77, 68, 75
28 Mechaniker	10	33	127	54, 27, 22
27 Schlosser	6	22	117	54, 29, 31, 52
31 Elektriker	5	14	164	73, 62, 54, 74
90 Körperpfleger (Friseure)	5	25	81	53, 68, 85
50 Tischler, Modellbauer	4	44	36	18, 27, 71
51 Maler, Lackierer und verwandte Berufe	3	17	87	68, 48, 79
35 Textilverarbeiter	3	50	28	68, 92
69 Bank-, Versicherungskaufleute	3	11	123	78, 70
Übrige Berufsgruppen	26	16	720	
Zusammen	100	20	2 220	
Basis (Spalte 1)	435			

1) Erfolgreiche Absolventen. Fälle ohne (konkrete) Angaben zur ausgeübten Tätigkeit blieben außer Betracht. - 2) Bezeichnungen der Berufsgruppen, soweit nicht in der Vorspalte angegeben (vgl. auch Anhang 1):

18: Holzaufbereiter, Holzwarenanfertiger und verwandte Berufe
22: Metallverformer (spanend)
29: Werkzeugmacher
48: Bauausstatter
52: Warenprüfer, Versandfertigmacher
53: Hilfsarbeiter o. nähere Tätigkeitsangaben
54: Maschinisten und zugehörige Berufe
62: Techniker
70: Andere Dienstleistungskaufleute und verwandte Berufe

71: Berufe des Landverkehrs
73: Berufe des Nachrichtenverkehrs
74: Lagerverwalter, Lager- und Transportarbeiter
75: Unternehmer, Organisatoren, Wirtschaftsprüfer
77: Rechnungskaufleute, Datenverarbeitungsfachleute
79: Dienst-, Wachberufe
85: Übrige Dienstleistungskaufleute
92: Hauswirtschafliche Berufe

Berufsgruppenwechsel in ausgeübte Tätigkeiten[1]

Zehn am stärksten mit Wechslern besetzte Berufsgruppen der ausgeübten Tätigkeiten

- vH-Struktur der gewichteten Fallzahlen -

Ausgewählte Berufsgruppen der ausgeübten Tätigkeiten	Anteile an allen Wechslern	Anteile an Wechslern in der Berufsgruppe	Basis ausgeübte Tätigkeiten 1985/86 (Spalte 2)	wichtigste Berufsgruppen[2], aus denen gewechselt wurde:
	(1)	(2)	(3)	(4)
77 Rechnungskaufleute, Datenverarbeitungsfachleute	14	93	67	68, 78, 75
78 Bürofach-, Bürohilfskräfte	13	16	364	68, 85, 69
68 Warenkaufleute	7	10	308	35, 78, 51, 90
74 Lagerverwalter, Lager- und Transportarbeiter	7	100	29	45, 68, 28
54 Maschinisten und zugehörige Berufe	5	100	21	28, 27, 29, 31
70 Andere Dienstleistungskaufleute	4	40	48	50, 68, 78
27 Schlosser	4	17	109	28, 50
71 Berufe des Landverkehrs	4	100	16	26, 28, 68
75 Unternehmer, Organisatoren, Wirtschaftsprüfer	4	26	58	78, 68, 91
53 Hilfsarbeiter ohne nähere Tätigkeitsangaben	3	100	13	90, 68
Übrige Berufsgruppen	35	13	1 187	
Zusammen	100	20	2 220	
Basis (Spalte 1)	435			

1) Erfolgreiche Absolventen. Fälle ohne (konkrete) Angaben zur ausgeübten Tätigkeit blieben außer Betracht. - 2) Bezeichnungen der Berufsgruppen, soweit nicht in der Vorspalte angegeben (vgl. auch Anhang 1):

16: Feinblechner, Installateure
18: Mechaniker
29: Werkzeugmacher
31: Elektriker
35: Textilverarbeiter
50: Tischler, Modellbauer
51: Maler, Lackierer und verwandte Berufe

69: Bank- und Versicherungskaufleute
75: Unternehmer, Organisatoren, Wirtschaftsprüfer
85: Übrige Gesundheitsdienstberufe
90: Körperpfleger
91: Gästebetreuer

Berufe mit überdurchschnittlichem Abgang nach der Ausbildung sind Textilverarbeiter (50 vH), Tischler (44 vH), Mechaniker (33 vH), Warenkaufleute (27 vH), Körperpfleger (hier lediglich Friseure) (25 vH).

Textilverarbeiter wechseln zu einem Drittel zu den Warenkaufleuten, der Rest verteilt sich relativ stark gestreut. Tischler gehen zu je einem Drittel zu den Holzmaschinenbedienern, den Schlossern und zu den Berufen des Landverkehrs (hauptsächlich Kraftfahrer). Mechaniker wechseln meist in andere Fertigungsberufe, angeführt von den Maschinisten. Friseure schließlich werden größtenteils Hilfsarbeiter, Warenkaufleute und auch Arzthelfer.

Zu den Aufnahmeberufen der Wechsler gehören zunächst einige Berufsgruppen, in denen keine Ausbildung erfolgt beziehungsweise möglich ist, wie "Lagerverwalter, Lager- und Transportarbeiter", "Maschinisten und zugehörige Berufe", "Berufe des Landverkehrs" sowie "Hilfsarbeiter ohne nähere Tätigkeitsangabe".

Eine überdurchschnittliche Aufnahme verzeichnen auch die "Rechnungskaufleute, Datenverarbeitungsfachleute" (in dieser Berufsgruppe werden lediglich Datenverarbeitungskaufleute ausgebildet), "Andere Dienstleistungskaufleute und zugehörige Berufe" sowie "Unternehmer, Organisatoren, Wirtschaftsprüfer".

Die Lagerverwalter, Lager- und Transportarbeiter rekrutieren sich hauptsächlich aus Zimmerleuten, Dachdeckern, Warenkaufleuten und Mechanikern. Maschinisten sind größtenteils gelernte Mechaniker, Schlosser, Werkzeugmacher und Elektriker. Hilfsarbeiter wurden vorher meistens zu Friseuren oder Verkäufern ausgebildet.

Weitere Informationen zum Berufswechsel, und zwar für Berufsklassen (vierstellige Kennziffern), vermittelt Anhang 1. Dort sind alle Berufsgruppen und Berufsklassen mit einem Stern (*) gekennzeichnet, in denen Fälle von ausgeübten Tätigkeiten, jedoch keine Ausbildungsabsolventen registriert wurden. Aus Datenschutzgründen können in dieser detaillierten Form keine quantitativen Angaben gemacht werden.

Einflußvariablen des Berufswechsels

Berufswechsel geht wesentlich von Diskrepanzen zwischen Ausbildungssystem und Arbeitsplatzangebot aus. Die starke Ausweitung des Angebots an Ausbildungsstellen in den letzten Jahren in der Stadt war ungleichgewichtig, fand also in einzelnen Berufen - im Verhältnis zu den vorhandenen Arbeitsplätzen - stärker statt als in anderen. In denjenigen Berufen, in denen über den Bedarf hinaus ausgebildet wurde, sind berufliche Eingliederungsprobleme - und damit der Berufswechsel - vorprogrammiert. Hinzu kommt, daß in einigen Berufen weniger Befragte ausgebildet als danach beschäftigt wurden, in anderen eine Ausbildung nicht stattfand - wie zuvor aufgezeigt worden ist.

Ergänzend wurde der Einfluß einzelner Variablen auf den Berufswechsel analysiert. Dabei muß davon ausgegangen werden, daß die untersuchten möglichen Einzeleinflüsse auf den Berufswechsel großenteils wiederum untereinander in Zusammenhang stehen[48].

(1) Geschlecht, Männer- und Frauenberufe

Es wurde schon darauf hingewiesen, daß Unterschiede beim Berufswechsel nicht allgemein geschlechtsspezifisch sind[49], sondern mit typischen Männer- und Frauenberufen zu tun haben. In Übersicht 60 sind "objektiver" und "subjektiver" Berufswechsel nach Männer-, Frauen- und Mischberufen[50] gegenübergestellt. In Mischberufen - also solchen, in denen sowohl Frauen als auch Männer in nicht zu kleinen Anteilen ausgebildet werden - gibt es keinerlei geschlechtsspezifische Unterschiede des Berufswechsels. Dagegen wird in Männerberufen geringfügig öfter der Beruf gewechselt als in Frauenberufen. Dies ist jedoch damit zu erklären, daß 72 Ausbildungsberufen, die zu Männerberufen gerechnet werden, lediglich 14 Ausbildungsberufe gegenüberstehen, die als Frauenberufe zu bezeichnen sind (vgl. Anhang 4). Männer haben also allein schon durch ihr breiteres Berufsspektrum der Ausbildungsberufe mehr Berufswechselmöglichkeiten.

Auffallend ist jedoch, daß Frauen in Männerberufen und Männer in Frauenberufen überdurchschnittlich häufig den Beruf wechseln - im letzteren Fall allerdings subjektiv nicht so stark empfunden, wie es sich

Übersicht 60

Berufswechsel nach Geschlecht sowie Männer-, Frauen- und Mischberufen[1]

- vH-Anteile der gewichteten Fallzahlen -

Männer-, Frauen- und Mischberufe	Berufswechselquoten					
	objektiv[2]			subjektiv[3]		
	Männer	Frauen	Insgesamt	Männer	Frauen	Insgesamt
Männer-Berufe	20	44	21	27	50	27
Frauen-Berufe	38	17	18	27	25	25
Mischberufe	19	19	19	17	17	17
Insgesamt	20	19	20	24	22	23

1) Erfolgreiche Absolventen. - 2) Berufsgruppenwechsel. Fälle ohne (konkrete) Angaben zur ausgeübten Tätigkeit blieben außer Betracht. - 3) Fälle ohne Angabe zum Berufswechsel blieben außer Betracht.

aus dem Berufsgruppenwechsel ergibt. Wenn auch die zugrunde liegenden Fallzahlen jeweils sehr klein sind (zwischen 24 und 29), so sprechen die hohen Anteile wohl zutreffend für besonders häufigen Berufswechsel[51].

(2) Allgemeine Schulbildung

Der Berufswechsel ist vom allgemeinen Schulbildungsniveau weitgehend unabhängig (vgl. Übersicht 61). Lediglich die Kategorie "Abschluß einer Sonderschule/ohne allgemeinbildenden Schulabschluß/ohne Angaben zum Schulabschluß" verzeichnet nennenswert überdurchschnittliche Berufswechselfälle, was insbesondere auf die Befragten ohne Schulabschluß zurückzuführen ist. Dies korrespondiert mit den Ergebnissen der Auswertung der Beschäftigtenstatistik[52].

Daß Abiturienten subjektiv den Berufswechsel unterdurchschnittlich empfunden haben, lag vermutlich an deren Berufswahlspektrum: Die von

Übersicht 61

Berufswechsel nach allgemeiner Schulbildung[1]

- vH-Anteile der gewichteten Fallzahlen -

Allgemeine Schulbildung	Berufswechselquoten		Basis	
	objektiv[3]	subjektiv[4]	objektiv[3]	subjektiv[4]
Abschluß einer Sonderschule/ohne Abschluß 2)	26	32	69	72
Hauptschulabschluß	20	25	505	510
Mittlere Reife oder gleichwertiger Abschluß	19	23	1 304	1 317
Abitur, Fachhochschulreife oder gleichwertig	19	18	342	340
Insgesamt	20	23	2 220	2 239

1) Erfolgreiche Absolventen. - 2) Einschließlich Fälle ohne Angaben zur allgemeinen Schulbildung. - 3) Berufsgruppenwechsel. Fälle ohne (konkrete) Angaben zur ausgeübten Tätigkeit blieben außer Betracht. - 4) Fälle ohne Angaben zum Berufswechsel blieben außer Betracht.

Übersicht 62

Berufswechsel nach Übereinstimmung von Berufswunsch und Berufswahl[1]

- vH-Anteile der gewichteten Fallzahlen -

Berufswunsch vor der Ausbildung 2)	Berufswechselquoten		Basis	
	objektiv[3]	subjektiv[4]	objektiv[3]	subjektiv[4]
jetziger Ausbildungsberuf	18	20	1 226	1 231
andere Lehre	22	27	707	717
ganz andere Ausbildung	23	25	192	192
Berufstätigkeit ohne Ausbildung	33	29	19	18
Insgesamt	20	23	2 220	2 239

1) Erfolgreiche Absolventen. - 2) Fälle ohne Angaben blieben außer Betracht. - 3) Berufsgruppenwechsel. Fälle ohne (konkrete) Angaben zur ausgeübten Tätigkeit blieben außer Betracht. - 4) Fälle ohne Angaben zum Berufswechsel blieben außer Betracht.

dieser Gruppe präferierten kaufmännischen Berufe[53] lassen - insbesondere beim Wechsel in andere kaufmännische oder verwaltungsorientierte Berufe - offenbar nicht immer das Gefühl eines Berufswechsels aufkommen.

(3) Berufswunscherfüllung

Diejenigen, die ihren Berufswunsch durch einen Ausbildungsvertrag realisieren konnten, wechseln weniger häufig nach der Ausbildung den Beruf als diejenigen, die eine andere Lehre oder eine ganz andere Ausbildung (z.B. Abitur, Berufsfachschule, Studium) eingehen wollten (vgl. Übersicht 62). Weit höher noch als bei der letzteren Gruppe - etwa ein Drittel - ist die Berufswechselquote der Befragten, die vor der Lehre eigentlich ein Arbeitsverhältnis ohne Ausbildung eingehen wollten, wenngleich die kleinen zugrunde liegenden Fallzahlen hier verallgemeinernde Schlüsse verbieten.

(4) Verbleib im Ausbildungsbetrieb

Den geringsten Berufswechsel hatten diejenigen, die ein Jahr nach der Prüfung noch im Ausbildungsbetrieb beschäftig sind: Lediglich 7 vH von ihnen wechselten den Beruf (vgl. Übersicht 63). Bei den Betriebswechslern sind es zwischen 31 vH und 45 vH. Subjektiv wird der Berufswechsel hier durchweg stärker empfunden als er sich objektiv darstellt - ein Hinweis darauf, daß bereits Veränderungen des Umfelds als beruflicher Wechsel empfunden werden.

Der Berufswechsel ist jedoch in vielen Fällen nicht als Ursache des Betriebswechsels anzusehen, sondern eher umgekehrt, die Konsequenz einer gewünschten beruflichen Veränderung: Rund ein Drittel derjenigen, die nicht mehr im Ausbildungsbetrieb beschäftigt sind, obwohl sie ein Übernahmeangebot bekommen haben, gaben den gewünschten Berufswechsel als Grund für den Betriebswechsel ausdrücklich an. Sie wechselten insgesamt häufiger den Beruf als diejenigen, die den Betrieb mangels Übernahme wechseln mußten, wenngleich der Berufswechsel auch hier mit 30 bis 40 vH überdurchschnittlich hoch ist.

Übersicht 63

Berufswechsel und Verbleib im Ausbildungsbetrieb[1]
- vH-Anteile der gewichteten Fallzahlen -

Verbleib im Aus- bildungsbetrieb/ Übernahmeangebot[2]	Berufswechselquoten		Basis	
	objektiv[3]	subjektiv[4]	objektiv[3]	subjektiv[4]
Arbeitsverhältnis im Ausbildungs- betrieb direkt nach der Ausbildung				
- ja	14	15	1 546	1 531
- nein	31	41	538	548
- außerbetrieblich/extern ausge- bildet	39	41	135	123
Beschäftigung im Ausbildungs- betrieb ein Jahr nach der Prüfung				
- ja, im Ausbildungsbetrieb	7	7	1 025	1 027
- ja, in einem anderen Betrieb desselben Unternehmens	13	14	240	240
- nein, obwohl zunächst im Aus- bildungsbetrieb ein Arbeits- verhältnis begonnen	41	45	281	284
Übernahmeangebot bei Betriebs- wechsel				
- ja	38	44	401	407
- nein	30	40	397	404
Insgesamt	20	23	2 220	2 239

1) Erfolgreiche Absolventen. - 2) Fälle ohne Angaben blieben jeweils außer Betracht. -
3) Berufsgruppenwechsel. Fälle ohne (konkrete) Angaben zur ausgeübten Tätigkeit blieben
außer Betracht. - 4) Fälle ohne Angaben blieben außer Betracht.

(5) Beruflicher Status des Elternhauses

Der berufliche Status des Elternhauses wurde primär an dem des Vaters gemessen. Nur in den Fällen, in denen zum Status des Vaters keine Angaben gemacht wurden, ist der Status der Mutter herangezogen worden[54].

In der Gliederung Arbeiter, Angestellte, Beamte, Selbständige/Mithelfende Familienangehörige bestehen kaum Unterschiede in der Berufswechselhäufigkeit (vgl. Übersicht 64). Erst in weiterer Abstufung sind häufigere Berufswechsel zu beobachten, wenn es sich bei den Eltern um einfache Angestellte, Beamte im einfachen oder mittleren Dienst oder um "kleine" Selbständige (mit bis zu fünf Beschäftigten) handelt. Der Berufswechsel erfolgte in diesen Fällen hauptsächlich aus den Berufen Verkäufer, einigen Baunebenberufen, (Kraftfahrzeug-)Mechaniker- und Büroberufen in Lagereiberufe, Berufe der Rechnungslegung und Datenverarbeitung (auch Kassierer) sowie Büroberufe.

Berufswechsel und Statusänderung

Etwa zwei Drittel der Befragten gaben an, eine Tätigkeit auszuüben, die von der beruflichen Position her der Ausbildung zur Fachkraft entspricht: Sie waren entweder Facharbeiter (37 vH) oder qualifizierte Angestellte (27 vH) (vgl. auch Übersicht 65). Ein Drittel hatte keine oder nur bedingt eine ausbildungsadäquate Tätigkeit: 6 vH waren un- oder angelernte Arbeiter, 27 vH einfache Angestellte[55].

Wie zu erwarten war, geht eine Beschäftigung in einer der beruflichen Ausbildung nicht adäquaten Position häufig mit einem Berufswechsel einher. Dies gilt besonders für Wechsler in eine Tätigkeit als un- oder angelernte Arbeiter: Neun von zehn Befragungsteilnehmern in dieser Gruppe wechseln in diesen Fällen auch den Beruf. Von der inhomogenen Kategorie "Sonstige" - die allerdings quantitativ eine untergeordnete Rolle spielt - war es etwa jeder zweite.

Der Wechsel in eine einfache Angestelltentätigkeit ist dagegen nur mit einer leicht überdurchschnittlichen Berufswechselquote verbunden. Bei diesem Sta-

Berufswechsel und beruflicher Status des Elternhauses[1]
- vH-Anteile der gewichteten Fallzahlen -

Beruflicher Status des Elternhauses[2]	Berufswechselquoten		Basis	
	objektiv[3]	subjektiv[4]	objektiv[3]	subjektiv[4]
Arbeiter davon:	18	23	760	771
einfache Arbeiter	19	25	266	275
Facharbeiter, Vorarbeiter, Gesellen	18	20	399	400
Meister, Poliere	18	32	95	96
Angestellte davon:	20	23	560	561
einfache Angestellte	27	31	137	138
mittlere Angestellte	19	20	246	246
leitende Angestellte	17	19	177	177
Beamte davon:	21	23	300	306
einfacher/mittlerer Dienst	24	26	155	158
gehobener/höherer Dienst	19	20	145	148
Selbständige/Mithelfende davon:	20	24	213	212
Selbständige mit bis zu 5 Beschäftigten	23	28	145	144
Selbständige mit mehr als 5 Beschäftigten	12	12	43	43
Mithelfende Familienangehörige	16	20	25	25
Nicht erwerbstätig	19	21	188	188
Verstorben, verschollen u. ä.	24	25	138	140
Ohne Angabe	17	25	61	61
Insgesamt	20	23	2 220	2 239

1) Erfolgreiche Absolventen. - 2) Beruflicher Status des Vaters oder beruflicher Status der Mutter, wenn Vater ohne Angabe. - 3) Berufsgruppenwechsel. Fälle ohne (konkrete) Angaben zur ausgeübten Tätigkeit blieben außer Betracht. - 4) Fälle ohne Angaben blieben außer Betracht.

Übersicht 65

Berufswechsel und beruflicher Status[1]

- vH-Struktur der gewichteten Fallzahlen -

Beruflicher Status ein Jahr nach der Abschlußprüfung	Strukturanteile			Berufs-wechsel-quoten	Basis
	Nicht-wechsler	Wechsler	Insge-samt		
- objektiver Berufswechsel[2] -					
Un-, angelernte Arbeiter	1	25	6	87	127
Fach-, Vorarbeiter	42	17	37	9	817
Einfache Angestellte	26	29	27	21	597
Qualifizierte Angestellte[3]	29	22	27	15	616
Sonstige[4]	2	7	3	51	63
Zusammen	100	100	100	20	2 220
Basis	1 785	435	2 220		
- subjektiver Berufswechsel[5] -					
Un-, angelernte Arbeiter	1	26	6	93	142
Fach-, Vorarbeiter	40	23	37	15	815
Einfache Angestellte	26	29	27	26	600
Qualifizierte Angestellte[3]	31	14	27	12	614
Sonstige[4]	2	8	3	59	68
Zusammen	100	100	100	23	2 239
Basis	1 722	517	2 239		

1) Erfolgreiche Absolventen. - 2) Berufsgruppenwechsel. Fälle ohne (konkrete) Angaben zur ausgeübten Tätigkeit blieben außer Betracht. - 3) Einschließlich leitende Angestellte. - 4) Beamte, Selbständige, Mithelfende Familienangehörige, Aushilfen, Praktikanten, Fälle ohne Angabe. - 5) Fälle ohne Angaben blieben außer Betracht.

tusmerkmal sind daher auch Unsicherheiten bei der Selbsteinstufung der Befragten zu vermuten. Ein Jahr nach der Abschlußprüfung fällt es vermutlich in einigen Fällen schwer, bei der Einstufung der eigenen Tätigkeit zwischen "einfach" oder "qualifiziert" eindeutig zu unterscheiden. Dies hängt sicherlich auch mit dem Selbstwertgefühl der Befragten zusammen, ist also stark subjektiv geprägt.

Der Wechsel in eine Tätigkeit als un- oder angelernte Arbeiter erfolgte - in der Reihenfolge der Häufigkeiten von aufgetretenen Wechseln - vor allem aus den Ausbildungsberufen Kraftfahrzeugmechaniker/-schlosser, Zimmerer, Friseure, Verkäufer, Tischler, Maler/Lackierer. Angehörige dieser Berufe machten zusammen etwa die Hälfte aller Wechsler in eine Tätigkeit als un- oder angelernte Arbeiter aus.

Der Wechsel in eine einfache Angestelltentätigkeit erfolgte hauptsächlich aus den Berufen Einzelhandelskaufleute, Bürogehilfen/Bürokaufleute, Verkäufer, Industriekaufleute, Arzthelfer, Bekleidungsnäher und Friseure. Zusammen machen die Fälle in diesen Berufen etwa zwei Drittel dieser Wechsler aus.

Berufswechsel, erforderliche Ausbildung für die ausgeübte Tätigkeit und Verwertung der erworbenen Kenntnisse

Neben dem beruflichen Status nach der Ausbildung ist die für die ausgeübte Tätigkeit als erforderlich angesehene Ausbildung ein weiterer Indikator dafür, inwieweit der Übergang von der Ausbildung in dem Beruf erfolgreich im Sinne der Verwertung der erlernten beruflichen Kenntnisse war. Die Frage nach der Einschätzung der erforderlichen Ausbildung für ihre Tätigkeit konnten die Befragten mehrfach beantworten.

"Keine besondere Ausbildung" gaben 4 vH der Befragten an, während 8 vH bereits mit einer kurzen Einweisung am Arbeitsplatz ihre Tätigkeit hätten ausführen können (vgl. Übersicht 66). Berücksichtigt man die - nicht häufigen - Mehrfachangaben, so entfallen 11 vH auf beide Antworten; bei Männern sind es 10 vH, bei Frauen 12 vH.

Der Berufwechsel verringert die Möglichkeit, die im Lehrbrief bescheinigten Fähigkeiten zu verwerten: Während neun von zehn Befragten, die den erlernten

Berufswechsel und erforderliche Ausbildung für die ausgeübte Tätigkeit[1]

- vH-Struktur der gewichteten Fallzahlen -

Art der erforderlichen Ausbildung (Mehrfachangaben waren möglich)	Strukturanteile			Berufs- wechsel- quoten	Basis
	Nicht- wechsler	Wechsler	Insge- samt		
- objektiver Berufswechsel[3] -					
Keine besondere Ausbildung	2	12	4	55	93
Nur kurze Einweisung am Arbeitsplatz	4	24	8	57	179
Längere Einarbeitung im Betrieb	12	26	15	34	330
Besuch von besonderen Lehrgängen/Kursen	7	17	9	39	192
Abgeschlossene Berufsausbildung	86	45	78	11	1 713
Abgeschlossenes Studium	0	0	0	50	4
Zusammen[2]	111	124	114	20	2 190
Basis	1 758	432	2 190		
- subjektiver Berufswechsel[4] -					
Keine besondere Ausbildung	2	12	4	65	95
Nur kurze Einweisung am Arbeitsplatz	4	24	9	67	187
Längere Einarbeitung im Betrieb	11	28	15	43	335
Besuch von besonderen Lehrgängen/Kursen	6	18	9	48	191
Abgeschlossene Berufsausbildung	89	41	78	12	1 719
Abgeschlossenes Studium	0	0	0	22	4
Zusammen[2]	112	123	115	23	2 207
Basis	1 695	512	2 207		

1) Erfolgreiche Absolventen. - 2) Fälle ohne Angabe blieben außer Betracht. - 3) Berufsgruppenwechsel. Fälle ohne (konkrete) Angaben zur ausgeübten Tätigkeit blieben außer Betracht. - 4) Fälle ohne Angaben blieben außer Betracht.

Beruf ausüben, angeben, sie benötigten für ihre Tätigkeit die abgeschlossene Berufsausbildung, ist es von den Berufswechslern nur jeder zweite. Knapp ein Drittel (31 vH) der Berufswechsler hingegen meint, auch ohne besondere Ausbildung oder nur mit einer kurzen Einweisung die Tätigkeit ausüben zu können. Dies gilt besonders für Wechsler aus den Berufen Friseure, Arzthelfer, Maler/Lackierer, Textilverarbeiter und Warenkaufleute (insbesondere Verkäufer und Gewerbegehilfen).

Auf die erlernten beruflichen Kenntnisse und Fertigkeiten zielt auch die Frage, ob davon sehr viel, viel, einiges, eher wenig oder sehr wenig/nichts bei der ausgeübten Tätigkeit verwertet werden kann.

Während 56 vH der Befragten angaben, sehr viel oder viel der Kenntnisse und ein knappes Viertel immerhin noch "einiges" verwerten zu können glaubte (vgl. Übersicht 67), war jeder fünfte (19 vH) der Meinung, eher wenig oder nichts von seiner Ausbildung im ausgeübten Beruf einbringen zu können, Frauen mit 22 vH öfter als Männer (17 vH).

Der Zusammenhang zwischen Berufswechsel und Ausbildungsverwertung wird auch hier deutlich: Weniger als 30 vH der Berufswechsler können noch sehr viel oder viel ihrer Kenntnisse verwerten, während fast jeder zweite diese Möglichkeit nur wenig oder nicht gegeben sieht. Auch hier waren Friseure, Arzthelfer, Maler/Lackierer, Textilverarbeiter und Warenkaufleute am stärksten betroffen.

Gründe für den Berufswechsel

Alle, die nicht im Lehrberuf arbeiten, wurden gefragt: "Aus welchen Gründen sind Sie nicht in Ihrem erlernten Ausbildungsberuf tätig?" Die Antworten enthält Übersicht 68.

Am häufigsten werden bessere Arbeitsbedingungen als im erlernten Beruf genannt, sehr oft bessere Verdienstchancen. Die Antworten, die auf Eingliederungsschwierigkeiten in das Berufsleben hindeuten, nämlich "keine Stelle gefunden" und "den nächstbesten Job angenommen", werden zusammengenommen ebenfalls erheblich oft gegeben. Die übrigen Gründe - sie betreffen Arbeitszeit, die Spezialisierung im Beruf oder den privaten Bereich - haben kein sehr großes Gewicht.

Übersicht 67

Berufswechsel und Verwertung der erlernten Kenntnisse[1]

- vH-Struktur der gewichteten Fallzahlen -

Von den Kenntnissen und Fertigkeiten können bei der ausgeübten Tätigkeit verwertet werden:	Strukturanteile			Berufs-wechsel-quoten	Basis
	Nicht-wechsler	Wechsler	Insge-samt		
- objektiver Berufswechsel[2] -					
sehr viel	36	14	32	8	710
viel	26	15	24	13	529
einiges	25	23	24	19	538
eher wenig	9	18	11	32	246
sehr wenig/nichts	3	29	8	71	181
ohne Angabe	1	1	1	17	16
Zusammen	100	100	100	20	2 220
Basis	1 785	435	2 220		
- subjektiver Berufswechsel[3] -					
sehr viel	37	14	32	10	713
viel	27	13	24	13	528
einiges	24	26	23	25	544
eher wenig	9	17	11	35	246
sehr wenig/nichts	2	30	9	81	193
ohne Angabe	1	0	1	10	15
Zusammen	100	100	100	23	2 239
Basis	1 722	517	2 239		

1) Erfolgreiche Absolventen. - 2) Berufsgruppenwechsel. Fälle ohne (konkrete) Angaben zur ausgeübten Tätigkeit blieben außer Betracht. - 3) Fälle ohne Angaben blieben außer Betracht.

Übersicht 68

Gründe für den Berufswechsel

- vH-Struktur der gewichteten Fallzahlen -

Gründe für den Berufswechsel (Mehrfachangaben waren möglich)	Berufswechsel-quoten (subjektiv)
Im erlernten Beruf keine Stelle gefunden	31
Bessere Verdienstchancen als im erlernten Beruf	33
Bessere Arbeitsbedingungen als im erlernten Beruf	42
Nächstbester Job mußte genommen werden	16
Arbeitszeitbedürfnisse konnten im erlernten Beruf nicht erfüllt werden	3
Ausgeübter Beruf ist Spezialisierung oder Erweiterung des erlernten Berufs	7
Sonstiges[1]	12
Zusammen	144
Basis	517
1) Meist private Gründe.	

Wegen der schlechten Arbeitsbedingungen verlassen überdurchschnittlich häufig Zimmerleute/Dachdecker, Feinblechner/Installateure, Gästebetreuer und Friseure ihren Ausbildungsberuf, der schlechte Verdienst spielt bei Dienstleistungskaufleuten, Arzthelfern und Gästebetreuern eine überdurchschnittliche Rolle.

Keine Stelle in ihrem erlernten Beruf haben öfter als andere Bäcker/Konditoren, Maurer/Betonbauer und Arzthelfer gefunden.

Männer geben häufiger als Frauen als Berufswechselgrund an, keine passende Stelle gefunden zu haben. Frauen hingegen begründen ihren Berufswechsel häufiger als Männer mit besserem Verdienst, besseren Arbeitsbedingungen und/oder einer für sie günstigeren Arbeitszeitgestaltung in der neuen Tätigkeit.

3.2.5 Zukunftserwartungen

Die Erwerbstätigen unter den Befragungsteilnehmern wurden gefragt, ob sie in der derzeitigen Tätigkeit gern länger bleiben würden, oder sie als Übergangslösung betrachten. Ferner sollten Erwartungen zur beruflichen Situation in den nächsten zwölf Monaten geäußert werden. Beide Komplexe werden im folgenden behandelt.

3.2.5.1 Dauerstellung oder Übergangslösung?

Zwei Drittel betrachten ihre Tätigkeit als Dauerstellung, ein Drittel lediglich als Übergangslösung (vgl. Übersicht 69). Mehr als die Hälfte derjenigen, die ihre Beschäftigung als Übergangslösung ansehen, suchen bereits eine andere Tätigkeit. Frauen möchten etwas häufiger als Männer im ausgeübten Beruf bleiben.

Nach Berufen betrachtet - in der Gliederung nach zusammengefaßten Berufsgruppen (vgl. Übersicht 70) - heben sich nur Einzelfälle vom Durchschnitt ab: Techniker und Technische Sonderfachkräfte, aber auch Befragte in Organisations-, Verwaltungs- und Büroberufen, würden häufiger gern länger als andere in ihrem Beschäftigungsverhältnis bleiben. Befragte in Elektro-, Textil-, Bekleidungs- und Lederberufen sowie im Konglomerat der "sonstigen" Berufsgruppen sehen ihr Beschäftigungsverhältnis überdurchschnittlich häufig als Übergangslösung an; diese Berufe sind meist nur gering besetzt, zu einem großen Teil von Wechslern in Berufe, in denen nicht ausgebildet wird.

Wenn nach der Berufsausbildung ein Berufswechsel stattgefunden hat, wird das Beschäftigungsverhältnis öfter als Übergangslösung angesehen: Während 28 bis 30 vH der Befragten ohne Berufswechsel ihre Beschäftigung als Übergangslösung betrachten, sind es bei den Befragten mit Berufswechsel 41 bis 43 vH (vgl. Übersicht 71). Dieses Ergebnis verwundert nicht angesichts der vielen Befragten, die im erlernten Beruf keine Stelle gefunden oder den nächstbesten Job angenommen haben.

Übersicht 69

Beschäftigte Befragungsteilnehmer[1] nach ausgeübter Tätigkeit
als Dauerstellung oder Übergangslösung und Geschlecht

- vH-Struktur der gewichteten Fallzahlen -

Derzeitige Beschäftigung als Dauerstellung oder Übergangslösung	Männer	Frauen	Insgesamt
Beschäftigung, in der die Befragten gern länger bleiben würden	65	69	66
Übergangslösung	34	29	32
davon:			
Bereits Suche nach einer anderen Beschäftigung	17	17	17
Keine Suche	15	11	13
Ohne Angabe zur Suche	2	1	2
Ohne Angabe insgesamt	1	2	2
Zusammen	100	100	100
Basis	1 312	1 048	2 360
1) Ohne Auszubildende.			

Die Einstufung der Tätigkeit als Dauer- oder Übergangslösung wurde ferner mit der Frage nach der Zufriedenheit mit dem Ausbildungsberuf[56] in Zusammenhang gebracht. Als Dauerlösung betrachten Befragte ihre Beschäftigung überdurchschnittlich häufig dann, wenn der Ausbildungsberuf dem Berufswunsch entspricht oder im nachhinein - rein hypothetisch - wieder gewählt werden würde; bei Frauen ist dies stärker ausgeprägt als bei Männern (vgl. Übersicht 72). Wenn hingegen ursprünglich eine andere als die absolvierte Lehre gewünscht wurde, stufen insbesondere Frauen die ausgeübte Tätigkeit als Übergangslösung ein. Am häufigsten jedoch betrachten diejenigen, die zuvor eine ganz andere Ausbildung als die betriebliche gewünscht hatten, ihre Beschäftigung als Übergangslösung, bei Männern sogar 65 vH. Ähnlich sind die Ergebnisse bei der in die gleiche Richtung gehenden Frage nach der Identifikation mit der Ausbildungsentscheidung.

Übersicht 70

Ausgeübte Tätigkeit als Übergangslösung nach zusammengefaßten Berufsgruppen und Geschlecht[1]

- vH-Anteile der gewichteten Fallzahlen -

Zusammengefaßte Berufsgruppen	vH-Anteile der Übergangslösung			Basis		
	Männer	Frauen	Insgesamt	Männer	Frauen	Insgesamt
19 - 30 Metallberufe	32	.	32	328	12	340
31 Elektroberufe	38	.	38	149	4	153
33 - 37 Textil-, Bekleidungs- und Lederberufe	.	42	38	1	15	16
39 - 43 Ernährungsberufe	32	.	30	63	5	68
44 - 51 Bau- und Baunebenberufe, einschl. Tischler, Maler und Lackierer	29	.	30	203	3	206
62, 63 Techniker, Technische Sonderfachkräfte	17	27	22	17	18	35
68 - 70 Waren- und Dienstleistungskaufleute	34	28	30	197	285	482
75 - 78 Organisations-, Verwaltungs- und Büroberufe	31	27	27	118	389	507
85 Gesundheitsdienstberufe	.	29	29	0	128	128
90 - 93 Körperpfleger, Gästebetreuer, Hauswirtschafts- und Reinigungsberufe	39	26	29	25	98	123
Sonstige Berufsgruppen[2]	44	50	46	211	91	302
Zusammen	34	29	32	1 312	1 048	2 360

1) Beschäftigte Befragungsteilnehmer (ohne Auszubildende). - 2) Siehe Anhang 3.

Ausgeübte Tätigkeit als Übergangslösung nach Berufswechsel und Geschlecht[1]

- vH-Anteile der gewichteten Fallzahlen -

Wechsel-merkmal	vH-Anteile der Übergangslösung			Basis		
	Männer	Frauen	Insgesamt	Männer	Frauen	Insgesamt
	- objektiver Berufswechsel[2] -					
kein Wechsel	32	26	30	996	819	1 815
Wechsel	42	40	41	284	212	496
Insgesamt	34	29	32	1 280	1 031	2 311
	- subjektiver Berufswechsel -					
kein Wechsel	31	26	28	959	789	1 748
Wechsel	45	41	43	346	249	595
Insgesamt	34	29	32	1 312	1 048	2 360

1) Beschäftigte Befragungsteilnehmer (ohne Auszubildende). - 2) Berufsgruppenwechsel. Fälle ohne (konkrete) Angaben zur ausgeübten Tätigkeit blieben außer Betracht.

Ausgeübte Tätigkeit als Übergangslösung nach Übereinstimmung von Berufswunsch und Berufswahl sowie Identifikation mit der Ausbildungsentscheidung[1]

- vH-Anteile der gewichteten Fallzahlen -

Berufswunsch vor der Berufs- ausbildung/Identifikation mit der Ausbildungsentscheidung	vH-Anteile der Übergangslösung			Basis		
	Männer	Frauen	Insgesamt	Männer	Frauen	Insgesamt
Berufswunsch vor der Ausbildung						
- jetziger Ausbildungsberuf	33	22	28	770	501	1 271
- andere Lehre	34	37	36	383	395	778
- ganz andere Ausbildung	65	41	52	88	108	196
- Berufstätigkeit ohne Ausbildung	5	0	4	16	5	21
Insgesamt	34	29	32	1 312	1 048	2 360
Indentifikation mit der Ausbildungs- entscheidung						
Bei erneuter Entscheidungsmöglichkeit würde folgende Wahl getroffen:						
- Wiederwahl des Ausbildungsberufs	30	24	27	846	639	1 485
- Wahl einer anderen Lehre	42	37	40	344	322	666
- Wahl einer Alternative ohne Lehre	53	49	51	67	49	116
Insgesamt	34	29	32	1 312	1 048	2 360

1) Beschäftigte Befragungsteilnehmer (ohne Auszubildende).

3.2.5.2 Erwartungen für das nächste Jahr

Zur Beurteilung der beruflichen Erwartungen wurden den Befragungsteilnehmern fünf konkret formulierte Situationen genannt:

- Verlust des Arbeitsplatzes,

- eigene Bemühungen um einen anderen Arbeitsplatz,

- beruflicher Aufstieg im derzeitigen Betrieb,

- Berufswechsel,

- vollständige oder vorübergehende Aufgabe der Erwerbstätigkeit (z. B. aus familiären Gründen oder um eine weitere Ausbildung zu beginnen).

Die Befragten sollten beantworten, für wie wahrscheinlich sie das Eintreten dieser Situationen im Verlauf der nächsten zwölf Monate halten (vgl. Übersicht 73).

Jeder zehnte befürchtet, den Arbeitsplatz zu verlieren, und ebensoviele wollen die Erwerbstätigkeit aufgeben. Ein Drittel will sich - sicher oder wahrscheinlich - innerhalb Jahresfrist nach etwas anderem umsehen. Dies korrespondiert mit dem im vorangegangenen Abschnitt festgestellten Ergebnis, daß ein Drittel der Befragten die derzeitige Beschäftigung als Übergangslösung ansieht.

Ebenfalls ein Drittel rechnet mit einem Aufstieg innerhalb des Betriebs. Ein knappes Fünftel plant einen Berufswechsel, obwohl etwa ebensoviele bereits einen Berufswechsel im Jahr zuvor vollzogen hatten (vgl. Abschnitt 3.2.4)[57].

Frauen haben häufiger die Absicht, die Erwerbstätigkeit aufzugeben; Männer erwarten deutlich öfter einen beruflichen Aufstieg im Betrieb.

Diese Einschätzung der fünf genannten Situationen unterscheidet sich je nach ausgeübter Tätigkeit. Als berufliches Gliederungsschema wurde eine Kategorisierung nach ausgewählten Berufsgruppen und Berufsklassen (Anhang 2) zugrunde gelegt. Die Ergebnisse sind in den Übersichten 74 bis 78 enthalten, und zwar für die Einschätzung, daß die genannte Situation sicher oder wahrscheinlich eintritt. Aus den dort angegebenen Einzelergebnissen ergibt sich folgende Gesamtschau:

Berufliche Erwartungen für das nächste Jahr[1]

- vH-Struktur der gewichteten Fallzahlen -

Wie wahrscheinlich ist es, daß Sie in den kommenden zwölf Monaten ...	ganz sicher	wahr- schein- lich	eher unwahr- scheinlich	ganz sicher nicht	Zu- sammen[2]	Basis[2]
Ihren derzeitigen Arbeits- platz verlieren?						
insgesamt	3	6	40	51	100	2 195
darunter: Frauen	2	6	34	58	100	994
Männer	3	6	44	47	100	1 201
Ihre derzeitige Stelle von sich aus aufgeben und sich nach etwas anderem um- sehen?						
insgesamt	10	23	30	37	100	2 192
darunter: Frauen	10	22	29	39	100	991
Männer	10	24	31	35	100	1 201
in Ihrer jetzigen Firma beruflich aufsteigen?						
insgesamt	6	27	36	31	100	2 125
darunter: Frauen	6	24	36	34	100	961
Männer	7	29	35	29	100	1 164
Ihren erlernten Beruf auf- geben und in einem ande- ren Beruf neu anfangen?						
insgesamt	7	12	24	57	100	2 052
darunter: Frauen	7	11	23	59	100	937
Männer	6	13	26	55	100	1 115
Ihre Erwerbstätigkeit ganz oder vorübergehend aufge- ben (z. B. aus familiären Gründen oder um eine wei- tere Ausbildung zu beginnen)?						
insgesamt	4	7	28	61	100	2 093
darunter: Frauen	4	9	30	57	100	967
Männer	4	6	25	65	100	1 126

1) Beschäftigte Befragungsteilnehmer (ohne Auszubildende). - 2) Fälle ohne Angaben blieben außer Betracht.

Übersicht 74

Befürchteter Arbeitsplatzverlust nach ausgeübten Tätigkeiten

- vH-Anteile der gewichteten Fallzahlen -

Berufe[1] mit überdurchschnitt- licher oder unterdurchschnitt- licher Befürchtung der Befragten, ganz sicher oder wahrscheinlich innerhalb eines Jahres den Arbeitsplatz zu verlieren	Anteile in vH	Basis[2]
Überdurchschnittlich		
Elektroinstallateure, -monteure	16	70
Zahnarzthelfer	15	48
(Übrige Berufsgruppen[3])	13	747)
Durchschnitt	9	2 196
Unterdurchschnittlich		
Industriekaufleute	0	32
Bankkaufleute	1	76
Fachgehilfen in steuer- und wirtschaftsberatenden Berufen	2	42
Feinblechner, Installateure	3	64
Einzelhandelskaufleute	3	79
Schlosser	4	98
Technische Sonderfachkräfte	4	28
Verwaltungsfachkräfte öffent- licher Dienst	4	100

1) Kategorisierung nach der Gliederung der Berufe nach ausgewählten Berufsgruppen und Berufsklassen (vgl. Anhang 2). - 2) Fälle ohne Angaben blieben außer Betracht. - 3) Konglomerat gering besetzter Berufe (vgl. Anhang 2).

Übersicht 75

Voraussichtliche eigene Bemühungen um einen anderen
Arbeitsplatz nach ausgeübten Tätigkeiten

- vH-Anteile der gewichteten Fallzahlen -

Berufe[1], in denen sich die Befragten überdurchschnittlich oder unterdurchschnittlich oft ganz sicher oder wahrscheinlich um einen anderen Arbeitsplatz innerhalb eines Jahres bemühen werden	Anteile in vH	Basis[2]
Uberdurchschnittlich		
Zahnarzthelfer	45	47
Schlosser	40	101
Gartenbauer	39	41
Einzelhandelskaufleute	38	78
Verkäufer	38	118
(Ubrige Berufsgruppen[3]	38	759)
Durchschnitt	33	2 192
Unterdurchschnittlich		
Bankkaufleute	14	78
Verwaltungsfachkräfte öffentlicher Dienst	18	98
Kraftfahrzeuginstandsetzer	21	52
Elektroinstallateure, -monteure	25	69
Technische Sonderfachkräfte	25	28
Fachgehilfen in steuer- und wirtschaftsberatenden Berufen	26	42
Industriekaufleute	27	33
Andere Dienstleistungskaufleute	27	48

1) Kategorisierung nach der Gliederung der Berufe nach ausgewählten Berufsgruppen und Berufsklassen (vgl. Anhang 2). - 2) Fälle ohne Angaben blieben außer Betracht. - 3) Konglomerat gering besetzter Berufe (vgl. Anhang 2).

Übersicht 76

Erwarteter beruflicher Aufstieg im derzeitigen Betrieb

nach ausgeübten Tätigkeiten

- vH-Anteile der gewichteten Fallzahlen -

Berufe[1], in denen die Befragten überdurchschnittlich oder unterdurchschnittlich oft glauben, ganz sicher oder wahrscheinlich innerhalb eines Jahres beruflich aufsteigen zu können	Anteile in vH	Basis[2]
Überdurchschnittlich		
Feinblechner, Installateure	48	65
Elektroinstallateure, -monteure	46	68
Bankkaufleute	46	78
Einzelhandelskaufleute	41	76
Industriekaufleute	39	33
Durchschnitt	33	2 125
Unterdurchschnittlich		
Arzthelfer	10	58
Zahnarzthelfer	20	44
Fernmeldemonteure, -handwerker	(22)	9
Fachgehilfen in steuer- und wirtschaftsberatenden Berufen	23	39
Technische Sonderfachkräfte	29	28
1) Kategorisierung nach der Gliederung der Berufe nach ausgewählten Berufsgruppen und Berufsklassen (vgl. Anhang 2). - 2) Fälle ohne Angaben blieben außer Betracht.		

Übersicht 77

Beabsichtiger Berufswechsel nach ausgeübten Tätigkeiten

- vH-Anteile der gewichteten Fallzahlen -

Berufe[1], die überdurchschnittlich oder unterdurchschnittlich oft innerhalb eines Jahres ganz sicher oder wahrscheinlich zugunsten eines anderen Berufes aufgegeben werden	Anteile in vH	Basis[2]
Überdurchschnittlich		
Feinblechner, Installateure	25	57
Verkäufer	24	116
Fernmeldemonteure, -handwerker	(22)	9
(Übrige Berufsgruppen[3]	25	684)
Durchschnitt	19	2 052
Unterdurchschnittlich		
Andere Dienstleistungskaufleute und zugehörige Berufe	2	41
Bankkaufleute	4	77
Fachgehilfen in steuer- und wirtschaftsberatenden Berufen	5	40
Industriekaufleute	6	33
Gartenbauer	11	35
Elektroinstallateure, -monteure	12	66

1) Kategorisierung nach der Gliederung der Berufe nach ausgewählten Berufsgruppen und Berufsklassen (vgl. Anhang 2). - 2) Fälle ohne Angaben blieben außer Betracht. - 3) Konglomerat gering besetzter Berufe (vgl. Anhang 2).

Voraussichtliche vollständige oder vorübergehende Aufgabe der Erwerbstätigkeit nach ausgeübten Tätigkeiten

– vH-Anteile der gewichteten Fallzahlen –

Berufe[1], in denen überdurchschnittlich oder unterdurchschnittlich oft die Erwerbstätigkeit ganz sicher oder wahrscheinlich innerhalb eines Jahres aufgegeben werden soll	Anteile in vH	Basis[2]
Überdurchschnittlich		
Mechaniker (ohne Kraftfahrzeuginstandsetzer)	31	26
Arzthelfer	17	60
Zahnarzthelfer	17	48
Einzelhandelskaufleute	16	77
Fachgehilfen in steuer- und wirtschaftsberatenden Berufen	15	40
Technische Sonderfachkräfte	14	28
Verkäufer	14	118
Durchschnitt	11	2 093
Unterdurchschnittlich		
Andere Dienstleistungskaufleute und zugehörige Berufe	2	47
Kraftfahrzeuginstandsetzer	5	49
Verwaltungsfachkräfte öffentlicher Dienst	6	97
Schlosser	7	92
Bankkaufleute	7	76
Bürofachkräfte, allgemein	9	68

1) Kategorisierung nach der Gliederung der Berufe nach ausgewählten Berufsgruppen und Berufsklassen (vgl. Anhang 2). – 2) Fälle ohne Angaben blieben außer Betracht.

Berufe, in denen positive Erwartungen vorherrschen, sind Bankkaufleute und Industriekaufleute. Die Befragten in diesen Berufen befürchten nur selten den Verlust des Arbeitsplatzes, werden sich voraussichtlich weniger als im Durchschnitt um einen anderen Arbeitsplatz bemühen, erwarten überdurchschnittlich häufig einen beruflichen Aufstieg und beabsichtigen unterdurchschnittlich einen Berufswechsel. Bankkaufleute beabsichtigen darüber hinaus auch nur unterdurchschnittlich oft eine vollständige oder vorübergehende Aufgabe der Erwerbstätigkeit; dies bedeutet, daß auch eine weitere Vollzeit-Ausbildung vorerst nicht geplant ist, obwohl mehr als die Hälfte der Bankkaufleute die Hochschulreife besitzt[58]. Hierbei ist allerdings anzumerken, daß die Befragung ein Jahr nach der Abschlußprüfung erfolgte, also eventuell eine andere Ausbildung bereits begonnen wurde.

Verhalten-positive Erwartungen können für eine größere Gruppe von beruflichen Kategorien gelten, die im einzelnen dargestellt werden sollen.

Einzelhandelskaufleute betrachten ihren Arbeitsplatz als relativ sicher und rechnen überdurchschnittlich mit einem beruflichen Aufstieg, bemühen sich dennoch überdurchschnittlich um einen anderen Arbeitsplatz. Daß Einzelhandelskaufleute darüber hinaus öfter als andere die Erwerbstätigkeit ganz oder vorübergehend aufgeben wollen, kann auf latente Weiterbildungsabsicht zurückzuführen sein.

Andere Dienstleistungskaufleute[59] beabsichtigen unterdurchschnittlich einen Arbeitsplatz- oder Berufswechsel oder eine vollständige oder vorübergehende Aufgabe der Erwerbstätigkeit. Sie gehören bei der Beurteilung der Arbeitsplatzsicherheit und der Aufstiegschancen zum Durchschnitt.

Verwaltungsfachkräfte des öffentlichen Dienstes betrachten - wie zu erwarten - öfter als andere ihren Arbeitsplatz als sicher und wollen ihre Stelle seltener weder wechseln noch ganz oder vorübergehend aufgeben. Berufliche Aufstiegschancen hingegen werden nur leicht überdurchschnittlich gesehen, Berufswechsel ist leicht unterdurchschnittlich beabsichtigt.

Fachgehilfen in steuer- und wirtschaftsberatenden Berufen schätzen ebenfalls ihren Arbeitsplatz als relativ sicher ein und wollen ihn seltener als andere von sich aus wechseln. Auch denken sie seltener an Berufswechsel, obwohl sie ihre beruflichen Aufstiegschancen als lediglich unterdurchschnittlich gut beurteilen. Deshalb wollen sie wohl auch überdurchschnittlich oft ihre Erwerbstätigkeit zumindest unterbrechen, um vermutlich durch berufliche Weiterbildungsmaßnahmen ihre Chancen zu verbessern.

Auch Technische Sonderfachkräfte betrachten ihren Arbeitsplatz als relativ sicher und wollen ihn seltener als andere wechseln. Allerdings sehen auch sie nur unterdurchschnittlich häufig berufliche Aufstiegschancen. Dies kann ihre leicht überdurchschnittliche Bereitschaft zur zumindest vorübergehenden Aufgabe der Erwerbstätigkeit mit eventueller Weiterbildungsabsicht erklären.

Von den gewerblichen Berufen fallen Elektroinstallateure, -monteure durch eine überdurchschnittlich gute Einschätzung ihrer beruflichen Aufstiegsmöglichkeiten bei gleichzeitig nur relativ geringer Neigung zu Stellen- und Berufswechsel auf. Allerdings betrachten sie ihren Arbeitsplatz öfter als andere als unsicher.

Kraftfahrzeuginstandsetzer wollen ihren Arbeitsplatz seltener weder wechseln noch aufgeben als andere. Offenbar hält die positive Einstellung zu diesem "Modeberuf" auch nach der Etablierung im Arbeitsleben an, wenngleich die beruflichen Aufstiegschancen eher als durchschnittlich beurteilt werden.

Feinblechner, Installateure sehen ihren Arbeitsplatz als überdurchschnittlich sicher an und erwarten auch überdurchschnittlich gute Aufstiegschancen, wollen dennoch überdurchschnittlich oft den Beruf wechseln.

Schlosser schätzen ihr Arbeitsplatzrisiko nur als unterdurchschnittlich ein und wollen ihren Beruf auch seltener als andere ganz oder vorübergehend aufgeben, jedoch fällt eine überdurchschnittliche Absicht des Arbeitsplatzwechsels auf.

Den Arbeitsplatz wollen auch Gartenbauer öfter wechseln als andere, allerdings ihren Beruf dabei öfter als andere beibehalten.

Die Berufe, in denen die Befragten eher negative Erwartungen äußerten, umfassen Zahnarzthelfer, Arzthelfer, Verkäufer und das Konglomerat der "Übrigen Berufsgruppen".

Zahnarzthelfer sehen häufiger als andere ihren Arbeitsplatz gefährdet, wollen ihn auch öfter von sich aus wechseln oder aufgeben und sehen seltener als andere Aufstiegschancen. Dennoch beabsichtigen sie nur durchschnittlich oft, den Beruf zu wechseln.

Arzthelfer sehen zwar nur ein durchschnittliches Arbeitsplatzrisiko und haben auch keine vom Durchschnitt abweichenden Absichten beim Stellen- oder Berufswechsel. Allerdings liegen ihre beruflichen Aufstiegserwartungen weit unter dem Durchschnitt, was wohl auch Anlaß für die überdurchschnittlich geplante völlige oder vorübergehende Aufgabe der Erwerbstätigkeit ist.

Verkäufer fallen dadurch auf, daß sie Beruf und Arbeitsplatz überdurchschnittlich oft wechseln, die Erwerbstätigkeit auch öfter als andere ganz oder vorübergehend aufgeben wollen.

Zu den "Übrigen Berufsgruppen" können kaum inhaltliche Interpretationen vorgenommen werden. Wie bereits im Abschnitt 3.2.4 erwähnt, gibt es hier relativ die meisten Berufszuwechsler, vor allem auch in Berufe, in denen selbst nicht ausgebildet wurde; die Ausbildungsberufe in dieser Gruppe haben nur geringe Besetzungen. Es kann jedoch festgestellt werden, daß die berufliche Situation in diesem Konglomerat insgesamt instabil ist: Überdurchschnittliches Arbeitsplatzrisiko trifft sich hier mit überdurchschnittlich häufigen Absichten, Arbeitsplatz und Beruf (erneut) zu wechseln.

3.3   Weitere Ausbildung
3.3.1   Überblick

Die Frage nach einer weiteren Ausbildung[60] wurde zweifach gestellt:

(1)   an alle ehemaligen Prüfungsteilnehmer, ob sie zum Zeitpunkt der zweiten Befragung - also ein Jahr nach der Abschlußprüfung 1984/85 - in Ausbildung waren;

(2)   ferner an diejenigen, die sich ein Jahr nach der Abschlußprüfung nicht mehr im Ausbildungsbetrieb befanden. Sie wurden gefragt, ob sie seit Beendigung ihrer betrieblichen Berufsausbildung eine weitere Ausbildung begonnen oder einen Lehrgang/Kursus zur beruflichen Weiterbildung besucht haben.

Überwiegend wurde der gleiche Personenkreis angesprochen. Zu 88 vH befanden sich Befragte, die angaben, seit der Abschlußprüfung eine weitere Ausbildung begonnen zu haben, auch noch ein Jahr danach in einer Ausbildung. Der Schwerpunkt der Analyse liegt bei dieser Gruppe.

Insgesamt haben 26 vH der Befragten eine weitere Ausbildung angegeben, 24 vH befanden sich ein Jahr nach der Abschlußprüfung noch immer in Ausbildung (vgl. Übersicht 79), davon Männer zu 26 vH, Frauen zu 21 vH. Bezogen auf die Befragten in Ausbildung hat (vgl. Übersicht 80) mit einem Anteil von 35 vH die weitere betriebliche Ausbildung (meist Stufenausbildung) großes Gewicht. Zusammen 6 vH bildeten sich für eine Beamtenlaufbahn oder für Tätigkeiten im Gesundheitswesen weiter. 5 vH waren auf einer Fachschule[61], 14 vH studierten an Fachhochschulen, Hochschulen oder Universitäten und 12 vH besuchten eine allgemeinbildende Schule (meist Fachoberschule). Der Rest befand sich in Lehrgängen zur beruflichen Fortbildung und Umschulung[62] (21 vH) sowie in sonstigen Ausbildungen (13 vH), die sich zum überwiegenden Teil aus Sprachkursen, EDV-Lehrgängen und Ausbildungen in der Textverarbeitung zusammensetzen. Die meisten Mehrfachangaben gab es in der Kombination der beiden letzten Kategorien.

41 vH der Ausbildungen wurden neben einer Erwerbstätigkeit durchgeführt (vgl. Übersicht 81). Es handelt sich hierbei vorwiegend um Lehrgänge zur beruflichen Fortbildung und Umschulung sowie um sonstige Ausbildungen.

Vollzeitausbildungen, die nicht betriebliche Berufsausbildungen sind, machen ein Viertel aller weiteren Ausbildungen aus. Hier dominieren Besuch einer allgemeinbildenden Schule und Studium; beides Ausbildungsgänge, die darüber hinaus auch nebenberuflich durchgeführt wurden.

3.3.2 Ausbildungsrealisierung, vorherige Ausbildungsplanung und Arbeitsplatzangebot

Diejenigen, die den Ausbildungsbetrieb verlassen haben und angaben, seit der Abschlußprüfung eine weitere Ausbildung oder einen Lehrgang/Kursus zur beruflichen Weiterbildung[63] besucht zu haben, wurden gefragt, ob sie diese Ausbildung schon seit längerem geplant hatten oder sich erst nach Abschluß der betrieblichen Berufsausbildung dazu entschlossen haben. Ergänzend wurde

Übersicht 79

Befragungsteilnehmer nach noch laufender weiterer Ausbildung

ein Jahr nach der Abschlußprüfung

vH-Struktur der gewichteten Fallzahlen -

Laufende weitere Ausbildung ein Jahr nach Abschlußprüfung	Männer	Frauen	Insgesamt
in Ausbildung	26	21	24
davon: Betriebliche Berufsausbildung	9	7	8
Ausbildung bei gleichzeitiger Erwerbstätigkeit	11	9	10
Vollzeitausbildung	6	5	6
keine Ausbildung oder weitere Ausbildung bereits abgeschlossen	72	78	74
ohne Angabe	2	1	2
Zusammen	100	100	100
Basis	1 656	1 303	2 959

Übersicht 80

Befragungsteilnehmer in noch laufender weiterer Ausbildung

ein Jahr nach der Abschlußprüfung nach Geschlecht

- vH-Struktur der gewichteten Fallzahlen -

Art der Ausbildung (Mehrfachangaben waren möglich)	Männer	Frauen	Insgesamt
Betriebliche Berufsausbildung	37	32	35
Beamtenausbildung	2	4	3
Ausbildung im Gesundheitswesen	1	6	3
Fachschulausbildung	6	5	5
Studium an Fachhochschule/Hochschule/Universität	15	12	14
Lehrgang zur beruflichen Fortbildung/Umschulung [1]	21	22	21
Besuch einer allgemeinbildenden Schule	14	9	12
sonstige Ausbildung, ohne Angabe	12	15	13
Zusammen	107	106	106
Basis	439	274	713

1) Ohne betriebliche Berufsausbildung nach dem Berufsbildungsgesetz.

Übersicht 81

**Befragungsteilnehmer in noch laufender weiterer Ausbildung ein Jahr
nach der Abschlußprüfung nach gleichzeitiger Erwerbstätigkeit und Geschlecht**

- vH-Struktur der gewichteten Fallzahlen -

Art der Ausbildung	Männer	Frauen	Insgesamt
Betriebliche Berufsausbildung	37	32	35
davon: in weiterer Stufenausbildung	32	24	29
sonstige Auszubildende[1]	4	8	6
Ausbildung bei gleichzeitiger Erwerbstätigkeit	40	43	41
darunter (Mehrfachangaben waren möglich):			
Fachschulausbildung	5	1	3
Studium an Fachhochschule/ Hochschule/Universität	6	4	5
Lehrgang zur beruflichen Fortbildung/Umschulung[2]	19	19	19
Besuch einer allgemeinbildenden Schule	5	6	6
sonstige Ausbildung, ohne Angabe	11	14	12
Vollzeitausbildung	23	25	24
darunter (Mehrfachangaben waren möglich):			
Beamtenausbildung	2	4	3
Ausbildung im Gesundheitswesen	0	5	2
Fachschulausbildung	1	3	2
Studium an Fachhochschule/ Hochschule/Universität	9	8	8
Lehrgang zur beruflichen Fortbildung/Umschulung[2]	2	4	3
Besuch einer allgemeinbildenden Schule	9	2	7
sonstige Ausbildung, ohne Angabe	1	1	1
Zusammen	100	100	100
Basis	439	274	713

1) Insbesondere Wiederholer und Umschüler. - 2) Ohne betriebliche Berufsausbildung nach dem Berufsbildungsgesetz.

151

gefragt, ob sie die Ausbildung auch im Falle eines geeigneten Arbeitsplatz-angebotes begonnen hätten. Insgesamt geben vier Fünftel an, die weitere Ausbildung vorher geplant zu haben, bei Lehrgängen/Kursen ist der Anteil mit drei Fünfteln geringer (vgl. Übersicht 82). Ebenfalls vier Fünftel geben an, daß sie auch im Falle eines geeigneten Arbeitsplatzangebots die weitere Ausbil-dung begonnen hätten (vgl. Übersicht 83). Dies gilt besonders für die Ausbil-dung in Stufenberufen - der Anteil beträgt hier 89 vH. Lehrgänge und Kurse zur beruflichen Weiterbildung wären allerdings teilweise - insbesondere von Frauen zu einem Drittel - nicht besucht worden, wenn die Eingliederung in den Arbeitsmarkt reibungslos gewesen wäre.

Schließlich soll besonders auf die Zusammenhänge zwischen weiterer Ausbil-dung und der Übernahme der Befragten in ein Arbeitsverhältnis im Ausbil-dungsbetrieb eingegangen werden. Grundlage der Betrachtung sind diejenigen Befragten, die sich zum Befragungszeitpunkt in laufender Ausbildung befan-den.

In der ersten Befragungswelle - zum Zeitpunkt der Abschlußprüfung - wurde bereits nach der Übernahmezusage durch den Ausbildungsbetrieb gefragt. Damals wußten 43 vH aller Befragten, daß sie übernommen würden, 19 vH hatten eine definitive Absage, für 9 vH war die Übernahme nicht möglich, weil sie extern oder außerbetrieblich ausgebildet worden sind, und für 27 vH war die Übernahme noch offen[64]. Bezogen auf diese Augangssituation zeigt sich ein indifferentes Verhalten, d.h. bei weiterer Ausbildung sind diese Häufigkei-ten ungefähr gleich (vgl. Übersicht 84). Betrachtet man jedoch einzelne Arten der weiteren Ausbildung, dann sind die Anteile bei Befragten ohne Übernahme-zusage - was ja der Anstoß zur Fortsetzung der Ausbildung sein kann - bei den weiteren Ausbildungen zur Beamtenlaufbahn, dem Besuch von allgemeinbilden-den Schulen und zu den sonstigen Ausbildungen niedriger als im Durchschnitt. Die geringen Fallzahlen lassen allerdings verallgemeinernde Schlüsse nicht zu.

3.3.3 Weitere Ausbildung und allgemeinbildender Schulabschluß

Diejenigen, die eine weitere Aubildung anschließen, verfügen bereits über ein höheres allgemeines Schulbildungsniveau. Während insgesamt 27 vH einen Hauptschulabschluß, 56 vH die Mittlere Reife oder einen gleichwertigen Ab-schluß und 14 vH die Fachhochschulreife oder das Abitur beziehungsweise

Übersicht 82

Ausbildungsrealisierung[1] und vorherige Ausbildungsplanung
- vH-Anteile der gewichteten Fallzahlen -

Ausbildungsplanung	weitere Ausbildung			Lehrgang/Kursus zur beruflichen Weiterbildung			Zusammen		
	Männer	Frauen	Insgesamt	Männer	Frauen	Insgesamt	Männer	Frauen	Insgesamt
Seit längerem geplant	90	79	86	57	70	61	80	76	79
Erst nach Abschluß der betrieblichen Berufsausbildung dazu entschlossen	10	21	14	43	30	39	20	24	21
Zusammen	100	100	100	100	100	100	100	100	100
Basis[2]	199	101	300	83	42	125	282	143	425

1) In diesem Zusammenhang standen nur die beiden Kategorisierungen "weitere Ausbildung" oder "Lehrgang/Kursus zur beruflichen Weiterbildung" für die Befragten zur Auswahl. - 2) Fälle ohne Angabe blieben außer Betracht.

Übersicht 83

Ausbildungsrealisierung und Arbeitsplatzangebot

- vH-Struktur der gewichteten Fallzahlen -

Ausbildungsreali-sierung im Falle eines geeigneten Arbeitsplatz-angebots	Weitere Ausbildung			darunter: Ausbildung in Stufenberufen			Lehrgang/Kursus zur beruflichen Weiterbildung			Zusammen		
	Männer	Frauen	Insgesamt	Männer	Frauen	Insgesamt	Männer	Frauen	Insgesamt	Männer	Frauen	Insgesamt
Ja, in jedem Fall	69	74	71	91	86	89	62	44	56	67	66	67
Ja, wahrscheinlich	11	10	11				16	24	19	12	14	13
Nein, wahrscheinlich nicht	14	9	12	9	14	11	13	20	15	14	11	13
Nein, sicherlich nicht	6	7	6				9	12	10	7	9	7
Zusammen	100	100	100	100	100	100	100	100	100	100	100	100
Basis [1]	198	102	300	96	21	117	82	41	123	280	143	423

1) Fälle ohne Angabe blieben außer Betracht.

Befragungsteilnehmer in noch laufender weiterer Ausbildung ein Jahr nach der Abschlußprüfung nach Übernahmezusage des Ausbildungsbetriebs zum Zeitpunkt der Prüfung und Ausbildungsarten

- vH-Struktur der gewichteten Fallzahlen -

Art der Ausbildung (Mehrfachangaben waren möglich)	Übernahmezusage	Betrieb lehnt ab	keine Übernahme möglich[1]	Übernahme noch offen	keine Angabe	Zusammen	Basis
Betriebliche Berufsausbildung	40	8	6	44	2	100	247
Beamtenausbildung	35	30	-	35	-	100	20
Ausbildung im Gesundheitswesen	45	50	-	-	5	100	20
Fachschulausbildung	38	13	30	19	-	100	37
Studium an Fachhochschule/Hochschule/Universität	45	13	12	27	3	100	99
Lehrgang zur beruflichen Fortbildung/Umschulung[2]	57	18	4	20	1	100	152
Besuch einer allgemeinbildenden Schule	38	24	5	33	-	100	88
Sonstige Ausbildungen	40	25	16	17	2	100	89
Insgesamt	45	16	8	30	1	100	713

1) Außerbetriebliche Berufsausbildung/externe Prüfungsteilnehmer. - 2) Ohne betriebliche Berufsausbildung nach dem Berufsbildungsgesetz.

einen gleichwertigen Abschluß haben[65], betragen die vergleichbaren Anteile der Befragten in weiterer Ausbildung 13 vH, 63 vH und 22 vH (vgl. Übersicht 85). Zugangsvoraussetzungen - beispielsweise für ein Studium - lassen bei einem Teil der Ausbildungsgänge solche Unterschiede erwarten. Sie bestehen aber auch bei einer Ausbildung im Gesundheitswesen und den "sonstigen" Ausbildungen.

3.3.4 Weitere betriebliche Berufsausbildung

Von allen Befragten befanden sich 8 vH ein Jahr nach der Abschlußprüfung 1984/85 noch in betrieblicher Berufsausbildung; der größte Teil davon (85 vH, vgl. Übersicht 86) in weiterer Stufenausbildung. Wiederholer, Umschüler beziehungsweise Ausbildungswechsler und sonstige Auszubildende[66] spielen insgesamt eine untergeordnete Rolle; sie machen zusammen 1 vH aller Befragten aus. Die Ausführungen sollen sich daher auf die Auszubildenden in Stufenberufen beschränken.

Bei den Befragten in weiterer betrieblicher Berufsausbildung gab es folgende Stufenausbildungen:

(1) 1. Stufe: Elektroanlageninstallateur

      2. Stufe: Energieanlagenelektroniker

(2) 1. Stufe: Elektrogerätemechaniker

      2. Stufe: Energiegeräteelektroniker

(3) 1. Stufe: Nachrichtengerätemechaniker

      2. Stufe: Feingeräteelektroniker

      2. Stufe: Informationselektroniker

      2. Stufe: Funkelektroniker

      2. Stufe: Fernmeldeelektroniker[67]

(4) 1. Stufe: Textilmaschinenführer

      2. Stufe: Textilmechaniker

(5) 1. Stufe: Bekleidungsnäher

      2. Stufe: Bekleidungsfertiger

            3. Stufe: Bekleidungsschneider

Befragungsteilnehmer in noch laufender weiterer Ausbildung ein Jahr nach der Abschlußprüfung nach allgemeinbildendem Schulabschluß zum Zeitpunkt der Prüfung und Ausbildungsarten

- vH-Struktur der gewichteten Fallzahlen -

Art der Ausbildung (Mehrfachangaben waren möglich)	Allgemeinbildender Schulabschluß zum Zeitpunkt der Abschlußprüfung				Zusammen	Basis
	Abschluß einer Sonderschule/ ohne Abschluß[1]	Hauptschulabschluß	Mittlere Reife oder gleichwertiger Abschluß	Abitur, Fachhochschulreife oder gleichwertig		
Betriebliche Berufsausbildung	2	20	75	3	100	247
Beamtenausbildung	-	14	72	14	100	20
Ausbildung im Gesundheitswesen	-	4	74	22	100	20
Fachschulausbildung	6	19	63	12	100	37
Studium an Fachhochschule/ Hochschule/Universität	-	-	19[2]	81	100	99
Lehrgang zur beruflichen Fortbildung/Umschulung[3]	2	14	55	29	100	152
Besuch einer allgemeinbildenden Schule	-	13	87	-	100	88
Sonstige Ausbildungen	-	9	64	27	100	89
Insgesamt	2	13	63	22	100	713

1) Einschließlich Fälle ohne Angaben zur allgemeinen Schulbildung. - 2) Ein Jahr nach der Abschlußprüfung wurde in diesen Fällen die Fachhochschulreife erworben. - 3) Ohne betriebliche Berufsausbildung nach dem Berufsbildungsgesetz.

Übersicht 86

Befragungsteilnehmer, die weiterhin in
betrieblicher Berufsausbildung sind

- vH-Struktur der gewichteten Fallzahlen -

Art der betrieblichen Berufsausbildung	Männer	Frauen	Insgesamt
Stufenausbildung	89	77	85
Wiederholer[1]	5	6	5
Umschüler, Ausbildungswechsler[2]	4	16	8
Sonstige, nicht zuzuordnende Auszubildende[3]	2	1	2
Zusammen	100	100	100
Basis	161	86	247

1) Gleicher Ausbildungsberuf vor und nach der Prüfung, Prüfung nicht bestanden. - 2) Ungleicher Ausbildungsberuf vor und nach der Prüfung. - 3) Ohne Angabe zum weiteren Ausbildungsberuf, Prüfung bestanden.

(6) 1. Stufe: Verkäufer

2. Stufe: Einzelhandelskaufleute

Die einzelnen Stufenberufe sind oft nur gering besetzt, deshalb sollen sie nach drei Gruppen zusammengefaßt untersucht werden:

- Elektroberufe (1) bis (3),
- Textil- und Bekleidungsberufe (4) und (5),
- Warenkaufleute (6).

Während in den Elektroberufen Männer dominieren, waren Frauen häufiger bei den Textil- und Bekleidungsberufen und den Warenkaufleuten vertreten (vgl. Übersicht 87). Dies entspricht weitgehend der geschlechtsspezifischen Besetzung bei allen Befragten in diesen Berufen, auch in den stärker gemischt geschlechtlich besetzten Berufen der Warenkaufleute. Die Stufenausbildung zum Einzelhandelskaufmann im Anschluß an die Verkäuferlehre wurde aller-

Übersicht 87

Befragungsteilnehmer in Stufenausbildung

nach zusammengefaßten Ausbildungsberufen und Geschlecht

- vH-Struktur der gewichteten Fallzahlen -

Zusammengefaßte Berufsgruppen	Männer	Frauen	Zusammen	Basis
Elektroberufe	97	3	100	120
Textil- und Bekleidungsberufe	-	100	100	12
Warenkaufleute	34	66	100	76
Insgesamt	68	32	100	208

dings von Männern mit 41 vH etwas häufiger fortgesetzt als von Frauen mit 34 vH.

Bei den Befragten in Stufenausbildung dominiert die Mittlere Reife mit 77 vH (vgl. Übersicht 88) gegenüber 56 vH im Durchschnitt aller Befragten[68]. Dies ist hauptsächlich auf die Schulbildungsstruktur in den Elektroberufen zurückzuführen (91 vH). Bei den Warenkaufleuten beträgt der Anteil mit Mittlerer Reife 63 vH.

3.3.5 Sonstige weiterführende berufliche Ausbildungen

Insgesamt 11 vH aller Befragungsteilnehmer befanden sich in den sonstigen weiterführenden beruflichen Ausbildungsbereichen mit folgender Gewichtung:

- Beamtenausbildung (1 vH),

- Ausbildung im Gesundheitswesen (1 vH),

- Fachschulausbildung (1 vH),

- Studium an einer Fachhochschule/Hochschule/Universität (3 vH),

- Lehrgang zur beruflichen Fortbildung/Umschulung (5 vH).

Bei der Ausbildung im Gesundheitswesen sind drei Viertel gelernte Arzt-, Zahnarzt- oder Apothekenhelferinnen (ausschließlich Frauen). Jede zweite von

Übersicht 88

Befragungsteilnehmer in Stufenausbildung nach zusammengefaßten Ausbildungsberufen und allgemeinbildendem Schulabschluß

- vH-Struktur der gewichteten Fallzahlen -

Zusammengefaßte Berufsgruppen	Allgemeinbildender Schulabschluß zum Zeitpunkt der Abschlußprüfung				Zusammen	Basis
	ohne Abschluß	Haupt-schul-abschluß	Mittlere Reife oder gleich-wertiger Abschluß	Abitur, Fachhoch-schulreife oder gleich-wertig		
Elektroberufe	-	9	91	-	100	120
Textil- und Bekleidungsberufe	•	•	•	-	100	12
Warenkaufleute	-	29	63	8	100	76
Insgesamt	2	18	77	3	100	208

• Wegen zu geringer Fallzahl kein Nachweis.

ihnen wußte bei Ausbildungsabschluß definitiv, daß sie nicht in ein Arbeitsverhältnis übernommen würde[69].

Von den Fachschülern sind zwei Drittel nebenher erwerbstätig, bei Männern
vier Fünftel. Dies entspricht dem Charakter dieser Ausbildungen, die meist
eine nebenberufliche Meister- oder Technikerqualifizierung im gelernten Beruf
vermitteln.

Von den Befragten mit Fachhochschulreife, Abitur oder gleichwertiger Schulbildung zum Zeitpunkt der Abschlußprüfung haben 19 vH nach der Lehre ein
Studium begonnen. Weil seit Lehrabschluß einige mit Mittlerer Reife inzwischen die Fachhochschulreife nachgeholt haben, erhöht sich der Anteil auf
schätzungsweise 23 vH[70]. Dieser Anteil liegt deutlich unter den 32 vH der
Befragten, die zum Zeitpunkt der Abschlußprüfung eine Studienabsicht geäußert hatten[71]. Hierbei muß allerdings bedacht werden, daß ein Jahr nach
Ausbildungsabschluß etliche die Realisierung dieser Absicht noch nicht aufgegeben, sondern zunächst nur aufgeschoben haben. Von den Studierenden mit
Hochschulreife hatten fünf Sechstel bereits bei Lehrabschluß die Absicht zu
dieser weiteren Ausbildung, ein Sechstel hat sich mithin erst später zu einem
Studium entschlossen, und dies meist trotz einer Beschäftigungsmöglichkeit im
Ausbildungsbetrieb. Zwei Fünftel aller Studierenden waren nebenher erwerbs-
tätig; überwiegend im erlernten Beruf.

Die Teilnehmer an Lehrgängen zur beruflichen Fortbildung und Umschulung
heben sich vom Durchschnitt aller Befragten nicht ab. Sie verteilen sich weit
über die Ausbildungsberufe und etwa proportional nach dem Geschlecht. Auch
die Übernahme durch den Ausbildungsbetrieb und die Zufriedenheit mit dem
erlernten Beruf entspricht ebenso etwa dem Durchschnitt wie der Anteil der
Erwerbstätigen, der im erlernten Beruf beschäftigt ist (drei Viertel). Bei
diesen Ausbildungen handelt es sich um eine typische nebenberufliche Aktivi-
tät: Nur jeder zehnte hat keine Beschäftigung.

3.3.6   Allgemeine Weiterbildung

6 vH aller Befragten befanden sich in allgemeinen Ausbildungen, je zur Hälfte
in allgemeinbildenden Schulen - meist mit dem Ziel, die Fachhochschulreife
oder das Abitur nachzuholen - und in sonstigen Bereichen der allgemeinen
Weiterbildung.

Der Entschluß, einen höheren Schulabschluß nachzuholen, wurde in neun von zehn Fällen erst nach dem Lehrabschluß gefaßt. Männer sind mit 71 vH überproportional vertreten. Der Anteil der Nichterwerbstätigen in dieser Gruppe beträgt 54 vH, ist also relativ hoch. Von den Nichterwerbstätigen geben drei Viertel an, ihren Ausbildungsbetrieb aus Weiterbildungsgründen verlassen zu haben und nur etwa ein Fünftel, daß der Betrieb die Kündigung nahegelegt habe. Der selbständige Entschluß zur Weiterbildung - auch bei Aufgabe der Erwerbstätigkeit - dürfte überwiegen und ist wohl häufig erst nach Lehrabschluß gereift.

Die sonstigen allgemeinen Weiterbildungen betreffen hauptsächlich Sprachkurse, EDV-Lehrgänge und Kurse zur Textverarbeitung; sie werden im Unterschied zum Besuch einer allgemeinbildenden Schule zu 90 vH nebenberuflich durchgeführt.

Diese Ausbildungen waren fast vollständig bei Lehrabschluß noch nicht geplant. Der Schwerpunkt liegt in Verwaltungs- und Büroberufen sowie bei den Waren- und Dienstleistungskaufleuten. Schon erwähnt wurde das überdurchschnittliche allgemeine Schulbildungsniveau (vgl. Abschnitt 3.3.3) und daß die Ausbildung - zu etwa einem Drittel - in Kombination mit anderen Weiterbildungen - insbesondere mit Lehrgängen zur beruflichen Fortbildung und Umschulung - durchgeführt werden.

3.4 Erwerbslosigkeit nach der Ausbildung

Von allen Prüfungsteilnehmern des Jahres 1984/85, die ihre ursprüngliche Ausbildung beendet haben, sind zum Zeitpunkt der Befragung 86 vH erwerbstätig, 6 vH in weiterer (hauptberuflicher) Ausbildung; 8 vH sind weder erwerbstätig noch in Ausbildung (vgl. Abschnitt 3.1). Unter letztgenannten sind 5 vH arbeitslos, d. h. nicht erwerbstätig, aber für eine Beschäftigung verfügbar und auf der Suche nach einer Beschäftigung. Als arbeitslos werden auch Befragungsteilnehmer bezeichnet, die nicht mehr auf der Suche nach Arbeit sind, weil sie eine Stelle in Aussicht haben[72]. Die Suche nach einem Arbeitsplatz kann auf vielfältigen Wegen erfolgen; die Meldung beim Arbeitsamt ist eine dieser Möglichkeiten.

Die verbleibenden 2 vH sind weder erwerbstätig noch in Ausbildung, aber auch nicht arbeitslos, sondern haben sich (zumindest vorübergehend) vom Arbeitsmarkt zurückgezogen. Dabei handelt es sich mehrheitlich um Frauen (71 vH), und in der Hälfte der Fälle (50 vH) werden private/familiäre Gründe für die Nicht-Erwerbstätigkeit angegeben. Gesundheitliche Gründe spielen bei einem Viertel (24 vH) eine Rolle.

Dieser Rückzug in das Privatleben erfolgte jedoch nur bei einem kleineren Teil unmittelbar nach der Abschlußprüfung. Ein Viertel (24 vH) war vorübergehend im ehemaligen Ausbildungsbetrieb beschäftigt, knapp die Hälfte (44 vH) hatte zwischenzeitlich kurzfristig Arbeit (einschließlich Aushilfsjobs), und gut die Hälfte (60 vH) war ein- oder mehrmals beim Arbeitsamt arbeitslos gemeldet. Die Gesamtdauer der registrierten Arbeitslosigkeit beträgt im Durchschnitt mehr als vier Monate. Zwei Interpretationen sind gleich gut mit diesen Ergebnissen vereinbar:

- Der (vorübergehende) Rückzug vom Arbeitsmarkt entspricht der Lebensplanung der Befragten, die sich an traditionellen Rollen orientiert (Aufgabe der Berufstätigkeit zugunsten familiärer Aufgaben);

- der Rückzug bedeutet eine Abdrängung vom Arbeitsmarkt, auf dem die Betroffenen jedenfalls dauerhaft nicht Fuß fassen konnten, oder verkürzt: Die Alternativrolle als Hausfrau befreit vom Stigma der Arbeitslosigkeit.

Die geringe Zahl der Fälle in dieser Gruppe läßt weitergehende Analysen nicht zu; die Gruppe wird im folgenden nicht gesondert berücksichtigt. Zunächst geht es um die zum Zeitpunkt der Befragung Arbeitslosen, anschließend soll die Betroffenheit von Arbeitslosigkeit während des ersten Berufsjahres diskutiert werden. Abschließend sollen die Erfahrungen bei der Arbeitssuche dargestellt werden.

3.4.1   Arbeitslosigkeit zum Zeitpunkt der Befragung

Die Fragen nach der Arbeitslosigkeit zum Zeitpunkt der Befragung ermöglichen Aussagen zum Bestand an Arbeitslosen zu einem bestimmten Stichtag. In solchen Bestandsdaten sind Langzeitarbeitslose mit höheren Anteilen vertreten als in Statistiken, die ausschließlich die Betroffenheit von Arbeitslosigkeit (unabhängig von ihrer Dauer) ausweisen[73]. Problemgruppen bei der Eingliederung in den Beruf werden so deutlicher sichtbar.

In der üblichen Abgrenzung - Anteil der Arbeitslosen an den Erwerbspersonen (Arbeitslose und Erwerbstätige einschließlich Auszubildende) - beträgt die Arbeitslosenquote für die hier untersuchte Gruppe der Befragungsteilnehmer mit beendeter ursprünglicher Ausbildung 6 vH.

Arbeitslosigkeit und soziodemographische Merkmale

Zum Zeitpunkt der Befragung sind Ausländer deutlich häufiger als Deutsche arbeitslos, ebenso Personen mit niedrigerem allgemeinbildenden Schulabschluß (vgl. Übersicht 89). Männer und Frauen unterscheiden sich dagegen nicht in der Höhe der Arbeitslosenquote. Diese Befunde gelten auch dann, wenn jeweils nur erfolgreiche Ausbildungsabsolventen betrachtet werden.

Die Dauer der bisherigen Arbeitslosigkeit (bei mehrfacher Arbeitslosigkeit die bisherige Gesamtdauer) beträgt im Durchschnitt 5,3 Monate. Sie ist also angesichts des Beobachtungszeitraums von zwölf Monaten erheblich - trotz des hohen Anteils der Arbeitslosen, die im Jahr nach der Prüfung wenigstens vorübergehend Arbeit gefunden hatten (vgl. Übersicht 3).

Die Ergebnisse machen die Gefahr von Arbeitslosigkeits- und Maßnahme"karrieren" deutlich:

- Von denjenigen, die vor der Ausbildung bereits beim Arbeitsamt arbeitslos gemeldet waren, ist jeder neunte zum Zeitpunkt der Befragung wieder arbeitslos (Arbeitslosenquote 11 vH);

- bei denjenigen, die keinen betrieblichen Ausbildungsplatz gefunden hatten und daher außerbetrieblich ausgebildet wurden, liegt die Arbeitslosenquote bei 18 vH;

- von denjenigen, bei denen das Arbeitsamt die Berufsausbildung als Umschulung gefördert hatte, sind zum Zeitpunkt der Befragung 20 vH arbeitslos.

Arbeitslosigkeit und Ausbildungsberufe

Die Arbeitslosigkeit zum Zeitpunkt der Befragung variiert je nach Ausbildungsberuf. Betrachtet man zunächst zusammengefaßte Berufsgruppen (vgl. Übersicht 90), so fallen die Textil-, Bekleidungs- und Lederberufe durch einen

Übersicht 89

Arbeitslosigkeit zum Zeitpunkt der Befragung und bisherige Dauer der Arbeitslosigkeit[1] nach soziodemographischen Merkmalen
- Berechnungen auf der Basis gewichteter Fallzahlen -

Soziodemographische Merkmale	Arbeits- losenquoten	Basis Erwerbs- personen[3]	bisherige Dauer der Arbeits- losigkeit in Monaten	Basis Arbeits- lose
Geschlecht				
Männer	6	1 395	5,2	76
Frauen	6	1 129	5,4	69
Staatsangehörigkeit				
Deutsche	5	2 380	5,3	127
Ausländer	13	143	5,4	18
Allgemeinbildender Schulabschluß				
Abschluß einer Sonder- schule/ohne Abschluß 2)	15	89	.	13
Hauptschulabschluß	9	652	5,3	58
Mittlere Reife oder gleichwertiger Abschluß	4	1 432	4,7	67
Abitur, Fachhochschul- reife oder gleichwerti- ger Abschluß	3	406	.	13
Insgesamt	6	2 523	5,3	145

1) Bisherige Dauer der Arbeitslosigkeit bei Befragten, die zum Zeitpunkt der Befragung arbeitslos sind; bei Mehrfacharbeitslosigkeit Gesamtdauer. - 2) Einschließlich Fälle ohne Angabe zur allgemeinen Schulbildung. - 3) Arbeitslose, Erwerbstätige und wieder in dualer Ausbildung befindliche Befragte.

. Wegen zu geringer Fallzahl kein Nachweis möglich.

Übersicht 90

Arbeitslosigkeit zum Zeitpunkt der Befragung
nach zusammengefaßten Ausbildungsberufen
- vH-Anteile der gewichteten Fallzahlen-

Zusammengefaßte Berufsgruppen		Arbeits-losenquoten	Basis Erwerbs-personen[2]
19 - 30	Metallberufe	6	427
31	Elektroberufe	8	198
33 - 37	Textil-, Bekleidungs- und Lederberufe	24	46
39 - 43	Ernährungsberufe	0	75
44 - 51	Bau- und Baunebenberufe einschl. Tischler, Maler und Lackierer	5	288
62, 63	Techniker, Technische Sonder-fachkräfte	10	36
68 - 70	Waren- und Dienstleistungs-kaufleute	6	601
75 - 78	Organisations-, Verwaltungs- und Büroberufe	3	449
85	Gesundheitsdienstberufe	7	150
90 - 93	Körperpfleger, Gästebetreuer, Hauswirtschafts- und Reinigungsberufe	8	166
	Sonstige Berufsgruppen[1]	5	86
	Insgesamt	6	2 523

1) Vgl. Anhang 3. - 2) Arbeitslose, Erwerbstätige und wieder in dualer Ausbildung befindliche Befragte.

besonders hohen Anteil an Arbeitslosen auf (24 vH). Überdurchschnittliche Arbeitslosigkeit zeigt sich auch bei den Technikern und Technischen Sonderfachkräften (10 vH), bei den Körperpflegern, Gästebetreuern, Hauswirtschafts- und Reinigungsberufen (8 vH) sowie in den Elektroberufen (8 vH). Besonders gering ist die Arbeitslosenquote in den Organisations-, Verwaltungs- und Büroberufen (3 vH). In den Ernährungsberufen gab es bei den Befragten keinen Arbeitslosen.

Betrachtet man einzelne Ausbildungsberufe, die mit ausreichender Fallzahl im Sample vertreten sind, so sind in folgenden Berufen die Arbeitslosenquoten am höchsten:

	Berufsklasse	Arbeitslosenquote in vH
3110	Elektroinstallateure, -monteure	11
6820	Verkäufer	11
8561	Arzthelfer	11
2811	Kraftfahrzeuginstandsetzer	8
7535	Fachgehilfen in steuer- und wirtschaftsberatenden Berufen	6

Dabei handelt es sich weitgehend um Berufe mit besonders geringen Übernahmequoten im Ausbildungsbetrieb. Umgekehrt zeigt sich, daß in Berufen mit besonders geringer Arbeitslosigkeit in der Mehrzahl die Übernahmequoten hoch waren:

	Berufsklasse	Arbeitslosenquote in vH
7811	Verwaltungsfachkräfte, öffentlicher Dienst	0
7812	Industriekaufleute	0
8562	Zahnarzthelfer	0
3120	Fernmeldemonteure, -handwerker	2
6910	Bankkaufleute	2

Auffällig sind die Unterschiede zwischen Ausbildungsberufen, deren Ausbildungsinhalte relativ große Ähnlichkeiten aufweisen: Elektroinstallateure und Fernmeldehandwerker, Verkäufer und Einzelhandelskaufleute unterscheiden sich stark in den Arbeitslosenquoten. Auch zwischen Arzthelfern und Zahnarzthelfern gibt es beträchtliche Unterschiede.

Zwischen den Ausbildungsbereichen gibt es kaum Unterschiede im Anteil der Arbeitslosen zum Zeitpunkt der Befragung. Nur bei den Befragungsteilnehmern, die im öffentlichen Dienst ausgebildet wurden, liegt die Arbeitslosenquote (mit 1 vH) deutlich darunter.

Arbeitslosigkeit, Beschäftigungsmöglichkeiten im Ausbildungsbetrieb und Konzessionsbereitschaft

Gut drei Viertel der zum Zeitpunkt der Befragung Arbeitslosen (78 vH) hatten kein Übernahmeangebot des Ausbildungsbetriebs erhalten oder wurden außerbetrieblich ausgebildet - gegenüber gut einem Viertel (28 vH) der beschäftigten Befragungsteilnehmer. Der Anteil derjenigen, die ein Beschäftigungsangebot des Ausbildungsbetriebs ausgeschlagen hatten, ist leicht unterdurchschnittlich, der Anteil derjenigen, die den Ausbildungsbetrieb nach vorübergehender Beschäftigung verlassen haben, entspricht dem Durchschnitt.

Der Anteil der Arbeitslosen ist bei denjenigen, die auf betriebliche Veranlassung den Ausbildungsbetrieb verlassen haben, mit 13 vH deutlich höher als bei denjenigen, die von sich aus den Betrieb verlassen haben.

Arbeitslose und Erwerbstätige unterscheiden sich kaum in ihrer Konzessionsbereitschaft, nimmt man die in der ersten Erhebung noch hypothetisch erfragten Verhaltensalternativen bei Schwierigkeiten, einen Arbeitsplatz zu finden, als Indikator. Zum Zeitpunkt der zweiten Befragung Arbeitslose hatten etwas häufiger als der Durchschnitt angegeben, auf eine passende Stelle zu warten und solange voraussichtlich nicht zu arbeiten, und sie faßten seltener einen Wegzug nach Westdeutschland ins Auge. Auch die damals geäußerte Umschulungs- und Weiterbildungsbereitschaft ist bei ihnen etwas geringer als bei Erwerbstätigen. Die Bereitschaft, einen Übergangsjob oder einen befristeten Arbeitsvertrag zu akzeptieren oder die wöchentliche Arbeitszeit an ein Stellenangebot anzupassen, ist gleichermaßen hoch.

Arbeitslosigkeit und Arbeitslosmeldung beim Arbeitsamt

Nicht alle Personen, die nicht erwerbstätig, auf der Suche nach Arbeit und für eine Beschäftigung verfügbar sind, haben sich auch beim Arbeitsamt arbeitslos gemeldet; der Anteil der arbeitslos gemeldeten Befragten an allen arbeitslosen beträgt 80 vH. Von den nicht registrierten Arbeitslosen haben etliche die Arbeitssuche bereits abgeschlossen und eine Stelle in Aussicht; überdurchschnittlich ist der Anteil derjenigen, die ihre Ausbildung erfolglos abgebrochen haben. Zwischen der Staatsangehörigkeit der Arbeitslosen und ihrer Meldung beim Arbeitsamt besteht dagegen kein Zusammenhang.

3.4.2 Betroffenheit von Arbeitslosigkeit im ersten Jahr nach der Berufsausbildung

Fast jeder dritte Befragte mit beendeter ursprünglicher Ausbildung hat sich im ersten Jahr nach der Prüfung einmal oder mehrmals beim Arbeitsamt arbeitslos gemeldet; drei Viertel davon sind - nach durchschnittlich 2,6 Monaten Arbeitslosigkeit - zum Zeitpunkt der Befragung erwerbstätig. Von ihnen waren 44 vH bis zu einem Monat und 75 vH höchstens drei Monate arbeitslos.

Betroffenheit von Arbeitslosigkeit und soziodemographische Merkmale

Die Ergebnisse von Bestands- und Verlaufsanalyse decken sich weitgehend: Männer und Frauen waren etwa gleich häufig, Ausländer etwas häufiger als Deutsche und Ausbildungsabsolventen mit dem Abschlußzeugnis einer Sonderschule oder mit dem Hauptschulabschluß mehr als doppelt so häufig wie Ausbildungsabsolventen mit höheren Schulabschlüssen von Arbeitslosigkeit betroffen. Dabei gibt es kaum Unterschiede in der Häufigkeit, mit der aus der Arbeitslosigkeit heraus die (zumindest vorübergehende) Wiedereingliederung in ein Arbeitsverhältnis gelingt; allerdings ist die Dauer der Sucharbeitslosigkeit bei Ausbildungsabsolventen mit niedrigen allgemeinbildenden Schulabschlüssen überdurchschnittlich lang.

Die Problemgruppen, die bereits vor der Berufsausbildung Schwierigkeiten hatten, einen Arbeits- beziehungsweise Ausbildungsplatz zu erhalten, sind auch nach der Ausbildung von Arbeitslosigkeit besonders häufig betroffen:

- Von denjenigen, die vor der Ausbildung bereits arbeitslos gemeldet waren, war die Hälfte (51 vH) nach der Ausbildung wieder arbeitslos gemeldet;

- von denjenigen, bei denen das Arbeitsamt die Berufsausbildung als Umschulung gefördert hatte, sind knapp drei Viertel (72 vH) im Jahr nach der Prüfung von Arbeitslosigkeit betroffen;

- von denjenigen, die keinen betrieblichen Ausbildungsplatz gefunden hatten und außerbetrieblich ausgebildet wurden, haben sich drei Viertel (76 vH) im Jahr nach der Prüfung arbeitslos gemeldet.

In diesen Gruppen ist auch die durchschnittliche Dauer der Arbeitssuche länger: Außerbetrieblich Ausgebildete, die bis zum Zeitpunkt der Befragung einen Arbeitsplatz gefunden haben, brauchen mit 3,7 Monaten gut einen Monat länger als betrieblich Ausgebildete, Umschüler sogar zwei Monate (durchschnittliche Dauer 4,6 Monate). Selbst bei erfolgreichen Ausbildungsabschluß ist bei den außerbetrieblich Ausgebildeten wie bei den Umgeschulten eine überdurchschnittliche Dauer der Sucharbeitslosigkeit zu verzeichnen.

Betroffenheit von Arbeitslosigkeit und Ausbildungsberufe

Auch hier sind die Ergebnisse ähnlich wie bei der Analyse der Arbeitslosigkeit zum Zeitpunkt der Befragung: In den kaufmännischen Berufen insgesamt (Waren- und Dienstleistungskaufleute, Organisations-, Verwaltungs- und Büroberufe) war im Jahr nach der Prüfung etwa jeder fünfte beim Arbeitsamt arbeitslos gemeldet - in den Textil-, Bekleidungs- und Lederberufen jeder zweite. Auch in den Bau- und Baunebenberufen und in den Gesundheitsdienstberufen war die Betroffenheit von Arbeitslosigkeit überdurchschnittlich hoch. Während in den Textil-, Bekleidungs- und Lederberufen der Anteil derjenigen hoch ist, die zum Zeitpunkt der Befragung noch oder wieder arbeitslos sind, hat in den Bauberufen die Mehrheit der zunächst Arbeitslosen bis zum Zeitpunkt der Befragung zumindest vorübergehend Arbeit gefunden.

Betrachtet man die einzelnen Ausbildungsberufe, die im Sample mit ausreichender Fallzahl vertreten sind, so zeigt sich hohe Betroffenheit von Arbeitslosigkeit im Jahr nach der Prüfung in folgenden Berufen:

	Berufsklasse	Anteil der seit der Prüfung arbeitslos Gemeldeten in vH.
8561	Arzthelfer	51
6820	Verkäufer	44
3110	Elektroinstallateure	40
2811	Kraftfahrzeuginstandsetzer	33
7810	Bürofachkräfte	31

Die Daten zeigen wiederum, daß die relativ günstige Situation der kaufmännischen Berufe insgesamt nicht für jeden einzelnen Beruf dieses Bereichs zutrifft: Verkäufer sind mehr als dreimal so häufig von Arbeitslosigkeit betroffen wie Einzelhandelskaufleute. Auch die Bürofachkräfte (Bürogehilfen, Bürokaufleute) sind deutlich häufiger als die übrigen Befragungsteilnehmer aus kaufmännischen Berufen beim Arbeitsamt gemeldet (gewesen). Die Berufe mit der geringsten Betroffenheit von Arbeitslosigkeit, sind aber fast alle dem kaufmännisch-verwaltenden Bereich zuzuordnen:

	Berufsklasse	Anteil der seit der Prüfung arbeitslos Gemeldeten in vH
7811	Verwaltungsfachkräfte, öffentlicher Dienst	6
6910	Bankkaufleute	9
6812	Einzelhandelskaufleute	13
3120	Fernmeldemonteure, -handwerker	15
7812	Industriekaufleute	18

3.4.3 Erfahrungen bei der Arbeitsuche

Das Thema "Arbeitsuche" wurde oben (Abschnitt 3.2.3.4) bereits diskutiert, allerdings unter einem anderen Blickwinkel: Dort ging es um die erfolgreichen Wege der Stellenfindung, während hier die Erfahrungen und Schwierigkeiten der bisher erfolglosen Arbeitsuchenden im Mittelpunkt stehen.

Die Arbeitsuchenden unterscheiden sich von den übrigen Ausbildungsabsolventen in einigen Merkmalen:

- Sie haben überdurchschnitttlich oft die Ausbildung ohne Erfolg abgebrochen (18 vH der Arbeitsuchenden gegenüber 5 vH der Befragungsteilnehmer mit beendeter Ausbildung),

- sie haben überdurchschnittlich oft den Hauptschulabschluß, das Abschlußzeugnis einer Sonderschule oder keinen Abschluß,

- sie sind überdurchschnittlich oft in Textil-, Bekleidungs- und Lederberufen, in Elektroberufen oder als Körperpfleger, Gästebetreuer, in Hauswirtschafts- und Reinigungsberufen ausgebildet worden, unterdurchschnittlich häufig dagegen in Ernährungsberufen oder in Organisations-, Verwaltungs- und Büroberufen.

Fast drei Viertel der Arbeitsuchenden suchen eine regelmäßige Vollzeitbeschäftigung, jeder achte sucht eine regelmäßige Teilzeitbeschäftigung mit höchstens 30 Wochenstunden. Nur ein geringer Teil sucht eine gelegentliche oder kurzfristige Beschäftigung, möchte sich selbständig machen oder eine betriebliche Ausbildung aufnehmen beziehungsweise fortführen. Jeder sechste würde jede Art von Beschäftigung annehmen, also beispielsweise statt einer Vollzeitstelle auch eine Teilzeitbeschäftigung.

Nach ihren persönlichen Erfahrungen befragt, sehen die Arbeitsuchenden am häufigsten folgende Schwierigkeiten:

- Zu geringes Stellenangebot für Berufsanfänger, Bevorzugung von Bewerbern mit mehr Berufserfahrung (64 vH);

- Bevorzugung anderer Bewerber allgemein (39 vH);

- keine oder zu wenig Stellenangebote im eigenen Beruf (27 vH);

- nur unattraktive Stellenangebote im eigenen Beruf (20 vH).

Das Fehlen von Stellenangeboten für Teilzeitbeschäftigung, die schlechte Erreichbarkeit eines Arbeitsplatzes und die nur kurze Beschäftigungsdauer bei Stellenangeboten werden demgegenüber deutlich seltener genannt, und das zu geringe Stellenangebot für Frauen und die Bevorzugung von männlichen Bewerbern wird nur vereinzelt beklagt.

Mehr als drei Viertel der Arbeitsuchenden würden, um überhaupt einen Arbeitsplatz zu erhalten, auch eine Arbeit in einem anderen als dem erlernten Beruf in Kauf nehmen. Dies ist aber nicht gleichbedeutend mit der Bereitschaft, jede Arbeit anzunehmen: Etwa die Hälfte der Arbeitsuchenden mit erfolgreich abgeschlossener Berufsausbildung hält eine Tätigkeit als Ungelernter für unzumutbar. Zwei Drittel aller Arbeitsuchenden würden eine zeitliche Befristung des Beschäftigungsverhältnisses auf maximal eineinhalb Jahre akzeptieren. Zwei von fünf Bewerbern um Vollzeitstellen würden auch eine Teilzeitbeschäftigung annehmen, etwa die Hälfte hält dies für nicht zumutbar. Die Bereitschaft, für einen Arbeitsplatz in eine andere Stadt umzuziehen oder als Wochenendpendler auswärts zu arbeiten, ist nicht besonders groß: Knapp drei Viertel der Arbeitsuchenden halten dies für unzumutbar, nur etwa jeder fünfte würde dies in Kauf nehmen. Die Bereitschaft zu regionaler Mobilität ist bei Männern etwas häufiger als bei Frauen.

Mit steigendem allgemeinbildendem Schulabschluß nimmt die Konzessionsbereitschaft in den meisten genannten Dimensionen ab: Arbeitsuchende mit dem Abschlußzeugnis einer Sonderschule oder mit Hauptschulabschluß würden deutlich häufiger als Arbeitsuchende mit höheren allgemeinbildenden Schulabschlüssen eine Arbeit in einem anderen als dem erlernten Beruf oder in einer Ungelerntentätigkeit in Kauf nehmen, und sie würden auch häufiger als Wochenendpendler auswärts arbeiten; diese Unterschiede gelten auch dann, wenn nur erfolgreiche Ausbildungsabsolventen in die Analyse einbezogen werden. Keine Unterschiede gibt es dagegen bei der Zumutbarkeit einer zeitlich befristeten Stelle, während den Umzug in eine andere Stadt am ehesten Arbeitsuchende mit Hochschulzugangsberechtigung ins Auge fassen.

Arbeitsuchende, die ihre Ausbildung ohne Abschluß abgebrochen haben, sind in vielen Punkten konzessionsbereiter als erfolgreiche Prüfungsteilnehmer: Sie würden deutlich häufiger eine Ungelerntentätigkeit akzeptieren, den Beruf wechseln oder in eine andere Stadt ziehen, um einen Arbeitsplatz zu erhalten. Ihre Bereitschaft, befristete Verträge einzugehen oder als Wochenendpendler auswärts zu arbeiten, ist dagegen etwas geringer.

3.5   Fortzug aus Berlin

Die Berlin-Bindung der Prüfungsteilnehmer 1984/85 wurde im Bericht über die erste Befragungswelle ausführlich behandelt[74]. Zum Zeitpunkt der Prüfung konnten zunächst lediglich die Absichten zum Fortzug erfragt und untersucht werden. Jetzt wird dargestellt, inwieweit die damaligen Absichten realisiert wurden, Fortzugsabsichten noch bestehen und damals noch nicht geplante Fortzüge stattgefunden haben.

Die lückenlose Erfassung des Fortzugs war nicht möglich, obwohl in jedem Einzelfall, in dem der Fragebogen als unzustellbar zurückkam, durch Nachfragen bei Post, Eltern und/oder Meldebehörde versucht wurde, die neue Adresse zu erfahren. Die quantitativen Angaben - insbesondere die Wegzugsquote - können daher nur mit Vorbehalt als repräsentativ gelten. Wegen der geringen Fallzahlen sind teilweise auch die qualitativen Angaben unsicher. Dennoch sollen einige Strukturen vorgestellt und Vergleiche mit den Angaben in der ersten Welle gemacht werden.

Vergleicht man zunächst die Fortzugsabsichten mit den tatsächlich Fortgezogenen - jeweils als Quoten in vH aller Befragten errechnet -, dann ergibt sich folgendes Bild: In der ersten Welle gaben 3 vH an, innerhalb von zwei Jahren sicher aus Berlin fortzuziehen, und von weiteren 5 vH wurde dies als wahrscheinlich beurteilt[75]. Bei der zweiten Befragung haben 7 vH angegeben, seit der Prüfung bereits ein- oder mehrmals den Wohnort gewechselt, also Berlin auf Dauer oder zeitweilig verlassen zu haben. Allerdings hatten nur 2 vH ihren Hauptwohnsitz zum Zeitpunkt der Befragung nicht in Berlin. Weitere 4 vH beabsichtigen, Berlin innerhalb von zwölf Monaten zu verlassen.

Hierzu muß zunächst festgestellt werden, daß nicht alle Befragten mit festen Fortzugsabsichten zum Zeitpunkt der Abschlußprüfung Berlin auch tatsächlich schon verlassen haben; dies gilt nur für etwa die Hälfte. Von denen, die meinten, wahrscheinlich wegzuziehen, hat höchstens jeder sechste diese Absicht auch vollzogen. Andererseits ist ein Teil von denen, die eigentlich in Berlin bleiben wollten - in der Größenordnung von 2 bis 6 vH - doch inzwischen dauernd oder zumindest zeitweilig fortgezogen. Ergänzend sei erwähnt, daß der Fortzug im Zeitraum 1979 bis 1982 im Bericht über die Auswertung der Beschäftigtenstatistik mit 5 vH ermittelt wurde. Damals stand diesem Fortzug ein Zuzug von 22 vH gegenüber[76]. Zuzüge konnten im Rahmen der hier analysierten Befragung nicht erhoben werden.

3.5.1 Zeitweiliger Fortzug

Von den 7 vH, die angaben, seit Beendigung der betrieblichen Berufsausbildung Berlin dauernd oder vorübergehend verlassen zu haben, hatte lediglich ein Viertel zum Zeitpunkt der Befragung seinen Hauptwohnsitz außerhalb Berlins. Diejenigen, die Berlin als ihren Hauptwohnsitz nennen (5 vH), sind vermutlich nur vorübergehend fortgezogen.

Nur ein kleiner Teil derjenigen, die vermutlich vorübergehend aus Berlin fortgezogen sind (15 vH), hatte dies beim Prüfungsabschluß als sicher oder wahrscheinlich betrachtet. Zu drei Vierteln lagen private Gründe für diesen Fortzug vor. Bei den wenigen, die (auch) aus beruflichen Gründen fortzogen, geschah dies meist wegen einer sich bietenden Möglichkeit, außerhalb Berlins zu arbeiten, zum Teil wurde die Versetzung innerhalb des gleichen Unternehmens als Grund genannt.

Anzumerken bleibt, daß der zeitweilige Fortzug arbeitsmarktpolitisch kaum beeinflußbar ist, weil nicht-berufliche Motive vorherrschen.

3.5.2 Dauerhafter Fortzug

In den Fällen, in denen der Hauptwohnsitz an einen anderen Ort verlegt wurde - also bei 2 vH der Befragten -, kann ein dauerhafter Fortzug unterstellt werden. Diese Gruppe war von vornherein stark auf den Fortzug hin orientiert: Schon zum Zeitpunkt der Abschlußprüfung stand für drei Fünftel dieser Personen fest oder war zumindest wahrscheinlich, daß sie Berlin verlassen würden. Die Hälfte dieser Befragten hatte ferner die beruflichen Chancen in Westdeutschland besser beurteilt als in Berlin, ein weiteres Viertel sah hier keinen Unterschied. Die meisten sind mit den Verhältnissen auswärts gut vertraut: Drei Viertel wurden nicht in Berlin geboren und lebten überwiegend erst fünf Jahre oder weniger in der Stadt.

Die Hälfte der dauerhaft Fortziehenden hatte berufliche Gründe, je ein Viertel private oder teils berufliche, teils private Gründe.

Bei den beruflichen Gründen stand für drei Fünftel die Gelegenheit im Vordergrund, einmal "woanders" zu arbeiten, zwei Fünftel der Fälle (Mehrfachangaben waren möglich) hatten es in Berlin schwer, eine Stelle zu finden. Bei je einem Drittel spielten die Versetzung innerhalb des Unternehmens, bessere auswärtige Verdienstmöglichkeiten oder bessere berufliche Aufstiegschancen eine Rolle.

Zwei von fünf dauerhaft Fortgezogenen haben das Abitur, gut die Hälfte sind Frauen. Ein Viertel - sowohl bei Männern als auch bei Frauen - sind Waren- und Dienstleistungskaufleute. Bei Männern sind weiterhin vor allem Köche und Fotografen fortgezogen, bei Frauen Bekleidungsfachkräfte, Friseurinnen, Gaststättenkauffrauen und Hauswirtschafterinnen.

3.5.3   Fortzugsabsichten

Ein Drittel der Befragten mit Fortzugsabsichten in den nächsten zwölf Monaten hatte diese Pläne schon bei der Abschlußprüfung, nahezu die Hälfte wollte damals allerdings noch für mindestens zwei Jahre in Berlin bleiben. Als Gründe für den beabsichtigten Fortzug werden je etwa zur Hälfte berufliche und private Gründe genannt, die sich teilweise überschneiden. Bei dieser Gruppe handelt es sich fast ausschließlich um gebürtige Berliner (83 vH) und von den übrigen leben neun von zehn schon länger als fünf Jahre in Berlin. Offenbar ist diese Gruppe nicht von vornherein stark fortzugsorientiert, sondern die Gründe für den Fortzug haben sich seit der Abschlußprüfung mehrheitlich erst entwickelt. Da nach den Gründen nur in der Unterscheidung "beruflich/nicht beruflich" gefragt wurde, soll ein Blick auf die Berufsstruktur noch einige Hinweise geben. Bei den Frauen, die gut die Hälfte der Gruppe ausmachen, fallen neben Waren- und Dienstleistungskaufleuten und Organisations-, Verwaltungs- und Büroberufen - hier besonders Rechtsanwalts- und Notargehilfen - besonders auch Gaststättenkaufleute, Friseure sowie Arzt- und Zahnarzthelfer auf. Während es bei den Gaststättenkaufleuten eher zur normalen Berufsbiographie gehört, den Arbeitsort zu wechseln, dürften bei Friseuren, Arzt- und Zahnarzthelfern eher berufliche Schwierigkeiten eine Rolle spielen. Dies wurde schon im Zusammenhang mit den Ausführungen zum Berufswechsel (Abschnitt 3.2.4) und zu den Zukunftserwartungen (Abschnitt 3.2.5) deutlich.

Bei Männern machen die Elektroberufe knapp ein Drittel bei den Befragten mit Fortzugsabsichten aus, gefolgt von Waren- und Dienstleistungskaufleuten und Bauberufen.

Rund drei Viertel der Befragten mit Fortzugsabsichten sind erwerbstätig, zur Hälfte davon noch im Ausbildungsbetrieb. Vom verbleibenden Viertel sind viele in Ausbildung und gibt nur jeder zweite an, keinen passenden Arbeitsplatz gefunden zu haben. Somit tragen sich ganz überwiegend beruflich etablierte junge Menschen mit der Absicht, Berlin zu verlassen. Welche Rolle dabei die Unzufriedenheit mit der aktuellen Arbeitssituation spielt, ist schwer zu sagen. Es wird aber deutlich, daß alles getan werden muß, dem Nachwuchs an qualifizierten Fachkräften in Berlin gute Perspektiven zu eröffnen.

4   Kurzfassung der Ergebnisse

Hauptziel der Untersuchung ist die Analyse des Berufsstarts eines geburten-
starken Jahrgangs in Berlin. Dies geschieht vor dem Hintergrund des Bedarfs
an qualifizierten Arbeitskräften in der Stadt und dem daraus folgenden Ziel,
die hier Ausgebildeten in Berlin zu halten.

Die Untersuchung basiert auf einer zweistufigen Befragung von Teilnehmern
an der Abschlußprüfung zur betrieblichen Berufsausbildung, die vom DIW - in
der ersten Befragungswelle in Zusammenarbeit mit den für die Berufsausbildung zuständigen Stellen in der Stadt - von Mai 1984 bis Mai 1986 durchgeführt wurde. Die Ergebnisse der ersten Befragung - zum Zeitpunkt der Prüfung
1984/85 - sind in einer Querschnittanalyse ausgewertet und bereits veröffent-
licht worden[77]. Der hier vorgelegte Bericht umfaßt die Analyse der Situation
ein Jahr nach der Abschlußprüfung. Darüber hinaus werden Ergebnisse aus
beiden Befragungen in einer Längsschnittanalyse verknüpft. Grundlage sind die
Antworten von rund 3 000 Befragten - 20 vH aller Teilnehmer an den genannten Abschlußprüfungen.

Im einzelnen wurden folgende Themenbereiche behandelt:

- Situation der Prüfungsteilnehmer 1984/85 ein Jahr nach der Prüfung.

- Analyse der Erwerbstätigkeit nach der Ausbildung mit den Schwerpunkten:
  Arbeitsplatzsituation, Übergangsprozeß in das Erwerbsleben, Betriebs- und
  Berufswechsel sowie Zukunftserwartungen.

- Weitere Ausbildungsaktivitäten nach der Abschlußprüfung.

- Erwerbslosigkeit nach der Ausbildung.

- Fortzug aus Berlin.

Situation der Prüfungsteilnehmer 1984/85 ein Jahr nach der Prüfung

Ein Jahr nach der Prüfung ist die große Mehrheit der Befragungsteilnehmer
(80 vH) erwerbstätig; 6 vH haben - ohne gleichzeitig erwerbstätig zu sein -
eine weitere Ausbildung begonnen oder befinden sich in Lehrgängen oder
Kursen zur beruflichen Weiterbildung, 7 vH sind weder in Ausbildung noch
erwerbstätig. 8 vH haben die Ausbildung noch nicht abgeschlossen; dabei

handelt es sich hauptsächlich um Auszubildende in Stufenberufen, aber auch um Prüfungswiederholer.

Das erste Jahr nach der Abschlußprüfung ist für viele Berufsanfänger von unsicherer, kurzfristiger Beschäftigung und Arbeitslosigkeit geprägt. Zwar haben die meisten einen Arbeitsplatz gefunden, doch ein Drittel von ihnen war zwischenzeitlich nur kurzfristig oder in Aushilfsjobs beschäftigt, war arbeitslos gemeldet oder nahm durch Vermittlung des Arbeitsamtes an Maßnahmen zur Erleichterung des Übergangs in den Beruf teil. Über längere Zeit arbeitslos war im ersten Jahr nach der Ausbildung nur ein kleiner Teil der Befragten, denn zumindest vorübergehend fanden die meisten Arbeit.

Neun von zehn Befragungsteilnehmern, die in Beschäftigung sind - das entspricht drei Vierteln aller Befragungsteilnehmer mit beendeter ursprünglicher Ausbildung - haben einen unbefristeten Arbeitsvertrag. Das übrige Viertel ist in Arbeitsbeschaffungsmaßnahmen beschäftigt, hat einen Aushilfsjob oder ein sonstiges befristetes Arbeitsverhältnis, ist erneut in Ausbildung oder arbeitslos und muß also über kurz oder lang einen Arbeitsplatz suchen. Darüber hinaus betrachtet jeder dritte Beschäftigte - darunter auch solche mit unbefristeten Arbeitsverträgen - die derzeitige Stelle als Übergangslösung, etwa jeder sechste ist bereits auf der Suche nach einem neuen Arbeitsplatz.

Angaben zum Betrieb und zum Beschäftigungsverhältnis

Ein gutes Viertel der beschäftigten Befragungsteilnehmer arbeitet in Betrieben mit höchstens 9 regelmäßig Beschäftigten; ebensoviele sind in Betrieben mit 10 bis 49 Arbeitnehmern tätig. Großbetriebe (ab 500 Mitarbeiter) beschäftigen jeden fünften Befragungsteilnehmer; der Rest verteilt sich auf Betriebe mittlerer Größe. Frauen arbeiten häufiger als Männer in Kleinbetrieben.

Bei einem Arbeitgeberwechsel zeigt sich - vor allem bei Frauen - etwas häufiger ein Wechsel in einen größeren als in einen kleineren Betrieb. Eine generelle Abwanderung aus Kleinbetrieben hin zu größeren Betrieben läßt sich also empirisch nicht belegen.

Gut die Hälfte der beschäftigten Befragungsteilnehmer ist im Dienstleistungsbereich (Handel, öffentlicher Dienst, sonstige Dienstleistungen) tätig - bei den

Frauen sind es sogar knapp drei Viertel. Jeder vierte Befragte arbeitet im Handwerk, jeder fünfte in einem Industriebetrieb. Die Längsschnittanalyse zeigt vor allem bei Frauen eine Abwanderung aus den Handwerksbetrieben hin zu Industrie- und Dienstleistungsbetrieben; Wechsel aus anderen Wirtschaftsbereichen in das Handwerk finden dagegen ausgesprochen selten statt.

Drei von vier beschäftigten Befragten arbeiten in Betrieben, die Lehrlinge ausbilden. Von denjenigen, die den Ausbildungsbetrieb verlassen haben und in einem anderen Betrieb arbeiten, gibt fast die Hälfte an, daß in dem jetzigen Betrieb nicht ausgebildet wird. Diese Betriebe, die Fachkräfte einstellen ohne selbst auszubilden, sind zumeist Kleinbetriebe im Dienstleistungsbereich. Die dort angebotenen Arbeitsplätze entsprechen allerdings zu einem erheblichen Teil nicht den in der Berufsausbildung erworbenen Kenntnissen und Fähigkeiten der Befragten: Sie sind in vier von zehn Fällen nicht im erlernten Beruf tätig.

Jeder vierte derjenigen, die nach einem Jahr noch im Ausbildungsbetrieb beschäftigt waren, gab an, daß der Betrieb die Zahl der Auszubildenden inzwischen verringert hat oder nicht mehr ausbildet; eine Erhöhung der Zahl der betrieblichen Ausbildungsplätze wird dagegen nur selten verzeichnet. Betriebe, die - zumindest vorübergehend - die Ausbildungsaktivitäten eingestellt haben, sind ganz überwiegend Kleinbetriebe; die Befragten waren dort in zwei von drei Fällen der einzige Lehrling.

5 vH der beschäftigten Befragungsteilnehmer haben eine durchschnittliche wöchentliche Arbeitszeit von weniger als 30 Stunden, üben also eine Teilzeitbeschäftigung aus. Wöchentliche Arbeitszeiten von 35 bis 39 Stunden, also im Bereich der durch Tarifvereinbarungen reduzierten Wochenarbeitszeit, sind von 11 vH der Beschäftigten angegeben worden. Am häufigsten (53 vH) ist die 40-Stunden-Woche. Sehr hoch ist mit 27 vH der Anteil, der mehr als 40 Wochenstunden arbeitet; dies deutet auf eine gewisse Regelmäßigkeit von Überstunden hin.

Betriebliches Übernahmeangebot

Zwei von drei Befragten (67 vH) mit beendeter Ausbildung haben ein Übernahmeangebot erhalten, bei gut jedem fünften (22 vH) hat der Betrieb die Weiterbeschäftigung abgelehnt. Bei 8 vH der Befragungsteilnehmer war eine

Übernahme nicht möglich, da sie außerbetrieblich ausgebildet oder als Externe zur Abschlußprüfung zugelassen wurden.

Männliche Befragungsteilnehmer erhalten in allen Ausbildungsbereichen mit Ausnahme des öffentlichen Dienstes häufiger Übernahmeangebote als weibliche Befragungsteilnehmer. Dies ist teilweise auf die schlechteren Chancen in typischen Frauenberufen zurückzuführen. Noch ausgeprägter sind die Zusammenhänge zwischen Übernahmeangebot und allgemeinbildendem Schulabschluß. Von den Befragten mit dem Abschlußzeugnis einer Sonderschule oder ohne allgemeinbildenden Abschluß hat nur jeder dritte ein Übernahmeangebot erhalten - von den Befragungsteilnehmern mit mittlerer Reife oder Abitur waren es fast drei Viertel. Auch dann, wenn nur Befragungsteilnehmer berücksichtigt werden, die in regulären Ausbildungsbetrieben ausgebildet worden sind und ihre Ausbildung erfolgreich abgeschlossen haben, ist der Anteil der Befragten mit Übernahmeangebot umso größer, je höher der Schulabschluß ist. Anders formuliert: Ehemalige Schüler einer Sonderschule oder ohne allgemeinbildenden Schulabschluß erhalten schwerer als andere einen betrieblichen Ausbildungsplatz und haben selbst dann deutlich schlechtere Chancen, im Ausbildungsbetrieb beschäftigt zu werden, wenn sie die Berufsausbildung erfolgreich absolviert haben.

Übereinstimmung von Übernahmeangebot und Verbleibabsicht

Bei zwei Dritteln der Befragungsteilnehmer, die ihre Ausbildung in einem regulären Ausbildungsbetrieb beendet haben, stimmen Übernahmeangebot und Verbleibabsicht überein: Jeder zweite (52 vH) wollte und konnte bleiben, etwa jeder siebte (14 vH) wollte gehen und hatte auch kein Weiterbeschäftigungsangebot erhalten. 16 vH erhielten ein Übernahmeangebot, gaben aber zum Zeitpunkt der Prüfung an, den Betrieb verlassen zu wollen. 9 vH wären gern geblieben, der Betrieb lehnt jedoch die Weiterbeschäftigung ab.

Zu dieser erzwungenen Mobilität der Befragten aus regulären Ausbildungsbetrieben sind im weiteren Sinne alle hinzuzurechnen, die außerbetrieblich ausgebildet wurden. Bezieht man diese Gruppe mit ein, betrifft die unfreiwillige Mobilität unmittelbar nach Ausbildungsende 16 vH der Befragten.

Übernahme im Ausbildungsbetrieb

In neun von zehn Fällen (89 vH) kann der Betrieb damit rechnen, daß bei einem Übernahmeangebot (zumindest für gewisse Dauer) ein Arbeitsverhältnis begründet wird. Fast jeder (95 vH), der zum Zeitpunkt der Prüfung im Betrieb bleiben wollte und ein Übernahmeangebot erhalten hat, nimmt dieses Angebot an. Diejenigen, die nicht im Betrieb bleiben wollten, nehmen ein konkretes Übernahmeangebot in zwei von drei Fällen (69 vH) doch an. In dieser Gruppe ist aber doppelt so oft wie im Durchschnitt im Laufe des ersten Berufsjahres der Betrieb gewechselt worden.

Von den erfolgreichen Absolventen haben 65 vH der Männer und 61 vH der Frauen eine Beschäftigung im Ausbildungsbetrieb aufgenommen. Von den Abbrechern wurde jeder siebte (14 vH) übernommen; bezieht man diese mit ein, so wurden insgesamt 61 vH übernommen.

Befragungsteilnehmer mit höheren schulischen Abschlüssen (mittlere Reife, Abitur oder gleichwertige Abschlüsse) wurden zu zwei Dritteln vom Ausbildungsbetrieb übernommen - gegenüber gut der Hälfte der Hauptschulabsolventen und etwa einem Drittel der Befragten mit dem Zeugnis einer Sonderschule oder ohne allgemeinbildenden Abschluß. Auffällig ist der hohe Anteil bei den Studienberechtigten; Studienabsichten, die ein Teil von ihnen hat, werden offensichtlich aufgeschoben.

Die beiden quantitativ bedeutsamsten Ausbildungsbereiche - Industrie/Handel und Handwerk - unterscheiden sich in ihren Übernahmequoten nur unwesentlich mit 62 vH beziehungsweise 59 vH. Überdurchschnittlich häufig ist im Handwerk allerdings die Situation, in der sowohl der Betrieb als auch der Befragte keine Umwandlung des Ausbildungsvertrages in einen Arbeitsvertrag wünschen. Im öffentlichen Dienst ist die Übernahmequote (mit 79 vH) sehr hoch. In den freien Berufen liegt sie (mit 57 vH) leicht unter dem Durchschnitt; überdurchschnittlich oft wollen hier weder Betrieb noch Befragter die Weiterbeschäftigung. In der Land- und Hauswirtschaft (mit etwa einem Drittel außerbetrieblicher Ausbildung) ist die Übernahmequote mit 39 vH sehr niedrig.

In den einzelnen Ausbildungsberufen sind die Übernahmequoten sehr unterschiedlich: So beträgt die Quote bei den Verwaltungsfachkräften im öffentlichen Dienst 92 vH, bei den Verkäufern (mit den geringsten Weiterbeschäfti gungschancen) 50 vH. Tendenziell werden im kaufmännischen Bereich mehr Absolventen übernommen als im gewerblich-technischen; das Beispiel der Verkäufer zeigt jedoch, daß es Ausnahmen gibt.

Betriebswechsel

Von allen Befragungsteilnehmern, die ihre ursprüngliche Ausbildung beendet haben, wurden 61 vH vom Ausbildungsbetrieb übernommen; die übrigen haben den Ausbildungsbetrieb - freiwillig oder unfreiwillig - unmittelbar nach Ausbildungsende verlassen. Gut jeder vierte im Ausbildungsbetrieb Übernommene hat im Laufe des ersten Berufsjahrs den Ausbildungsbetrieb verlassen. Zum Zeitpunkt der zweiten Befragung ist also nur knapp jeder zweite Befragungsteilnehmer (47 vI I) noch im Ausbildungsbetrieb beschäftigt. Zwischen Männern und Frauen gibt es hierbei keine Unterschiede.

Der Anstoß zum Verlassen des Ausbildungsbetriebs ging - nach Einschätzung der Befragten - zu 40 vH ausschließlich von ihnen selbst aus; 38 vH gaben ausschließlich betriebliche Veranlassung an und 21 vH, daß der Betriebswechsel sowohl von ihnen selbst als auch vom Betrieb ausging.

Für die Mehrheit der Betriebswechsler hat eine Reihe von Gründen zum Weggang aus dem Ausbildungsbetrieb geführt. Die Hälfte der Betriebswechsler (51 vH) nennt betriebliche Kündigung oder Befristung des Arbeitsverhältnisses, häufig in Verbindung mit schlechtem Betriebsklima und Ärger mit Vorgesetzten. Gut jeder vierte hat wegen besserer Chancen des beruflichen Weiterkommens in einem anderen Betrieb gewechselt, meist in Verbindung mit besseren Verdienstmöglichkeiten. Ebenfalls jeder vierte hat den Betrieb wegen des schlechten Betriebsklimas verlassen; bei Frauen spielt dieser Grund häufiger eine Rolle als bei Männern.

Drei von vier Befragten, die zum Zeitpunkt der Befragung nicht mehr im Ausbildungsbetrieb beschäftigt sind, haben in einem anderen Betrieb einen Arbeitsplatz gefunden. Im Durchschnitt sind 9 vH arbeitslos, von den Befragten, die kein Übernahmeangebot ihres Ausbildungsbetriebs erhalten hatten, aber 13 vH.

Der neue Arbeitsplatz wird am häufigsten durch Vermittlung von Eltern, Verwandten oder Bekannten gefunden; gut jeder dritte (36 vH) hat so Arbeit gefunden. An zweiter Position steht die Bewerbung auf eine Stellenanzeige in der Zeitung (30 vH), an dritter Position folgt die Bewerbung "einfach auf Verdacht" (22 vH) und erst dann die Vermittlung durch das Arbeitsamt (12 vH). Das heißt allerdings nicht, daß das Arbeitsamt nur in diesen Fällen eingeschaltet war beziehungsweise tätig geworden ist - auf die weit häufigeren Arbeitslosenmeldungen ist schon hingewiesen worden.

Berufswechsel: Betroffene Berufsgruppen, Statusfolgen und Gründe

Ein Fünftel der erwerbstätigen Befragten mit bestandener Abschlußprüfung hat innerhalb eines Jahres nach Ausbildungsabschluß den Beruf gewechselt. Bei den erwerbstätigen Befragten ohne bestandene Abschlußprüfung liegt der Anteil mit drei Vierteln erwartungsgemäß erheblich höher.

Berufsgruppen mit überdurchschnittlichem Wechsel in andere Berufsgruppen sind Textilverarbeiter (50 vH), Tischler (44 vH), Mechaniker (darunter auch Kraftfahrzeuginstandsetzer) (33 vH), Warenkaufleute (27 vH), Körperpfleger (lediglich Friseure; 25 vH).

Zu den überdurchschnittlich aufnehmenden Berufsgruppen gehören zunächst einige, in denen keine Ausbildung erfolgt ist. Dies sind "Lagerverwalter, Lager- und Transportarbeiter", "Maschinisten und zugehörige Berufe", "Berufe des Landverkehrs" sowie "Hilfsarbeiter ohne Tätigkeitsangabe". Weiterhin verzeichneten die Berufsgruppen "Rechnungskaufleute, Datenverarbeitungsfachleute", "Andere Dienstleistungskaufleute und zugehörige Berufe" sowie "Unternehmer, Organisatoren, Wirtschaftsprüfer" überdurchschnittliche Aufnahmen.

Einzelne Einflußfaktoren des Berufswechsels wurden untersucht. Danach findet Berufswechsel besonders häufig statt, wenn

- kein allgemeinbildender Schulabschluß vorlag,

- der Berufswunsch nicht in Erfüllung ging,

- Frauen in Männerberufen ausgebildet worden sind,

- im Ausbildungsbetrieb keine Arbeit aufgenommen werden konnte,

- der berufliche Status im Elternhaus niedrig war.

Insgesamt sind diese Einflußfaktoren einzubetten in die generelle Situation, in der im Zuge der Ausweitung des Ausbildungsstellenangebots in einigen Berufen über den Bedarf hinaus ausgebildet wurde. Mit Eingliederungsproblemen mußten deshalb von vornherein gerechnet werden.

Als Grund für den Berufswechsel gab fast die Hälfte schlechte Arbeitsbedingungen im erlernten Beruf an, je ein Drittel (Mehrfachangaben waren möglich) nannte schlechte Verdienstchancen und keine Beschäftigungsmöglichkeit im erlernten Beruf.

Ausbildungsverwertung

Ein Drittel der beschäftigten erfolgreichen Absolventen hatte keine oder nur eine bedingt ausbildungsadäquate Tätigkeit: Jeder fünfte in dieser Gruppe ist - nach eigener Einstufung - ungelernter oder angelernter Arbeiter, die übrigen sind einfache Angestellte. Der Wechsel in eine Tätigkeit unterhalb des Facharbeiterniveaus erfolgte hauptsächlich aus den Ausbildungsberufen Kraftfahrzeugmechaniker/schlosser, Zimmerer, Friseure, Verkäufer, Tischler, Maler/Lackierer. In einfache Angestelltentätigkeit wechselten hauptsächlich Befragte aus den Berufen Einzelhandelskaufleute, Bürogehilfen/Bürokaufleute, Verkäufer, Industriekaufleute, Arzthelfer, Bekleidungsnäher, Friseure.

11 vH der Erwerbstätigen mit abgeschlossener Berufsausbildung gaben an, daß für ihre Tätigkeit keine besondere Ausbildung und/oder lediglich eine kurze Einweisung am Arbeitsplatz erforderlich sei. Die Quote liegt bei den Berufswechslern mit 31 vH erheblich höher als bei den Nichtwechslern (6 vH).

Auf die Frage, ob von den erworbenen Kenntnissen und Fertigkeiten viel oder wenig in der ausgeübten Tätigkeit verwendet werden kann, antwortete jeder fünfte mit "eher wenig, sehr wenig/nichts". Bei den Berufswechslern gilt dies für jeden zweiten. Es bestätigt sich also der Befund, daß der Wechsel häufig zu einer Entwertung der erworbenen Kenntnisse führt. Besonders davon betroffen sind Friseure, Arzthelfer, Maler/Lackierer, Textilverarbeiter, Verkäufer und Gewerbegehilfen.

Dauerstellung oder Übergangslösung?

Zwei Drittel der Erwerbstätigen betrachten ihre Tätigkeit als Dauerstellung, ein Drittel lediglich als Übergangslösung. Von diesem Drittel der Befragten sucht bereits die Hälfte eine andere Beschäftigung. Diejenigen, die den Beruf gewechselt haben, stufen ihre Tätigkeit überdurchschnittlich oft (zu zwei Fünfteln) als Übergangslösung ein.

Auch diejenigen, die schon bei der Berufswahl - also vor der Ausbildung - ihren Berufswunsch nicht erfüllen konnten, betrachten stärker als andere ihre Tätigkeit als Übergangslösung. Besonders gilt dies für Befragte, die eigentlich eine ganz andere als die betriebliche Berufsausbildung anstrebten: Die Hälfte - bei Männern sogar zwei Drittel - kann sich die ausgeübte Tätigkeit nicht als Dauerlösung vorstellen.

Erwartungen für das nächste Jahr

Zum Zeitpunkt der Befragung gingen nur wenige davon aus, daß sie im Verlauf der nächsten zwölf Monate ganz sicher ihren Arbeitsplatz verlieren würden. Aber: Jeder zehnte befürchtet, entlassen zu werden und jeder dritte will seine Stelle von sich aus aufgeben und sich etwas anderes suchen.

Ebenfalls jeder dritte erwartet einen Aufstieg innerhalb des Betriebs, jeder fünfte einen Berufswechsel. Bei der Beurteilung ist einzubeziehen, daß etwa ebensoviele bereits einen Berufswechsel im Jahr zuvor vollzogen hatten. Jeder zehnte plant, die Erwerbstätigkeit ganz oder vorübergehend aufzugeben - in vielen Fällen, um sich weiterzubilden.

Nach ausgeübten Tätigkeiten haben vor allem Bankkaufleute und Industrie-kaufleute positive Erwartungen. Überwiegend negative Erwartungen äußern Zahnarzthelfer, Arzthelfer, Verkäufer und viele von denen, die Tätigkeiten ausüben, die keine Ausbildungsberufe sind.

Weitere Ausbildung

Ein Jahr nach der Abschlußprüfung zur betrieblichen Berufsausbildung befinden sich 24 vH in einer weiteren Ausbildung, von 2 vH ist bekannt, daß sie zu diesem Zeitpunkt eine zusätzliche Ausbildung schon abgeschlossen hatten.

Bezogen auf alle Befragten in weiterer Ausbildung befindet sich gut ein Drittel noch in betrieblicher Berufsausbildung, der größte Teil davon ist in Stufenausbildung. Zusammen 11 vH sind in Ausbildungen zur Beamtenlaufbahn, für Tätigkeiten im Gesundheitswesen (meist Krankenschwestern) oder in einer Fachschulausbildung. In gleicher Größenordnung (14 vH) haben Befragte ein Studium an einer Fachhochschule/Hochschule/Universität begonnen. An Lehrgängen zur beruflichen Fortbildung und Umschulung nehmen 21 vH teil, meist kombiniert mit einer allgemeinen Weiterbildung wie Sprach-, Textverarbeitungs- und EDV-Kursen. Einen allgemeinbildenden Schulabschluß (meist Fachhochschulreife oder Abitur) holen 12 vH nach.

Zwei Fünftel der Ausbildungen werden neben einer Erwerbstätigkeit durchgeführt. Besonders trifft dies auf Lehrgänge zur beruflichen Fortbildung und Umschulung und allgemeinbildende Kurse zu (nur jeder zehnte ist hier nicht erwerbstätig).

Vier Fünftel geben an, ihre weitere Ausbildung vorher geplant zu haben. Das gilt besonders für Ausbildungen in Stufenberufen. Ebensoviele hätten die weitere Ausbildung auch dann durchgeführt, wenn ihnen ein geeigneter Arbeitsplatz angeboten worden wäre. Die Ausbildungsabsicht dominiert also unabhängig von der Arbeitsplatzsituation. Allerdings tragen Übernahmeabsagen der Betriebe zur Entscheidung bei; im Vordergrund stehen dann fachbezogene Lehrgänge und allgemeinbildende Veranstaltungen.

Erwerbslosigkeit nach der Ausbildung

Von allen Befragten, die ihre ursprüngliche Ausbildung beendet haben, sind zum Zeitpunkt der Befragung 8 vH weder erwerbstätig noch in weiterer Ausbildung. Zwei Drittel davon sind arbeitslos; dies entspricht einer Arbeitslosenquote von 6 vH. (Berücksichtigt man hier nur die beim Arbeitsamt arbeitslos Gemeldeten, wären es 5 vH.) Die übrigen - zumeist Frauen - haben sich (zumindest vorübergehend) vom Arbeitsmarkt zurückgezogen. Dabei werden vor allem private/familiäre Gründe angegeben.

Zum Zeitpunkt der Befragung sind Ausländer deutlich häufiger als Deutsche arbeitslos, ebenso Personen mit niedrigerem allgemeinbildenden Schulabschluß. Bei Männern und Frauen sind die Arbeitslosenquoten fast gleich. Die Dauer der bisherigen Arbeitslosigkeit (bei mehrfacher Arbeitslosigkeit die bisherige Gesamtdauer) beträgt im Durchschnitt 5,3 Monate, ist also angesichts des Beobachtungszeitraums von zwölf Monaten erheblich.

Die Ergebnisse machen die Gefahr von Arbeitslosigkeits- und Maßnahme"karrieren" deutlich:

- Von denjenigen, die bereits <u>vor</u> der Ausbildung arbeitslos gemeldet waren, ist jeder neunte zum Zeitpunkt der Befragung wieder arbeitslos (Arbeitslosenquote 11 vH);

- bei denjenigen, die keinen betrieblichen Ausbildungsplatz gefunden hatten und daher außerbetrieblich ausgebildet wurden, liegt die Arbeitslosenquote bei 18 vH;

- von denjenigen, bei denen das Arbeitsamt die Berufsausbildung als Umschulung gefördert hatte, sind zum Zeitpunkt der Befragung 20 vH arbeitslos.

Die Arbeitslosigkeit zum Zeitpunkt der Befragung variiert mit den Berufsgruppen: Die Textil-, Bekleidungs- und Lederberufe fallen durch einen besonders hohen Anteil an Arbeitslosen auf (24 vH). Überdurchschnittliche Arbeitslosigkeit zeigt sich auch bei den Technischen Sonderfachkräften (10 vH), bei den Körperpflegern, Gästebetreuern, Hauswirtschafts- und Reinigungsberufen (8 vH) sowie in den Elektroberufen (8 vH). Besonders gering ist die Arbeitslosenquote in den Organisations-, Verwaltungs- und Büroberufen (3 vH). In den Ernährungsberufen gab es bei den Befragten keinen Arbeitslosen.

Fast jeder dritte mit beendeter Ausbildung hat sich im ersten Jahr nach der Prüfung einmal oder mehrmals beim Arbeitsamt arbeitslos gemeldet; drei Viertel davon sind - nach durchschnittlich 2,6 Monaten Arbeitslosigkeit - zum Zeitpunkt der Befragung erwerbstätig. Von ihnen waren 44 vH bis zu einem Monat und 75 vH höchstens drei Monate arbeitslos. Die Problemgruppen, die bereits vor der Berufsausbildung Schwierigkeiten hatten, einen Arbeits- beziehungsweise Ausbildungsplatz zu erhalten, sind auch nachher überdurchschnittlich häufig und mit längerer Dauer von Arbeitslosigkeit betroffen.

Nach ihren persönlichen Erfahrungen befragt, sehen die Arbeitsuchenden am häufigsten folgende Schwierigkeiten bei der Stellensuche:

- Zu geringes Stellenangebot für Berufsanfänger, Bevorzugung von Bewerbern mit mehr Berufserfahrung (64 vH);

- Bevorzugung anderer Bewerber allgemein (39 vH);

- keine oder zu wenig Stellenangebote im eigenen Beruf (27 vH);

- nur unattraktive Stellenangebote im eigenen Beruf (20 vH).

Mehr als drei Viertel der Arbeitsuchenden würden, um überhaupt einen Arbeitsplatz zu erhalten, auch eine Arbeit in einem anderen als dem erlernten Beruf in Kauf nehmen. Dies ist aber nicht gleichbedeutend mit der Bereitschaft, jede Arbeit anzunehmen: Etwa die Hälfte der Arbeitsuchenden mit erfolgreich abgeschlossener Berufsausbildung hält eine Tätigkeit als Ungelernter für unzumutbar. Zwei Drittel aller Arbeitsuchenden würden eine zeitliche Befristung des Beschäftigungsverhältnisses auf maximal eineinhalb Jahre akzeptieren. Zwei von fünf Bewerbern um Vollzeitstellen würden auch eine Teilzeitbeschäftigung annehmen, etwa die Hälfte hält dies für nicht zumutbar. Die Bereitschaft, für einen Arbeitsplatz in eine andere Stadt umzuziehen oder als Wochenendpendler auswärts zu arbeiten, ist nicht besonders groß: Knapp drei Viertel der Arbeitsuchenden halten dies für unzumutbar, nur etwa jeder fünfte würde dies in Kauf nehmen.

Fortzug aus Berlin

Bereits die Auswertung der Beschäftigtenstatistik ergab, daß von den Lehrlingen, die in Berlin ausgebildet wurden, nur wenige die Stadt danach verlassen. Die Befragungsergebnisse führen zum gleichen Ergebnis, wenngleich anzumerken ist, daß wegen der geringen Fallzahlen erhebliche Unschärfen nicht auszuschließen sind. Nur 2 vH der Befragten sind innerhalb des ersten Jahres nach der Abschlußprüfung aus Berlin fortgezogen. Dabei war der Ortswechsel zumeist länger geplant und hatte größtenteils berufliche Gründe. Überwiegend handelt es sich um Personen, die nicht in Berlin geboren wurden und auch nur relativ kurze Zeit in der Stadt gelebt hatten. Offenbar war die Ausbildung in Berlin einer der Hauptgründe für den zeitweiligen Zuzug.

Weitere 5 vH der Befragten gaben an, im Jahr nach der Abschlußprüfung den Wohnort gewechselt zu haben, jedoch weiterhin in Berlin als Hauptwohnort gemeldet zu sein. In diesen Fällen, die wohl als vorübergehender Fortzug eingestuft werden müssen, wurden hauptsächlich private Gründe genannt.

Knapp 4 vH aller Befragten beabsichtigten, innerhalb der nächsten zwölf Monate fortzuziehen. Fast alle dieser Personen sind entweder in Berlin geboren oder leben hier schon länger als fünf Jahre, sind also stärker in der Stadt verwurzelt. Bei ihnen halten sich berufliche und private Gründe für den geplanten Fortzug etwa die Waage. Der Entschluß zum Fortzug ist offenbar bei vielen erst nach Abschluß der Berufsausbildung gereift. Der geplante Ortswechsel soll dabei in drei von vier Fällen aus einer bestehenden Erwerbstätigkeit heraus erfolgen. Dabei fällt auf, daß viele von ihnen Berufen angehören, bei denen häufig Berufswechsel stattfindet und bei denen die Befragten ihre berufliche Zukunft vielfach verhalten einschätzten.

5   Fazit

Die vorliegende Untersuchung wurde auf dem Höhepunkt der Nachfrage nach Ausbildungsstellen durchgeführt; sie bezieht sich mithin auf eine besondere Situation. Wirtschaft und Verwaltung haben als Reaktion auf die gestiegene Nachfrage das Angebot an Ausbildungsplätzen in erheblichem Umfang gesteigert. Dabei haben viele Betriebe über den eigenen Bedarf hinaus ausgebildet, mit der Folge, daß die Weiterbeschäftigung der Ausgebildeten im Ausbildungsbetrieb nicht immer gesichert war. Die Eingliederung der Absolventen vollzieht sich auch deshalb nicht durchweg reibungslos. Ein erheblicher Teil der Absolventen beginnt das Berufsleben mit kurzfristigen Aushilfsjobs oder vorübergehender Arbeitslosigkeit. Gleichwohl: Auch wenn der Berufsstart vielen zunächst Schwierigkeiten bereitete, haben die meisten Absolventen ein Jahr nach der Abschlußprüfung einen Arbeitsplatz gefunden. Gemessen an der quantitativen Versorgung der Absolventen mit Arbeitsplätzen kann die berufliche Eingliederung daher als erfolgreich bezeichnet werden.

Unter dem kleinen Teil der Ausbildungsabsolventen, dem trotz erfolgreicher Ausbildung die stabile Eingliederung in das Beschäftigungssystem im ersten Jahr nach der Prüfung nicht gelingt, sind relativ viele, die bereits Schwierigkeiten hatten, einen Ausbildungsplatz zu finden, die außerbetrieblich ausgebildet oder mit Förderung des Arbeitsamts umgeschult wurden. Die Maßnahmen zur beruflichen Qualifizierung und Eingliederung führen also nur teilweise zum Erfolg. Dennoch sind arbeitsmarktpolitische Bemühungen für diese Gruppe zweifellos auch künftig erforderlich und - in Verbindung mit sozialpädagogischen Hilfestellungen - weiter zu intensivieren.

Nimmt man als weiteres Erfolgskriterium der beruflichen Eingliederung die Verwertung der gerade erworbenen Kenntnisse und Fähigkeiten, so trübt sich das Bild: Diejenigen, die im Ausbildungsbetrieb keine Dauerstelle erhalten haben, müssen häufig auch den Beruf wechseln; bei jedem zweiten Berufswechsler führt dies nach deren eigener Einschätzung zu einer Entwertung der Ausbildung. Weil sich wegen der demographischen Entwicklung das Problem der quantitativen Versorgung mit Ausbildungsstellen entspannt, sollte daher künftig die Qualität des Ausbildungsplatzangebotes im Mittelpunkt des Interesses stehen. Dies ist umso notwendiger, als die Bewältigung des wirtschaftlichen Strukturwandels in Berlin - vor allem hin zu hochwertigen Dienstleistungen - entscheidend von einer ausreichenden Zahl entsprechend qualifizierter Arbeitskräfte abhängt. Insbesondere ist verstärkt in Berufen auszubilden, die gute Perspektiven bieten. Die Bereitstellung entsprechender Ausbildungsplätze ist in erster Linie Aufgabe der Wirtschaft. Dabei ist die verstärkte Vermittlung von Schlüsselqualifikationen anzustreben. Sie ermöglichen eine bessere Verwertung der Ausbildung auch beim Berufswechsel.

Die beruflichen Anforderungen sind einem ständigen Wandel unterworfen. Durch die Aktualisierung beruflicher Kenntnisse und den Erwerb von Zusatzqualifikationen können die individuellen Chancen auf dem Arbeitsmarkt erhöht werden. Die Ausbildungsabsolventen sind in hohem Maße zur Weiterqualifizierung bereit, und zwar überwiegend unabhängig vom Angebot eines geeigneten Arbeitsplatzes. Dabei wird Weiterbildung häufiger von denjenigen wahrgenommen, die schon ein relativ hohes Bildungsniveau haben. Inwieweit die angebotenen Bildungsmaßnahmen stärker auf diesen Personenkreis zugeschnitten sind als auf Befragte mit weniger Vorbildung, kann hier nicht beurteilt werden. Es scheint jedoch notwendig, die Voraussetzungen für Weiterbildung für diejenigen zu schaffen, die einen Bildungsrückstand haben, und zugleich deren Motivation zu stärken.

Bemerkenswert ist schließlich, daß die Bereitschaft zum Fortzug aus Berlin gering ist, obwohl die beruflichen Erwartungen nicht immer erfüllt werden können. Unmittelbar nach Ausbildungsende sind nur wenige weggezogen. Auch ein Jahr nach der Abschlußprüfung erwägen lediglich 2 vH der Absolventen, Berlin aus beruflichen Gründen zu verlassen; und dies sind überwiegend solche, die einen Arbeitsplatz haben. Diese Größenordnung macht deutlich, daß es weitgehend gelungen ist, die gerade Ausgebildeten in Berlin zu halten.

Fußnoten

1) K.-P. Gaulke und D. Filip unter Mitarbeit von H. M. Duseberg: Lehre und Berufsausübung. Eine Längsschnittuntersuchung für Berlin (West). Beiträge zur Strukturforschung, Heft 89, Berlin 1986.

2) F. Behringer und K.-P. Gaulke: Berufsstart in Berlin. An der Schwelle zum Beruf. Erfahrungen und Erwartungen von Prüfungsteilnehmern zur betrieblichen Berufsausbildung in Berlin (West). Beiträge zur Strukturforschung, Heft 93, Berlin 1987.

3) Wiederholer der Sommerprüfung 1984 im Winter 1984/85 wurden nur einmal befragt.

4) F. Behringer und K.-P. Gaulke, a.a.O., S. 15 f.

5) Bundesminister der Justiz (Hrsg.): Bekanntmachung des Verzeichnisses der anerkannten Ausbildungsberufe und des Verzeichnisses der zuständigen Stellen vom 07.08.1984. Beilage Nr. 53/84 zum Bundesanzeiger, Jahrgang 36, Nr. 208a.

6) Eine Übersicht über die für diese Untersuchung relevanten Berufsklassen befindet sich im Anhang 1.

7) Statistisches Bundesamt (Hrsg.): Klassifizierung der Berufe. Systematisches und alphabetisches Verzeichnis der Berufsbenennungen, Ausgabe 1975, Stuttgart und Mainz 1975.

8) Nach § 40, Abs. 2 und 3 Berufsbildungsgesetz sind Zulassungen zur Externenprüfung dann möglich, wenn entweder eine praktische Berufserfahrung - von in der Regel zweifacher Dauer der üblichen Ausbildungszeit - oder eine einschlägige schulische oder sonstige Ausbildung vorliegt, etwa die in einer Berufsfachschule.

9) Vgl. Statistisches Bundesamt (Hrsg.): Fachserie 11, Reihe 3, Berufliche Bildung, laufende Jahrgänge.

10) Diese Angabe bezieht sich auf Ausbildungen ohne gleichzeitige Erwerbstätigkeit. Auf Ausbildung - auch bei gleichzeitiger Erwerbstätigkeit - wird in Abschnitt 3.3 eingegangen.

11) Als arbeitslos werden Befragungteilnehmer dann bezeichnet, wenn sie nicht erwerbstätig sind, dem Arbeitsmarkt zur Verfügung stehen und auf der Suche nach einer Beschäftigung sind oder diese Suche bereits abgeschlossen haben, weil sie einen Arbeitsplatz in Aussicht haben. Vgl. dazu im einzelnen Abschnitt 3.4.

12) Der Zeitraum ist bei den Befragungsteilnehmern kürzer, die ihre Abschlußprüfung wiederholen mußten oder eine Stufenausbildung mit nur einjähriger Aufbaustufe bereits erfolgreich abgeschlossen haben.

13) Beschäftigte Befragte sind mit voller oder reduzierter Wochenstundenzahl regelmäßig oder unregelmäßig beziehungsweise kurzfristig Erwerbstätige. Personen in betrieblicher Berufsausbildung oder in betrieblicher Umschulung werden nicht dazu gezählt.

14) 93 vH der beschäftigten Befragungsteilnehmer sind in regulären Ausbildungsbetrieben ausgebildet worden, 7 vH hatten eine außerbetriebliche Ausbildung (beispielsweise in den Ausbildungsstätten des Berufsamtes Berlin) durchlaufen oder haben sich als Externe (d. h. ohne unmittelbar vorausgehende formale Ausbildung im dualen System) zur Prüfung gemeldet.

15) Eigene Berechnungen nach Statistisches Bundesamt (Hrsg.): Fachserie 11, Reihe 3, Berufliche Bildung, laufende Jahrgänge.

16) Eigene Berechnungen nach Landesarbeitsamt Berlin (Hrsg.): Entwicklung und Situation der beruflichen Ausbildung in Berlin (West), Stand 31.12.1986.

17) Die Zahl der Auszubildenden im Betrieb wurde in beiden Befragungen nicht als Einzelangabe, sondern für zusammengefaßte Werte erhoben. Die angegebene Zahl der Befragungsteilnehmer, in deren Betrieb eine Verringerung des Ausbildungsvolumens zu beobachten ist, umfaßt nur Fälle, in denen dadurch eine Veränderung der Größenklasse erfolgte und stellt daher den Minimalwert solcher Veränderungen dar. Analoges gilt für Fälle, in denen der Ausbildungsbetrieb das Ausbildungsplatzangebot erweitert hat.

18) Wie die Zahl der Auszubildenden wurde auch die Zahl der im Betrieb Beschäftigen in Größenklassen erhoben. Eine Veränderung der Zahl der Mitarbeiter wird daher nur dann offensichtlich, wenn dadurch eine Veränderung der Größenklasse erfolgt - stellt also wieder eine Minimalschätzung dar.

19) Vgl. dazu Autorengemeinschaft: Zur Arbeitsmarktentwicklung 1986/87: Entwicklungstendenzen und Strukturen. In: Mitteilungen aus der Arbeitsmarkt- und Berufsforschung, Heft 3/1986, S. 351 ff. Eine Analyse der Beschäftigungswirkungen der tarifvertraglichen Arbeitszeitverkürzungen in der Metallindustrie ergab, daß in einer konjunkturell günstigen Phase die Arbeitszeitverkürzung zu Überstunden geführt hat, deren Volumen immerhin ein Drittel der Arbeitszeitverkürzung ausmacht. Vgl. Beschäftigungswirkungen der Arbeitszeitverkürzung von 1985 in der Metallindustrie, Bearbeiter: F. Stille und R. Zwiener. In: Wochenbericht des DIW, Nr. 20/87.

20) Vgl. C. Brinkmann, H. Kohler und L. Reyher: Teilzeitarbeit und Arbeitsvolumen. In: Mitteilungen aus der Arbeitsmarkt- und Berufsforschung, Heft 3/1986, S. 362 ff; M. Landenberger: Arbeitszeitwünsche. Vergleichende Analysen vorliegender Befragungsergebnisse. IIM/LMP 83-17, WZB, Berlin 1983; C. F. Büchtemann und J. Schupp: Zur Sozio-Ökonomie der Teilzeitbeschäftigung in der Bundesrepublik Deutschland. Analysen aus der ersten Welle des "Sozio-ökonomischen Panel". IIM/LMP 86-15, WZB, Berlin 1986.

21) Eine Abgrenzung der Teilzeitbeschäftigung durch eine wöchentliche Arbeitszeit von weniger als 35 Stunden, die teilweise verwendet wird, würde also die hier vorgestellten Ergebnisse nur unwesentlich ändern.

22) Vgl. F. Behringer und K.-P. Gaulke, a.a.O., S. 152 ff.

23) Vgl. F. Behringer und K.-P. Gaulke, a.a.O., S. 98 ff.

24) Vgl. F. Behringer und K.-P. Gaulke, a.a.O., S. 28 ff.

25) Definiert durch einen Anteil von mindestens 80 vH eines Geschlechts an den Auszubildenden des jeweiligen Berufs; Berechnungsgrundlage waren die Verhältnisse 1977 im gesamten Bundesgebiet. Vgl. dazu Bundesministerium für Bildung und Wissenschaft (Hrsg.): Berufsbildungsbericht 1981, Bonn 1981, S. 60.

26) Unter den Befragungsteilnehmern der zweiten Welle gibt es zwar - ungewichtet - nur 11 Fernmeldeinstallateure beziehungsweise -elektroniker, die nach einer Ausbildung in einem regulären Ausbildungsbetrieb von der Industrie- und Handelskammer geprüft wurden - diese wurden jedoch alle vom Ausbildungsbetrieb übernommen.

27) Frauen aus großen Ausbildungsbetrieben, bei denen zum Zeitpunkt der ersten Befragung die Übernahme noch offen war, haben häufiger als ihre männlichen Kollegen nach der Prüfung doch noch ein Weiterbeschäftigungsangebot erhalten.

28) Vgl. F. Behringer und K.-P. Gaulke, a.a.O., S. 46 ff.

29) Sie zeigten sich damals in einem hohen Anteil fehlender Angaben; vgl. F. Behringer und K.-P. Gaulke, a.a.O., S. 119 f.

30) Vgl. F. Behringer und K.-P. Gaulke, a.a.O., S. 121 ff.

31) Es handelt sich dabei um einen "restriktiven" Indikator, denn die Aussage "suche lieber eine andere Stelle" ist - dies wurde im Bericht über die erste Befragung bereits diskutiert - auch bereits Reaktion auf schlechte Chancen der Übernahme im Ausbildungsbetrieb. Vgl. F. Behringer und K.-P. Gaulke, a.a.O., S. 121 ff. Der Indikator erfaßt daher nur einen Teil der erzwungenen Mobilität. Er ist darüber hinaus - wegen der unterschiedlichen Zeitpunkte, zu denen die Informationen erhoben wurden - mit einer gewissen Unschärfe behaftet: Die zum Zeitpunkt der Prüfung geäußerte Absicht hinsichtlich des weiteren Verbleibs im Betrieb kann sich bis zum Zeitpunkt eines konkreten Übernahmeangebots beziehungsweise einer Ablehnung seitens des Betriebes noch ändern. Gravierende Effekte werden von dieser Unschärfe nicht erwartet. Der Indikator erfaßt darüber hinaus auch nur Befragungsteilnehmer, die in regulären Ausbildungsbetrieben ausgebildet worden sind; Befragungsteilnehmer mit außerbetrieblicher Berufsausbildung sind ebenfalls zur Mobilität gezwungen, aber hier nicht mit erfaßt. Darauf wird im folgenden eingegangen.

32) Vgl. F. Behringer und K.-P. Gaulke, a.a.O., S. 44 ff.

33) Der Arzthelferberuf wurde Ende 1985 neu geordnet, die Ausbildungsdauer beträgt nun - wie für die Zahnarzthelfer - drei Jahre. Für den zweijährigen Ausbildungsberuf "Verkäufer" sollen nach grundsätzlicher Überein-

kunft der Sozialpartner ab 1989 keine Ausbildungsverträge mehr abgeschlossen werden; ob der zweijährige Beruf nach der mittlerweile erfolgten Neuordnung des Berufs "Kaufmann/Kauffrau im Einzelhandel" völlig wegfällt oder neu geordnet wird, soll noch geprüft werden.

34) Als Betriebswechsler werden damit auch Personen bezeichnet, die den Ausbildungsbetrieb verlassen haben, aber keine Tätigkeit in einem anderen Betrieb aufgenommen haben (z.B. Arbeitslose).

35) Berufswechsel wird hier definiert als "objektiver" Berufswechsel durch Vergleich der Berufskennziffer des ausgeübten Berufs und des Ausbildungsberufs; Unterschiede in Zweistellern wurden als Berufswechsel bezeichnet. Dieser Berufswechsel entspricht nicht immer der Selbsteinschätzung der Befragten. Vgl. dazu Abschnitt 3.2.4.1.

36) Vgl. F. Behringer und K.-P. Gaulke, a.a.O., S. 77 ff.

37) Vgl. D. Blaschke: Erfolgswege zum neuen Arbeitsplatz. Wie Beschäftigte, die den Arbeitgeber wechselten, ihre neue Stelle fanden. In: Mitteilungen aus der Arbeitsmarkt- und Berufsforschung, Heft 2/1987, S. 164 ff.

38) Vgl. S. Sardei-Biermann: Zur Bedeutung der Familie im Übergang Jugendlicher von der Schule in den Beruf (Expertise für den 7. Jugendbericht).

39) Vgl. H. Hofbauer und P. König: Berufswunsch bei männlichen Erwerbspersonen in der Bundesrepublik Deutschland. In: Mitteilungen aus der Arbeits- und Berufsforschung, Heft 1/1973, S. 38.

40) Vgl. ebenda. Versuche, bei Ausbildungsberufen durch Vergleich von Ausbildungsmerkmalen Berufsverwandtschaften zu definieren, sind sehr kritisch beurteilt worden. Vgl. dazu M. Schmiel: Deckungsanalysen der Ausbildungsordnungen von Ausbildungsberufen. In: Mitteilungen aus der Arbeitsmarkt- und Berufsforschung, Heft 3/1971, S. 253 - 331. H. Fenger: Bemerkungen zum Forschungsbericht: "Deckungsanalysen der Ausbildungsordnungen von Ausbildungsberufen" von Martin Schmiel. In: Mitteilungen aus der Arbeitsmarkt- und Berufsforschung, Heft 3/1971, S. 332 - 335.

41) Als Beispiel einer Überdeckungsanalyse vgl. W. Dostal: Ähnlichkeitsbetrachtungen von Berufen, dargestellt am Beispiel von DV-Berufen. In: Beiträge zur Arbeitsmarkt- und Berufsforschung, Band 30 (2): Berufliche Flexibilitätsforschung in der Diskussion, Materialband 2, Nürnberg 1978.

42) Vgl. Statistisches Bundesamt (Hrsg.): Klassifizierung der Berufe, a.a.O.; Bundesanstalt für Arbeit (Hrsg.): Klassifizierung der Berufe, Nürnberg 1981.

43) K.-P. Gaulke und D. Filip, a.a.O.

44) Vgl. dazu auch H. Hofbauer und P. König, a.a.O., S. 38 f.

45) Vgl. ebenda. Zur Mehrdimensionalität der Berufe vgl. auch K.-P. Gaulke: Berufswunsch und Berufswahl. Analyse einiger Determinanten und Interdependenzen. Beiträge zur Strukturforschung, Heft 40, Berlin 1976, S. 47 f sowie die dort angegebene Literatur.

46) Das Institut für Arbeitsmarkt- und Berufsforschung (IAB) hat auf der Grundlage der Beschäftigtenstatistik für Absolventen 1984 in Berlin bis zum 31.12.1984 einen Wechsel der Berufsgruppen von 24 vH festgestellt (vgl. H. Hofbauer und E. Nagel: Regionalisierte Daten über Mobilität nach Abschluß der betrieblichen Berufsausbildung. In: IAB-Kurzbericht (intern) vom 15.06.1987). Die Unterschiede zu den im DIW gefundenen Ergebnissen resultieren nicht nur aus der unterschiedlichen Definition der Befragtengruppe (zum einen Jahr 1984, zum anderen Jahrgang 1984/85), sondern auch aus der Bezugsgröße: Nur auf erwerbstätige Befragte mit erfolgreicher Abschlußprüfung bezogen, die zugleich auch konkrete Angaben zur ausgeübten Tätigkeit gemacht haben, beträgt die Wechselquote aus den DIW-Erhebungsdaten 20 vH (vgl. Übersicht 57), für alle erwerbstätigen Befragten - ob mit bestandener Abschlußprüfung oder nicht, aber unter Ausschluß der Fälle ohne Angaben zur ausgeübten Tätigkeit - 22 vH.

47) Fälle ohne (konkrete) Angaben zur ausgeübten Tätigkeit sind in allen Darstellungen und Berechnungen zum Berufsgruppen-Wechsel ("objektiver" Berufswechsel) unberücksichtigt gelassen worden.

48) Eine multivariate Analyse, die dies hätte belegen können, scheitert an der geringen Felderbesetzung bei kombinierter Mehrmalsbetrachtung.

49) Auch bei der früheren DIW-Untersuchung des Berufswechsels auf der Grundlage der Beschäftigtenstatistik gab es nach dem Geschlecht kaum Unterschiede. Vgl. K.-P. Gaulke und D. Filip, a.a.O., S. 55, Übersicht 14 b.

50) Zur Definition dieser Kategorien vgl. Anhang 4.

51) Zu den Problemen von insbesondere Frauen in Männerberufen vgl. auch H. Kraft: Mädchen in Männerberufen. In: Materialien aus der Arbeitsmarkt- und Berufsforschung, Heft 3/1985. In einer weiteren Untersuchung auf Bundesebene auf der Grundlage der Beschäftigtenstatistik wurde auf Schwierigkeiten beim Übergang von der Ausbildung in den Beruf von Absolventinnen in Männerberufen hingewiesen, allerdings nicht als so groß beurteilt, als daß vor einer solchen Ausbildung gewarnt werden müsse. Vgl. H. Hofbauer und E. Nagel: Mobilität nach Abschluß der betrieblichen Berufsausbildung. In: Mitteilungen aus der Arbeitsmarkt- und Berufsforschung, Heft 1/1987, S. 71 f.

52) Vgl. K.-P. Gaulke und D. Filip, a.a.O, S. 56.

53) Vgl. F. Behringer und K.-P. Gaulke, a.a.O., S. 36 und 37, Übersichten 11 und 12.

54) Vgl. dazu auch F. Behringer und K.-P. Gaulke, a.a.O., S. 32.

55) H. Hofbauer und E. Nagel, Regionalisierte Daten ..., a.a.O., haben einen Anteil von 20 vH Hilfs- beziehungsweise angelernten Arbeitern knapp ein Jahr nach der Abschlußprüfung 1984 ermittelt. Bei der IAB-Analyse handelt es sich um Einstufungen seitens der Betriebe, hier um Selbsteinstufungen durch die Befragten.

56) Diese Frage wurde in der ersten Befragungswelle, also zum Zeitpunkt der Prüfung, erhoben.

57) Anhand der Auswertung der Beschäftigtenstatistik wurde für den Zeitraum 1979 bis 1982 ein Berufsgruppenwechsel von 35 vH ermittelt. Vgl. K.-P. Gaulke und D. Filip, a.a.O., S. 56 ff, insbesondere S. 63.

58) Vgl. F. Behringer und K.-P. Gaulke, a.a.O. Übersicht 11, S. 36.

59) Zur inhaltlichen Bestimmung dieser Kategorie - wie bei anderen Berufsgruppen - vgl. die Differenzierung nach Berufsklassen im Anhang 1.

60) Ausbildung wird im Abschnitt 3.3 - wenn nicht näher spezifiziert - in einem umfassenen Sinn verstanden, der auch berufliche und allgemeine Weiterbildung sowie Lehrgänge umfaßt.

61) Obwohl im Fragebogen als Beispiele hierfür Meister-/Technikerschule angegeben waren, muß wohl dieser Begriff eher umfassender - also einschließlich Berufsfachschule - interpretiert werden.

62) Ohne betriebliche Berufsausbildungen nach dem Berufsbildungsgesetz.

63) Bei dieser Befragtengruppe wurde nur nach den Kategorien "weitere Ausbildung" einerseits und "Lehrgang/Kursus zur beruflichen Weiterbildung" differenziert (Frage 8). Die Antworten der Befragten auf Fragen nach der vorherigen Planung hierzu wurden deshalb in diese beiden Kategorien gegliedert.

64) Vgl. F. Behringer und K.-P. Gaulke, a.a.O., S. 98 f, insbesondere Übersicht 50.

65) Vgl. F. Behringer und K.-P. Gaulke, a.a.O., S. 27, Übersicht 5.

66) Auszubildende, die den drei vorgenannten Gruppen wegen fehlender Angaben zum weiteren Ausbildungsberuf nicht zugeordnet werden können.

67) Diese Fälle stellen eine Ausnahme von der normalerweise vorgesehenen Stufenausbildung Fernmeldeinstallateur/Fernmeldeelektroniker dar.

68) Vgl. F. Behringer und K.-P. Gaulke, a.a.O., S. 27.

69) Die berufliche Situation von Arzthelferinnen wurde im Bundesinstitut für Berufsbildung eingehend untersucht. Vgl. H. Bau: Arzthelferinnen zwischen Ausbildung und Beruf - Ergebnisse einer Befragung von Arzthelferinnen beim Übergang von der Berufsausbildung in die Erwerbstätigkeit. In: Berufsbildung in Wissenschaft und Praxis, Heft 6/1984, S. 197 ff. Eine weitere Veröffentlichung des Bundesinstituts zu diesem Komplex (Verfasser R. Jansen) steht unmittelbar bevor.

70) Es wurde davon ausgegangen, daß alle Studierenden mit nachgeholter Fachhochschulreife gleichzeitig auch alle Befragten sind, die diesen weiteren allgemeinbildenden Schulabschluß erreicht haben.

71) Vgl. F. Behringer und K.-P. Gaulke, a.a.O., S. 142 ff.

72) In statistischen Veröffentlichungen wird häufig eine zusätzliche Differenzierung zwischen Erwerbslosigkeit und Arbeitslosigkeit eingeführt; danach gelten als arbeitslos nur Personen, die sich - zusätzlich zu den genannten Kriterien - auch beim Arbeitsamt arbeitslos gemeldet haben, während die

Definition von Erwerbslosigkeit der hier gewählten Definition entspricht. Auf diese Differenzierung soll hier (im Hinblick auf die geringen Fallzahlen) verzichtet werden.

73) Vgl. U. Cramer, W. Karr, H. Rudolph: Über den richtigen Umgang mit der Arbeitslosenstatistik. In: Mitteilungen aus der Arbeitsmarkt- und Berufsforschung, Heft 3/1986, S. 409 - 421.

74) Vgl. F. Behringer und K.-P. Gaulke, a.a.O., S. 166 ff.

75) Vgl. F. Behringer und K.-P. Gaulke, a.a.O., S. 166.

76) Vgl. K.-P. Gaulke und D. Filip, a.a.O., S. 22 ff.

77) F. Behringer und K.-P. Gaulke: An der Schwelle zum Beruf. Erfahrungen und Erwartungen von Prüfungsteilnehmern zur betrieblichen Berufsausbildung in Berlin (West). Beiträge zur Strukturforschung, Heft 93/1987.

Verzeichnis der zitierten Literatur

Autorengemeinschaft: Zur Arbeitsmarktentwicklung 1986/87: Entwicklungstendenzen und Strukturen. In: Mitteilungen aus der Arbeitsmarkt- und Berufsforschung, Heft 3/1986, S. 351 - 384.

Bau, Henning: Arzthelferinnen zwischen Ausbildung und Beruf - Ergebnisse einer Befragung von Arzthelferinnen beim Übergang von der Berufsausbildung in die Erwerbstätigkeit. In: Berufsbildung in Wissenschaft und Praxis, Heft 6/1984, S. 197 - 203.

Behringer, Friederike und Klaus-Peter Gaulke: An der Schwelle zum Beruf. Erfahrungen und Erwartungen von Prüfungsteilnehmern zur betrieblichen Berufsausbildung in Berlin (West).
Beiträge zur Strukturforschung, Heft 93, Berlin 1987.

Blaschke, Dieter: Erfolgswege zum neuen Arbeitsplatz. Wie Beschäftigte, die den Arbeitgeber wechselten, ihre neue Stelle fanden. In: Mitteilungen aus der Arbeitsmarkt- und Berufsforschung, Heft 2/1987, S. 164 - 180.

Brinkmann, Christian, Hans Kohler und Lutz Reyher: Teilzeitarbeit und Arbeitsvolumen. In: Mitteilungen aus der Arbeitsmarkt- und Berufsforschung, Heft 3/1986, S. 362 - 364.

Büchtemann, Christoph F. und Jürgen Schupp: Zur Sozio-Ökonomie der Teilzeitbeschäftigung in der Bundesrepublik Deutschland. Analysen aus der ersten Welle des "Sozio-ökonomischen Panel". IIM/LMP 86-15 Wissenschaftszentrum Berlin (WZB), Berlin 1986.

Bundesanstalt für Arbeit (Hrsg.): Klassifizierung der Berufe, Nürnberg 1981.

Bundesminister für Justiz (Hrsg.): Bekanntmachung des Verzeichnisses der anerkannten Ausbildungsberufe und des Verzeichnisses der zuständigen Stellen vom 07.08.1984. Beilage Nr. 58/84 zum Bundesanzeiger. Jahrgang 36, Nr. 208a.

Bundesministerium für Bildung und Wissenschaft (Hrsg.): Berufsbildungsbericht 1981, Bonn 1981.

Cramer, Ulrich, Werner Karr und Helmut Rudolph: Über den richtigen Umgang mit der Arbeitslosenstatistik. In: Mitteilungen aus der Arbeitsmarkt- und Berufsforschung, Heft 3/1986, S. 409 - 421.

Dostal, Werner: Ähnlichkeitsbetrachtungen von Berufen, dargestellt am Beispiel von DV-Berufen. In: Beiträge zur Arbeitsmarkt- und Berufsforschung, Band 30 (2): Berufliche Flexibilitätsforschung in der Diskussion, Materialband 2, Nürnberg 1978.

Fenger, Herbert: Bemerkungen zum Forschungsbericht: "Deckungsanalysen der Ausbildungsordnungen von Ausbildungsberufen" von Martin Schmiel. In: Mitteilungen aus der Arbeitsmarkt- und Berufsforschung, Heft 3/1971, S. 332 - 335.

Gaulke, Klaus-Peter: Berufswunsch und Berufswahl. Analyse einiger Determinanten und Interdependenzen. Beiträge zur Strukturforschung, Heft 40, Berlin 1976.

Gaulke, Klaus-Peter und Detlef Filip unter Mitarbeit von Hans M. Duseberg: Lehre und Berufsausübung. Eine Längsschnittuntersuchung für Berlin (West). Beiträge zur Strukturforschung, Heft 89, Berlin 1986.

Hofbauer, Hans und Paul König: Berufswechsel bei männlichen Erwerbspersonen in der Bundesrepublik Deutschland. In: Mitteilungen aus der Arbeitsmarkt- und Berufsforschung, Heft 1/1973, S. 37 - 66.

Hofbauer, Hans und Elisabeth Nagel: Mobilität nach Abschluß der betrieblichen Berufsausbildung. In: Mitteilungen aus der Arbeitsmarkt- und Berufsforschung, Heft 1/1987, S. 45 - 73.

Hofbauer, Hans und Elisabeth Nagel: Regionalisierte Daten über Mobilität nach Abschluß der betrieblichen Berufsausbildung. In: IAB-Kurzbericht (intern) vom 15.06.1987.

Kraft, Hermine: Mädchen in Männerberufen. In: Materialien aus der Arbeitsmarkt- und Berufsforschung, Heft 3/1985.

Landenberger, Margarete: Arbeitszeitwünsche. Vergleichende Analysen vorliegender Befragungsergebnisse. IIM/LMP 83-17, Wissenschaftszentrum Berlin (WZB), Berlin 1983.

Landesarbeitsamt Berlin (Hrsg.): Entwicklung und Situation der beruflichen Ausbildung in Berlin (West), Stand 31.12.1986.

Sardei-Biermann, Sabine: Zur Bedeutung der Familie im Übergang Jugendlicher von der Schule in den Beruf. Expertise für den 7. Jugendbericht.

Schmiel, Martin: Deckungsanalysen der Ausbildungsordnungen von Ausbildungsberufen. In: Mitteilungen aus der Arbeitsmarkt- und Berufsforschung, Heft 3/1971, S. 253 - 331.

Statistisches Bundesamt (Hrsg.): Fachserie 11, Reihe 3, Berufliche Bildung, laufende Jahrgänge.

Statistisches Bundesamt (Hrsg.): Klassifizierung der Berufe. Systematisches und alphabetisches Verzeichnis der Berufsbenennungen, Ausgabe 1975, Stuttgart und Mainz 1975.

Stille, Frank und Rudolf Zwiener: Beschäftigungswirkungen der Arbeitszeitverkürzung von 1985 in der Metallindustrie. In: Wochenbericht des DIW, Nr. 20/87.

Anhang

Anhang 1

Berufsgruppen (zweistellig) und Berufsklassen (vierstellig),

die in Ausbildungsberufen in der zweiten Befragungswelle Teilnehmer verzeichneten

oder die mit sonstigen ausgeübten Tätigkeiten (*) besetzt waren

*01 Landwirte

   *0110 Landwirte, allgemein

*02 Tierzüchter, Fischereiberufe

   *0220 Fischer

*04 Landwirtschaftliche Arbeitskräfte, Tierpfleger

   *0411 Landarbeitsaufseher
   *0413 Landarbeiter

05 Gartenbauer

   0510 Gärtner
   *0511 Landschaftsgärtner
   *0513 Zierpflanzengärtner
   0517 Gartenarbeiter
   0531 Floristen

14 Chemiearbeiter

   1410 Chemiefacharbeiter
   *1417 Chemiehilfsarbeiter
   *1427 Chemielaborwerkerhelfer
   1441 Vulkaniseure

15 Kunststoffverarbeiter

   1510 Kunststoff-Formgeber

16 Papierhersteller, -verarbeiter

   1621 Verpackungsmittelmechaniker
   1631 Buchbinder
   *1637 Buchbinderhelfer

17 Drucker

   1711 Schriftsetzer
   *1712 Maschinensetzer

*18 Holzaufbereiter, Holzwarenfertiger und verwandte Berufe

   *1818 Holzmaschinenbediener

*19 Metallerzeuger, Walzer

   *1931 Drahtzieher

21 Metallverformer (spanlos)

   *2117 Blechpresser-, Zieher-, Stanzerhelfer
   2125 Kabeljungwerker
   *2128 Drahtverarbeitungsmaschinenbediener
   *2129 andere Drahtverformer, -verarbeiter

22 Metallverformer (spanend)

   2221 Fräser
   *2252 Rundschleifer
   *2256 Metallschleifmaschineneinrichter
   2259 Schleifer

23 Metalloberflächenbearbeiter, -vergüter, -beschichter

   2341 Galvaniseure und Metallschleifer
   *2347 Galvaniseur-, Metallfärberhelfer

24 Metallverbinder

   *2410 Universalschweißer
   2412 Schmelzschweißer
   *2420 Löter, allgemein

25 Schmiede

   2521 Kessel-, Behälterbauer
   *2529 andere Behälterbauer, Kupferschmiede und verwandte Berufe

26 Feinblechner, Installateure

   2610 Feinblechner, Klempner
   *2611 Bauklempner
   2620 Rohrinstallateure
   2621 Gas- und Wasserinstallateure
   2622 Zentralheizungs- und Lüftungsbauer
   *2623 Kühlanlageninstallateure
   *2624 Installateure und Klempner
   2631 Rohrleitungsbauer
   2632 Hochdruckrohrschlosser
   *2637 Rohrnetzbauer-, Rohrschlosserhelfer

27 Schlosser

   2710 Bauschlosser, Schlosser
   *2713 Schloß- und Schlüsselmacher
   2721 Blechschlosser
   2723 Kunststoffschlosser

2730 Maschinenschlosser
2740 Betriebsschlosser
2751 Stahlbauschlosser
*2753 Kranbauschlosser

28 Mechaniker
2811 Kraftfahrzeuginstandsetzer
2840 Feinmechaniker
2849 Orthopädiemechaniker
2850 Mechaniker, allgemein
2852 Büromaschinenmechaniker
*2854 Zweiradmechaniker
2859 Teilezurichter, Gerätezusammensetzer

29 Werkzeugmacher
2910 Werkzeugmacher
*2911 Schnitt-, Stanz-, Ziehwerkzeugmacher
2912 Stahlformenbauer

30 Metallfeinbau und zugeordnete Berufe
3021 Goldschmiede
3031 Zahntechniker
3041 Augenoptiker

31 Elektriker
3110 Elektroinstallateure, -monteure
3114 Kraftfahrzeugelektriker
*3115 Betriebselektriker
3117 Elektrikerhelfer
*3119 andere Elektroinstallateure, -monteure
3120 Fernmeldemonteure, -handwerker
*3127 Fernmeldemonteurhelfer
3130 Elektromaschinenbauer
3132 Transformatorenbauer
3133 Elektromaschinenwickler
*3138 Elektrowickelmaschinenbediener
3140 Elektrogerätebauer
3141 Elektromechaniker
3142 Energie-, Feingeräteelektroniker
3143 Elektrofeingerätemechaniker
*3144 Elektrogeräteprüfer
3151 Radio- und Fernsehtechniker
3153 Funkelektroniker

*32 Montierer und Metallberufe anderweitig nicht genannt
*3217 Elektrogeräte-, Elektroteilemontierer
*3227 sonstige Montierer
*3237 Metallarbeiter ohne nähere Angabe

34 Textilhersteller
3441 Textilmaschinenführer - Maschinenindustrie
*3446 Wirk-, Strick-, Häkelmaschineneinrichter

35 Textilverarbeiter
3510 Bekleidungsschneider
3512 Damenschneider
3520 Bekleidungsnäher, -fertiger

37 Lederhersteller, Leder- und Fellverarbeiter
3720 Schuhmacher
3722 Orthopädieschuhmacher
3751 Feintäschner
*3783 Pelznäher

39 Back-, Konditorwarenhersteller
3911 Bäcker
3920 Konditoren

40 Fleisch-, Fischverarbeiter
4010 Fleischer
*4012 Blockgeselle

41 Speisenbereiter
4110 Köche
*4113 Vorspeisen-, Salatköche
*4117 Kochhelfer, Küchenhilfen

*42 Getränke-, Genußmittelhersteller
*4240 Tabakwarenmacher, allgemein
*4244 Zigaretten- und Tabakmaschinenführer
*4249 andere Tabakwarenmacher

44 Maurer, Betonbauer
4410 Maurer
*4413 Schornstein-, Feuerfestmaurer
*4414 Kanal-, Stellmaurer
4420 Beton-, Stahlbetonbauer
*4422 Eisenbieger-, -flechter, -verleger

45 Zimmerer, Dachdecker, Gerüstbauer
4511 Zimmerer
4520 Dachdecker

46 Straßen-, Tiefbauer
*4611 Straßenpflasterer, Steinsetzer
4620 Straßenbauer
*4627 Straßenbauerhelfer
4663 Kanalbauer

*47 Bauhilfsarbeiter

204

48 Bauausstatter

4811 Stukkateure
4821 Trockenbaumonteure
4830 Fliesen-, Platten-, Mosaikleger
4840 Kachelofen- und Luftheizungsbauer
4850 Glaser

49 Raumausstatter, Polsterer

4910 Raumausstatter
4913 Parkettleger

50 Tischler, Modellbauer

5010 Tischler
*5017 Tischlerhelfer
*5021 Modelltischler

51 Maler, Lackierer und verwandte Berufe

5110 Maler und Lackierer
5121 Lackierer (Holz, Metall)
*5125 Autolackierer

52 Warenprüfer, Versandfertigmacher

*5211 Warenprüfer
*5221 Warenaufmacher
5223 Handelsfachpacker

*53 Hilfsarbeiter ohne nähere Tätigkeitsangabe

*54 Maschinisten und zugehörige Berufe

*5410 Energiemaschinisten, allgemein
*5430 Maschinisten, allgemein
*5433 Klima-, Lüftungsanlagenmaschinisten
*5471 Kraftmaschinenwärter
*5479 andere Maschinenwärter
*5491 Automateneinrichter

62 Techniker

6241 Vermessungstechniker
*6264 Physikotechniker

63 Technische Sonderfachkräfte

6311 Biologielaborant
6330 Chemielaborant
*6331 Stoffprüfer (Chemie)
6333 Lacklaborant
6350 Technische Zeichner
*6351 Konstruktionszeichner
6352 Bauzeichner
6354 Kartographen
*6359 andere technische Zeichner

68 Warenkaufleute

6811 Groß- und Außenhandelskaufleute
6812 Einzelhandelskaufleute
*6813 Einkäufer
*6814 Verkaufsleiter
*6815 Filialleiter
*6819 andere Groß-, Einzelhandelskaufleute
6820 Verkäufer
6821 Gewerbegehilfen im Bäcker-, Konditor- und Fleischerhandwerk
*6824 Verkaufsaufsichten
*6825 Verkaufsfahrer
*6827 Verkaufshilfen
6831 Verlagskaufleute
6832 Buchhändler
6833 Musikalienhändler
6841 Drogisten
6851 Apothekenhelfer
6861 Tankwarte
*6871 Handelsvertreter

69 Bank-, Versicherungskaufleute

6910 Bankkaufleute
*6911 Devisensachbearbeiter
*6912 Kreditsachbearbeiter
6913 Geldanlagenberater
*6915 Sparkassenfachleute
*6919 andere Bankfachleute
6940 Versicherungskaufleute
*6943 Versicherungsleistungssachbearbeiter
*6944 Versicherungswerber

70 Andere Dienstleistungskaufleute und zugehörige Berufe

7011 Speditionskaufleute
*7014 Luftverkehrskaufleute
7022 Reiseverkehrskaufleute
*7023 Reiseleiter
*7029 andere Fremdenverkehrsfachleute
7030 Werbekaufleute
*7033 Texter
*7041 Immobilien-, Finanzmakler
*7042 Börsenmakler
*7045 Grundstücksverwalter
*7051 Vermieter
*7052 Vermittler
*7054 Wett-, Lotterieannahmer
*7055 Schausteller

*71 Berufe des Landverkehrs

*7123 Zugführer, -schaffner, -abfertiger
*7140 Kraftfahrzeugführer, allgemein
*7141 Personenkraftwagenführer

205

9122 Restaurantfachleute
*9123 Stewards
*9131 Speisen- und Getränkeausgeber
*9133 Hotel-, Gaststättengehilfen
*9139 andere Gästebetreuer

92 Hauswirtschaftliche Berufe

9211 Hauswirtschafter
*9231 Hauswirtschaftsgehilfen
*9233 Zimmermädchen
*9239 andere hauswirtschaftliche Betreuer

93 Reinigungsberufe

9321 Textilreiniger
*9331 Raumpfleger
*9341 Glasreiniger
9342 Gebäudereiniger
*9351 Straßenreiniger
*9361 Autowäscher, -pfleger
*9369 andere Fahrzeugreiniger, -pfleger

*98 Arbeitskräfte mit noch nicht bestimmtem Beruf

*9829 Praktikanten, Volontäre mit noch nicht feststehendem Beruf
im nichttechnischen Bereich

*99 Arbeitskräfte ohne nähere Tätigkeitsangabe

*9911 Arbeitskräfte ohne nähere Tätigkeitsangabe
*9998 nicht zuzuordnen
*9999 ohne Angabe

Anhang 2

Gliederung der Berufe nach ausgewählten Berufsgruppen und Berufsklassen

Berufsgruppen darunter: Berufsklassen	gewichtete Fälle der Ausbildungs- berufe
05 Gartenbauer	60
26 Feinblechner, Installateure	95
27 Schlosser	146
28 Mechaniker dar.: 2811 Kraftfahrzeuginstandsetzer	155 93
31 Elektriker dar.: 3110 Elektroinstallateure, -monteure 3120 Fernmeldemonteure, -handwerker	347 159 34
63 Technische Sonderfachkräfte	36
68 Warenkaufleute dar.: 6812 Einzelhandelskaufleute 6820 Verkäufer	542 189 209
69 Bank-, Versicherungskaufleute dar.: 6910 Bankkaufleute	146 120
70 Andere Dienstleistungskaufleute und zugehörige Berufe	37
75 Unternehmer, Organisatoren, Wirtschaftsprüfer dar.: 7535 Fachgehilfen in steuer- und wirt- schaftsberatenden Berufen	60 60

78 Bürofachkräfte, Bürohilfskräfte
dar.: 7810 Bürofachkräfte, allgemein
    7811 Verwaltungsfachkräfte öffentlicher
        Dienst
    7812 Industriekaufleute
	412
	184
	
	85
	78

85 Gesundheitsdienstberufe dar.: 8561 Arzthelfer 8562 Zahnarzthelfer	175 110 65
Übrige Berufsgruppen[1]	748
Insgesamt	2 959

[1] 01, 02, 04, 14, 15, 16, 17, 18, 19, 21, 22, 23, 24, 25, 29, 30, 32, 34, 35, 37, 39, 40, 41, 42, 44, 45, 46, 47, 48, 49, 50, 51, 52, 53, 54, 62, 71, 72, 73, 74, 77, 79, 80, 83, 86, 87, 90, 91, 92, 93, 98, 99.

Anhang 3

Gliederung der Berufe nach zusammengefaßten Berufsgruppen

	Zusammengefaßte Berufsgruppen	gewichtete Fälle der Ausbildungs- berufe
19 - 30	Metallberufe	469
31	Elektroberufe	347
33 - 37	Textil-, Bekleidungs- und Lederberufe	64
39 - 43	Ernährungsberufe	79
44 - 51	Bau- und Baunebenberufe einschließlich Tischler, Maler und Lackierer	296
62, 63	Techniker, Technische Sonderfachkräfte	41
68 - 70	Waren- und Dienstleistungs- kaufleute	726
75 - 78	Organisations-, Verwaltungs- und Büroberufe	480
85	Gesundheitsdienstberufe	175
90 - 93	Körperpfleger, Gästebetreuer, Hauswirtschafts- und Reinigungsberufe	181
	Sonstige Berufsgruppen[1]	101
Zusammen		2 959

1) 01, 02, 04, 05, 14, 15, 16, 17, 18, 32, 52, 53, 54, 71, 72, 73, 74, 79, 80, 83, 86, 87, 98, 99.

Anhang 4

Kennziffern der Berufsklassen von Ausbildungsberufen[1],
die zu Männer-, Frauen- oder Mischberufen gerechnet wurden

Männerberufe: Berufe, in denen der Anteil weiblicher Auszubildender im Jahre 1977 auf Bundesebene weniger als 20 vH betrug.

0510	1410	1441	1510	1621	1711
2125	2221	2259	2341	2412	2521
2610	2620	2621	2622	2631	2632
2710	2721	2723	2730	2740	2751
2811	2840	2849	2850	2852	2859
2910	2912	3110	3114	3120	3130
3133	3140	3142	3143	3151	3153
3441	3720	3722	3911	3920	4010
4110	4410	4420	4511	4520	4620
4663	4811	4821	4830	4840	4850
4910	4913	5010	5110	5121	5223
6241	6861	8042	8344	9122	9342

Frauenberufe: Berufe, in denen der Anteil männlicher Auszubildender im Jahre 1977 auf Bundesebene weniger als 20 vH betrug.

0531	3510	3512	3520	6821	6841
6851	7022	7810	7813	8561	8562
9011	9211				

---

1) Die Bennungen der Berufsklassen befinden sich im Anhang 1 (Angaben ohne Stern).

<u>Mischberufe:</u>   Berufe, in denen der Anteil beider Geschlechter im Jahre 1977 auf Bundesebene jeweils mindestens 20 vH, höchstens 80 vH betrug.

1631	3021	3031	3041	3751	6311
6330	6333	6350	6352	6354	6811
6812	6820	6831	6832	6833	6910
6940	7011	7030	7535	7743	7811
7812	7814	8362	8370	8382	8762
9113	9321				

Erklärung: Das Jahr 1977 wurde gewählt, weil damals das Problem "Mädchen in Männerberufen" erstmals ausführlich diskutiert wurde, also die "natürlich" gewachsenen Strukturen noch weitgehend durch berufsbildungspolitische Maßnahmen unbeeinflußt waren. Durch die Wahl der Bundesebene sollten Vergleiche Berlins mit dem Bundesgebiet ermöglicht werden.

Anhang 5

Gewichtung der Fragebogen-Rückläufe

Basis der Gewichtung waren die bei den zuständigen Stellen registrierten Fälle von Prüfungsteilnehmern zur betrieblichen Berufsausbildung des Jahrgangs 1984/85 in Berlin (West), insgesamt 15 040 Personen (Wiederholer der Sommerprüfung 1984 im Winter 1984/85 wurden nur einmal gezählt). Von diesen Prüflingen hatten in der ersten Befragungswelle 5 378 (36 vH) den Fragebogen ausgefüllt an das DIW zurückgesandt, davon 4 979 mit Angabe ihrer Adresse. Dieser Teil der Befragten war Grundlage für die zweite Befragungswelle, bei der 2 959 Rückläufe zu verzeichnen waren (59 vH in Bezug zu den versandten Fragebogen, 20 vH in Bezug zur ursprünglichen Basis der Prüfungsteilnehmer).

Im Prüfungsjahr 1984/85 gab es in Berlin 174 Berufsklassen, in denen Prüfungsteilnehmer zu verzeichnen waren. In der zweiten Welle gab es in 117 Berufsklassen Befragungsteilnehmer, aus 57 Berufsklassen sind also keinerlei Informationen eingegangen. In der Regel waren diese Berufe jedoch nur gering mit Prüfungsteilnehmern besetzt. Ausnahmen hiervon waren in der Reihenfolge der Besetzung (Fälle in Klammern angegeben) Dreher (117), Elektromechaniker (82), Berufskraftfahrer (69), Karosseriebauer (37), Isolierer, Klebeabdichter (29), Tierarzthelfer (30), Elektromaschinenbauer (28), Drucker (25). Gemessen an allen Prüfungsteilnehmern betraf dieser Totalausfall jedoch lediglich 698 Fälle von allen 15 040 Prüfungsteilnehmern oder knapp 5 vH.

Angaben zu Rücklaufquoten nach Beruf und Geschlecht finden sich in Tabelle A1. In dem dort gewählten Kategorienschema streuen die beruflichen Rücklaufquoten von 11 bis 43 vH in Bezug zu den ursprünglichen Prüfungsteilnehmern. Frauen haben mit 23 vH insgesamt häufiger geantwortet als Männer (17 vH).

Für die Gewichtung standen wiederum - wie schon in der ersten Welle - die Angaben der zuständigen Stellen in Berlin über die Prüfungsteilnehmer nach Berufsklassen und Geschlecht zur Verfügung. Darüber hinaus konnten Merkmale aus der ersten Befragungswelle zur Gewichtung mit herangezogen werden.

Es empfiehlt sich jedoch, die Gewichtungstiefe - also die Zahl der zu berück-
sichtigenden Gewichtungsmerkmale - zu begrenzen: Je differenzierter die
Merkmalskombinationen sind, umso häufiger treten in der Basis-Gesamtheit
Kombinationen auf, die keine Entsprechung (mehr) in der zu gewichteten
Gesamtheit haben (z. B. Berufsausfälle). Anders ausgedrückt: Die Basis-Daten-
Matrix wächst mit zunehmender Merkmalszahl (Dimension) schneller als die
Matrix der zu gewichtenden Erhebungsdaten. Da jedoch aus der Basis-Daten-
Matrix nur diejenigen Felder berücksichtigt werden können, die auch in der
Matrix der Erhebungsdaten besetzt sind (nur dann können Quotienten, d. h.
Gewichtungsfaktoren, berechnet werden), bleiben mit zunehmender Dimension
beider Matritzen immer mehr Informationen aus der Basis-Matrix ungenutzt.
Im Grenzfall sind sowohl die Basis-Daten-Matrix als auch die Matrix der zu
gewichtenden Daten nur noch mit jeweils _einem_ Fall besetzt, die Gewichtungsfaktoren sind dann eins, die "gewichtete" Struktur entspricht der ungewichteten.

Um derartige Effekte klein zu halten, wurde die Zahl der Gewichtungsmerkmale begrenzt. Die Antworten der zweiten Welle wurden deshalb zunächst
nach den Merkmalen Berufsklasse (vierstellig) und Geschlecht aus den Angaben
über die Prüfungsteilnehmer der zuständigen Stellen gewichtet. Dadurch
konnten die Strukturen von erster und zweiter Welle bereits weitgehend
einander angeglichen werden.

Aus der ersten Befragungswelle wurde das Merkmal "Übernahmezusage durch
den Ausbildungsbetrieb" zusätzlich in die Gewichtung einbezogen, damit der
wichtige Untersuchungskomplex "Übergänge in das Erwerbsleben" in seinem
Aussagegehalt präzisiert werden kann. Die Gewichtungsfaktoren wurden nach
folgender Formel berechnet:

$$F_{ijk} = \frac{P_{ij}}{B_{ij}^{II} \text{ (ungewichtet)}} \cdot c_1 \cdot \frac{B_{ijk}^{I} \text{ (gewichtet)}}{B_{ijk}^{II} \text{ (gewichtet)}} \cdot c_2$$

Dabei bedeuten:

  F = Gewichtungsfaktor

  P = alle für die Befragung infrage kommenden Prüfungsteilnehmer
       (1984/85)

  B^{I} = Befragungsteilnehmer der ersten Welle (1984/85)

B^{II} = Befragungsteilnehmer der zweiten Welle (1985/86)

c_1 = Konstante, die bewirkt, daß die Gesamtzahl der ungewichteten Fälle der ersten Welle mit der Gesamtzahl der gewichteten übereinstimmt

c_2 = Konstante, die bewirkt, daß die Gesamtzahl der ungewichteten Fälle der zweiten Welle mit der Gesamtzahl der gewichteten übereinstimmt

i = Berufsklasse

j = Geschlecht

k = Übernahmezusage (Frage 16 der ersten Welle):
    1: Übernahmezusage
    2: Übernahme noch offen oder keine Angabe
    3: Übernahme abgelehnt
    4: Übernahme nicht möglich, da außerbetriebliche oder externe Berufsausbildung

gewichtet = gewichtet nach Berufsklassen und Geschlecht

Hieraus wird deutlich, daß die Gewichtung in zwei Schritten erfolgte:

(1) Zunächst wurden die Rückläufe der zweiten Befragungswelle nach den Merkmalen Berufsklasse und Geschlecht nach den Angaben über die Prüfungsteilnehmer durch die zuständigen Stellen gewichtet. Nach diesem ersten Schritt wurden die Strukturen von erster und zweiter Welle für Schlüsselmerkmale aus der ersten Welle gegenübergestellt. Dabei wurden noch - allerdings relativ geringe - Abweichungen bei einigen Merkmalen wie etwa "Übernahmezusage durch den Ausbildungsbetrieb" deutlich.

(2) Deshalb wurden die so gewichteten Ergebnisse zusätzlich nach dem Merkmal Übernahmezusage der ersten Welle gewichtet; dafür wurden die gewichteten Ergebnisse der ersten Befragungswelle als Basis herangezogen.

Die entgültigen Gewichtungsfaktoren errechneten sich multiplikativ aus den Ergebnissen der beiden Teilschritte.

Die angegebene Formel bildet in ihrer relativen Komplexität das iterative Vorgehen ab, das zur Auswahl der Gewichtungsmerkmale führte. Sind die Gewichtungsmerkmale jedoch festgelegt, kann die Formel wesentlich vereinfacht werden. Sie lautet dann:

$$F_{ijk} = \frac{B_{ijk}^{I \text{ (gewichtet)}}}{B_{ijk}^{II \text{ (ungewichtet)}}} \cdot c_2$$

Hieraus wird noch einmal der Charakter der Gewichtung aus anderer Sicht deutlich: Die Befragungsergebnisse der zweiten Welle wurden den Strukturen der gewichteten ersten Welle angeglichen.

Anhangtabelle A1   Prüfungsteilnehmer zur betrieblichen Berufsausbildung in Berlin (West) 1984/85 sowie Teilnehmer an erster und zweiter Befragung nach Berufen und Geschlecht

Berufsgruppen darunter: Berufsklassen	Prüfungsteilnehmer bei den zuständigen Stellen 1984/85[2]			Befragungsteilnehmer 1. Welle 1984/85			Befragungsteilnehmer 2. Welle 1985/86			Beteiligungsquote 2. Welle an Prüfungsteilnehmer 1984/85 in vH			Gewichtete Fallzahlen 2. Welle		
	Männer	Frauen	Zusammen	Männer	Frauen	Zusammen	Männer	Frauen	Zusammen	Männer	Frauen	Zusammen	Männer	Frauen	Zusammen
05 Gärtner	148	130	278	32	45	77	25	34	59	17	26	21	32	28	60
26 Feinblechner, Installateure	500	3	503	127	-	127	56	-	56	11	-	11	95	-	95
27 Schlosser	691	10	701	256	2	258	128	2	130	19	20	19	144	2	146
28 Mechaniker	724	24	748	249	5	254	114	2	116	16	8	16	153	2	155
dar.: 2811 Kraftfahrzeuginstandsetzer	435	2	437	150	1	151	67	-	67	15	-	15	93	-	93
31 Elektriker	1 695	87	1 782	477	21	498	268	10	278	16	11	16	334	13	347
dar.: 3110 Elektroinstallateure, -monteure	722	24	746	210	5	215	118	3	121	16	13	16	154	5	159
3120 Fernmeldemonteure, -handwerker	153	4	157	103	1	104	54	1	55	35	25	35	33	1	34
63 Technische Sonderfachkräfte	79	123	202	37	64	101	27	43	70	34	35	35	14	22	36
68 Warenkaufleute	935	1 649	2 584	414	699	1 113	204	323	527	22	20	20	197	345	542
dar.: 6812 Einzelhandelskaufleute	312	328	640	183	202	385	96	82	178	31	25	28	99	90	189
6820 Verkäufer	452	793	1 245	164	302	466	71	149	220	16	19	18	64	145	209
69 Bank-, Versicherungskaufleute	367	319	686	206	199	405	143	147	290	39	46	42	78	68	146
dar.: 6910 Bankkaufleute	290	272	562	173	169	342	124	123	247	43	45	44	62	58	120
70 Andere Dienstleistungskaufleute und zugehörige Berufe	81	97	178	50	62	112	41	36	77	51	37	43	17	20	37
75 Unternehmer, Organisatoren, Wirtschaftsprüfer	84	199	283	39	95	134	22	56	78	26	28	28	18	42	60
dar.: 7535 Fachgehilfen in steuer- und wirtschaftsberatenden Berufen	84	199	283	39	95	134	22	56	78	26	28	28	18	42	60
78 Bürofachkräfte	403	1 542	1 945	224	697	921	149	438	587	37	28	30	84	328	412
dar.: 7810 Bürofachkräfte, allgemein	90	775	865	52	379	431	32	235	267	36	30	31	19	165	184
7811 Verwaltungsfachkräfte öffentlicher Dienst	93	308	401	54	159	213	33	103	136	35	33	34	20	65	85
7812 Industriekaufleute	195	174	369	104	85	189	77	55	132	39	32	36	41	37	78
85 Gesundheitsdienstberufe	5	868	873	2	373	375	1	198	199	20	23	23	-	175	175
dar.: 8561 Arzthelfer	1	526	527	1	220	221	1	122	123	100	23	23	-	110	110
8562 Zahnarzthelfer	4	312	316	1	151	152	-	76	76	-	24	24	-	65	65
Übrige Berufsgruppen[1]	2 891	1 386	4 277	653	350	1 003	314	178	492	11	13	12	490	258	748
Insgesamt	8 603	6 437	15 040	2 766	2 612	5 378	1 492	1 467	2 959	17	23	20	1 656	1 303	. 2 959

1) 02, 04, 14, 15, 16, 17, 21, 22, 23, 24, 25, 29, 30, 32, 34, 35, 37, 39, 40, 41, 42, 43, 44, 45, 46, 48, 49, 50, 51, 52, 54, 62, 71, 72, 77, 80, 83, 87, 90, 91, 92, 93, 99.
2) Ohne Wiederholer der Sommerprüfung 1984 im Winter 1984/85.

216

Anhang 6

Erhebungsinstrumentarium

Anhang 6

**Deutsches Institut
für Wirtschaftsforschung,
Königin-Luise-Straße 5
1000 Berlin 33**

BERUFSSTART IN BERLIN 2

Absolventenbefragung 1984/85

Wir bitten um Ihre Mitarbeit

Bitte sorgfältig ausfüllen und zum ersten Prüfungstermin im verschlossenen Umschlag mitbringen!

Befragt werden alle Prüfungsteilnehmer der beruflichen Ausbildung in Berlin.

Die Angaben sind freiwillig. Die wissenschaftliche Aussagekraft hängt aber entscheidend von der Beteiligung **aller** Absolventen ab. Deshalb kommt es auch ganz besonders auf **Ihre** persönliche Mitarbeit **an**.

Und so wird es gemacht:

- In die kleinen Kästchen machen Sie bitte bei den zutreffenden Antworten ein Kreuz . . . . ☒

- In die großen Kästchen tragen Sie bitte die zutreffende Zahl oder den zutreffenden Buchstaben ein, z.B. . . . . $\boxed{0}\,\boxed{3}\,\boxed{A}$

- In den vorgezeichneten Kasten schreiben Sie bitte einen Text oder ein Stichwort, z.B. . . . . $\boxed{\textit{Arzthelferin}}$

- Gehen Sie bitte der Reihe nach vor, Frage für Frage. Überspringen Sie Fragen nur dann, wenn im **Text** ausdrücklich ein entsprechender Hinweis gegeben **ist**.

17496

1. Welche allgemeine Schulbildung haben Sie? *Wenn Sie mehrere Schulabschlüsse haben, geben Sie bitte nur den höchsten an.*

- Abschlußzeugnis einer Sonderschule . . . . ☐
- Hauptschulabschluß . . . . ☐
- Mittlere Reife (Realschulabschluß oder gleichwertiger Abschluß) . . . . ☐
- Fachhochschulreife . . . . ☐
- Abitur (oder gleichwertiger Abschluß) . . . . ☐
- Ohne Abschluß . . . . ☐

2. Haben Sie <u>vor Ihrer jetzigen</u> Berufsausbildung schon eine andere Berufsausbildung gemacht oder an berufsbildenden Lehrgängen teilgenommen, egal, ob mit oder ohne Abschluß?

- **Nein**, ich habe vor meiner jetzigen Ausbildung noch keine Berufsausbildung/keinen berufsbildenden Lehrgang gemacht . . . . ☐

Wenn ja, nennen Sie uns bitte, welche Ausbildung(en)/Lehrgänge das war(en) und ob Sie sie zu Ende geführt haben oder nicht

	Ja, bis zum Ende geführt	Ja, aber nicht bis zum Ende geführt
Berufsgrundbildungsjahr (BGJ) (auch: Berufsvorbereitungsjahr)	☐	☐
Berufliche Eingliederungslehrgänge, z.B. berufsbefähigende Lehrgänge an Berufsschulen (BB 10), Grundausbildungslehrgänge des Arbeitsamtes (BB 10 M), Maßnahmen zur Berufsvorbereitung und sozialen Eingliederung junger Ausländer (MBSE) oder andere	☐	☐
Eine andere betriebliche Berufsausbildung (Lehre) als die jetzige	☐	☐

Welche Lehre war das? *Bitte angeben:*

[ ]

- Berufsfachschule (z.B. Handelsschule) . . . . ☐ ☐
- Praktikum, Volontariat . . . . ☐ ☐
- Betriebliche Einarbeitung . . . . ☐ ☐
- Sonstige Ausbildung, ... ☐ ☐
  und zwar *(bitte angeben)*:

[ ]

3. Hatten Sie vor Ihrer jetzigen Berufsausbildung schon eine oder mehrere regelmäßige Teilzeit- oder Vollzeitbeschäftigung(en)?

Ja . . . ☐   Nein . . ☐

War darunter auch eine vom Arbeitsamt geförderte Arbeitsbeschaffungsmaßnahme (ABM)?

Ja . . . ☐   Nein . . ☐

4. Waren Sie zwischen Verlassen der Schule und Beginn Ihres jetzigen Ausbildungsverhältnisses vorübergehend ohne Beschäftigung, das heißt weder in Ausbildung noch erwerbstätig? Wenn ja, wie viele Monate waren Sie ohne Beschäftigung?

Nein . . ☐   Ja . . . . ☐

und zwar . ☐☐ Monate

Waren Sie da beim Arbeitsamt arbeitslos gemeldet?

Nein . . . ☐
Ja . . . . ☐
Teils/teils . ☐

5. Und nun zu Ihrer **jetzigen** Berufsausbildung:

Wie heißt Ihr jetziger Ausbildungsberuf? *Bitte geben Sie die genaue Bezeichnung Ihres Ausbildungsberufes an.*

---

6. Haben Sie für Ihre jetzt anstehende Prüfung eine reguläre Berufsausbildung – auch Umschulung – absolviert oder haben Sie sich als »Externer« zur Prüfung gemeldet?

- Ich habe eine reguläre Berufsausbildung/ Umschulung absolviert . . . . □ ▶ | *Bitte weiter mit Frage* **7** |

- Ich habe mich als »Externer« zur Prüfung gemeldet. . . . . □ ▶ | *Sie springen bitte auf Frage* **25** |

7. Handelt es sich bei Ihrer jetzigen Berufsausbildung um eine vom Arbeitsamt geförderte Umschulung

Ja . . . □   Nein . . □

8. Wann genau haben Sie mit Ihrer jetzigen Berufsausbildung begonnen?

Monat ☐☐   Jahr ☐1☐9☐☐

---

9. Haben Sie einen Ausbildungsvertrag mit einem regulären Betrieb oder werden Sie im Rahmen der außerbetrieblichen Berufsausbildung (etwa beim Berufsamt, Jugendaufbauwerk oder sonstigen Einrichtungen) ausgebildet?

Regulärer Ausbildungsbetrieb . . . . □   außerbetriebliche Berufsausbildung . . . □

▼   ▼

| *Bitte weiter mit Frage* **10** | | *Sie springen bitte auf Frage* **19** |

---

10. Zu welcher Branche gehört Ihr Ausbildungsbetrieb? Geben Sie bitte möglichst **genau** die Branche an. *Beispielsweise: Nicht nur Handwerk, sondern Glaserhandwerk, nicht nur Industrie, sondern Elektroindustrie, nicht nur Handel, sondern Lebensmittel-Einzelhandel, nicht nur Dienstleistungen, sondern Gaststättengewerbe, Hauswirtschaft, Chemische Reinigung, Zahnmedizinische Betreuung, nicht nur Öffentlicher Dienst, sondern Bezirksverwaltung und ähnliches.*

11. Wieviel Auszubildende gibt es in Ihrem Betrieb, Sie selbst mit eingerechnet? *Bei Mehrbetriebsunternehmen bitte nur die Filiale, Niederlassung, Dienststelle, das Zweigwerk angeben, wo die Ausbildung überwiegend erfolgte.*

- Ich bin der einzige Auszubildende . . . . □
- 2 bis 4   Auszubildende . . . . □
- 5 bis 9   Auszubildende . . . . □
- 10 bis 19   Auszubildende . . . . □
- 20 und mehr Auszubildende . . . . □

12. Und wieviele regelmäßig Beschäftigte hat der Betrieb <u>ohne</u> Auszubildende? Zählen Sie bitte gegebenenfalls den Geschäftsinhaber mit hinzu. *Bei Mehrbetriebsunternehmen bitte nur die Filiale, Niederlassung, Dienststelle, das Zweigwerk angeben, wo die Ausbildung überwiegend erfolgte.*

- ● Ein-Mann-Betrieb. . . . . ☐
- ●   2 bis 4   Beschäftigte . . . . ☐
- ●   5 bis 9   Beschäftigte . . . . ☐
- ● 10 bis 49   Beschäftigte . . . . ☐
- ● 50 bis 99   Beschäftigte . . . . ☐
- ● 100 und mehr Beschäftigte . . . . ☐

13. Fand Ihre praktische Ausbildung durch den Betrieb überwiegend in gesonderten Lehr-/Unterrichtseinrichtungen oder überwiegend im regulären Arbeitsprozeß statt, oder traf beides in etwa gleichem Umfang zu?

Bitte geben Sie es getrennt für Ihre einzelnen Lehrjahre an!

	überwiegend in Lehrwerkstatt/ Übungsfirma »Lehrecke«	überwiegend im regulären Arbeitsprozeß	teils/teils hielt sich die Waage
wie war das...			
● im ersten Lehrjahr	☐	☐	☐
● im zweiten Lehrjahr.	☐	☐	☐
● im dritten/vierten Lehrjahr . . .	☐	☐	☐

14. Handelt es sich bei Ihrem Ausbildungsbetrieb um eine Filiale, Niederlassung, Dienststelle oder ein Zweigwerk eines Unternehmens/einer Behörde?

Ja, Filiale, Niederlassung,
Zweigwerk eines Unternehmens. . . . . . . ☐

Ja, Dienststelle einer
übergeordneten Behörde . . . . ☐

Nein . . ☐

▼ | ▼

| *Bitte weiter mit Frage* **15** | *Sie springen bitte auf Frage* **16** |

15. Hat dieses Unternehmen/diese Behörde auch Geschäftsstellen, Filialen, Niederlassungen, Zweigwerke, Dienststellen in Westdeutschland?

Ja . . . . ☐

Nein . . . . ☐

Weiß ich nicht . . . . ☐

16. Hat man Ihnen in Ihrem Ausbildungsbetrieb zugesagt, daß Sie nach erfolgreichem Abschluß in ein reguläres Arbeitsverhältnis übernommen werden können?

- ● Ja, und zwar im selben Betrieb . . . . ☐
- ● Ja, und zwar in einem anderen <u>Berliner</u> Betrieb des Unternehmens/der Behörde . . . . ☐
- ● Ja, und zwar in einem anderen Betrieb des Unternehmens/der Behörde <u>außerhalb Berlins</u> . . . . ☐

▶ | *Bitte weiter mit Frage* **17** |

- ● Nein, das ist noch offen . . . . ☐
- ● Nein, mir wurde bereits gesagt, daß ich nicht übernommen würde. . . . . ☐

▶ | *Sie springen bitte auf Frage* **18** |

17. Handelt es sich bei der zugesagten Stelle um

- eine Teilzeitbeschäftigung mit weniger als 30 Stunden pro Woche? . . . . ☐
- eine Vollzeitbeschäftigung? . . . . ☐
- ein von vornherein befristetes Arbeitsverhältnis? . . . . ☐
- ein unbefristetes Arbeitsverhältnis? . . . . ☐

18. Was wäre Ihnen am liebsten: Würden Sie nach Ihrer Ausbildung in Ihrem Ausbildungsbetrieb bleiben oder was trifft auf Sie zu?

- Ich würde gern im Ausbildungsbetrieb bleiben . . . . ☐
- Ich suche mir lieber eine andere Stelle . . . . ☐
- Ich habe schon eine andere Stelle in Aussicht . . . . ☐
- Ich möchte vorerst gar nicht arbeiten . . . . ☐

19. Wie war das, bevor Sie Ihre jetzige Berufsausbildung begonnen haben:
Wie haben Sie damals Ihren jetzigen Ausbildungsplatz gefunden? *Bitte kreuzen Sie alle Antworten an, die auf Sie zutrafen.*

- Ich habe mich auf eine Anzeige in der Zeitung hin beworben . . . . ☐
- Ich habe selbst eine Anzeige in der Zeitung aufgegeben. ☐
- Ich habe mich einfach auf Verdacht beworben . . . . ☐
- Das Arbeitsamt hat mich vermittelt . . . . ☐
- Ich habe die Ausbildung im elterlichen/einem Verwandten gehörenden Betrieb gemacht . . . . ☐
- Ich habe die Ausbildungsstelle über Eltern, Verwandte oder Bekannte erhalten, die in dem Betrieb beschäftigt sind . . . . ☐
- Eltern, Verwandte oder Bekannte haben mir die Ausbildungsstelle besorgt. . . . . ☐
- Der Kontakt zum Ausbildungsbetrieb kam durch die Schule (Lehrer, Betriebserkundung u. ä.) zustande . . . . ☐
- Ich habe auf eine andere Weise als hier angegeben meine Ausbildungsstelle gefunden . . . . ☐
Bitte stichwortartig schildern.

20. Hatten Sie sich damals bei der Berufsberatung als Ausbildungsstellensuchender gemeldet?

Ja ☐ Nein ☐

21. Bei der Suche nach einem Ausbildungsplatz kommt es vor, daß man sich bewirbt und dann trotzdem eine Absage oder gar keine Antwort erhält. Wie war das bei Ihnen? Haben Sie Absagen erhalten, bevor Sie Ihren jetzigen Ausbildungsplatz gefunden haben?

Nein, keine Absage ☐ **Wenn ja,** wie viele Absagen haben Sie erhalten?
Bitte angeben.

☐☐

22. Haben Sie sich ursprünglich auch um Ausbildungsplätze **in anderen Ausbildungsberufen** als Ihrem jetzigen beworben? Wenn ja, was für Ausbildungsberufe waren das? *Geben Sie bitte die Berufe an, für die Sie sich beworben hatten.*

1.

2.

3.

23. Entsprach Ihr jetziger Ausbildungsberuf Ihren damaligen Berufswünschen oder hätten Sie damals lieber einen anderen Beruf erlernt?

- Ich wollte schon damals meinen jetzigen Ausbildungsberuf ergreifen . . . . ☐
- Ich hätte lieber eine <u>andere betriebliche</u> Berufsausbildung (Lehre) gemacht . . . . ☐
- Ich hätte lieber eine andere Ausbildung gemacht (z. B. Abitur, Berufsfachschule, Studium) . . . . . . ☐
- Ich hätte lieber gleich zu arbeiten angefangen. . . . . ☐

24. Und wie beurteilen Sie das aus heutiger Sicht? Wenn Sie noch einmal vor der Entscheidung stünden, würden Sie Ihren jetzigen Ausbildungsberuf noch einmal ergreifen, oder was würden Sie tun?

- Ich würde wieder meinen jetzigen Ausbildungsberuf ergreifen. . . . . ☐
- Ich würde einen anderen betrieblichen Ausbildungsberuf (Lehre) ergreifen. . . . . ☐
- Ich würde überhaupt keine Lehre beginnen, sondern etwas anderes machen . . . . ☐

25. Was wollen Sie direkt nach Ihrer Ausbildung machen? *Kreuzen Sie bitte an, was auf Sie zutrifft.*

- Ich will in meinem erlernten Beruf arbeiten . . . . ☐
- Ich will arbeiten, aber es muß nicht unbedingt in meinem erlernten Beruf sein . . . . ☐
- Ich will in einem anderen Beruf arbeiten. . . . . ☐
- Ich will noch eine weitere Ausbildung anschließen, und zwar

  - eine Fachschulausbildung . . . . ☐
  - eine andere betriebliche Berufsausbildung (Lehre). . . . . ☐
  - ein Studium (Fachhochschule, Hochschule). . . . . ☐
  - eine allgemeine (nicht berufliche) Weiterbildung . . . . ☐
  - eine andere Ausbildung, und zwar *(bitte angeben)*: . . . . ☐

  ┌───┐
  │   │
  └───┘

- Ich will zunächst einmal gar keine Arbeit oder Ausbildung, sondern etwas anderes machen . . . . . ☐

26. Haben Sie vor, sich einmal selbständig zu machen?

- Ja, und zwar innerhalb der nächsten fünf Jahre . . . . ☐
- Ja, aber erst später. . . . . ☐
- Nein . . . . ☐

27. Angenommen, Sie finden nach Ihrem Ausbildungsabschluß keine Stelle, die Ihren Vorstellungen entspricht: Was würden Sie in dieser Situation voraussichtlich tun? *Kreuzen Sie bei jeder Vorgabe bitte an, ob das für Sie in Frage käme oder nicht.*

	Würde ich tun	Würde ich <u>nicht</u> tun
Ich würde zunächst einen Übergangs-Job annehmen und weiter nach einer passenden Stelle suchen	☐	☐
Ich würde warten, bis sich eine passende Stelle findet und solange erst einmal nicht arbeiten.	☐	☐
Ich würde einen anderen Job annehmen und nicht weiter nach einer passenden Stelle suchen	☐	☐
Ich würde gegebenenfalls auch einen Wegzug nach Westdeutschland ins Auge fassen, um eine passende Stelle zu finden.	☐	☐
Ich würde versuchen, mich für einen anderen Beruf umschulen oder weiterbilden zu lassen	☐	☐
Ich würde gar nicht arbeiten und auch nicht weiter nach einer passenden Stelle suchen	☐	☐

- Was sonst würden Sie tun? *Bitte angeben.*

┌───┐
│   │
└───┘

┌───┐
│   │
└───┘

28. Falls Sie nach Ihrer Ausbildung eine Stelle suchen: Streben Sie da eine Vollzeitbeschäftigung oder eher eine Teilzeitbeschäftigung mit weniger als 30 Wochenstunden an?

Möchte Teilzeitstelle ☐ ▼

Möchte Vollzeitstelle ☐ ▼

Käme für Sie notfalls auch eine Vollzeitbeschäftigung in Frage?

Ja ☐   Nein ☐

Käme für Sie notfalls auch eine Teilzeitbeschäftigung in Frage?

Ja ☐   Nein ☐

29. Und würden Sie, wenn sich nichts anderes fände, notfalls auch ein von vornherein nur befristetes Beschäftigungsverhältnis annehmen?

Ja ☐   Nein ☐

30. Wie beurteilen Sie Ihre persönlichen Berufschancen hier in Berlin? Meinen Sie, daß Sie hier in Berlin bessere Chancen haben als anderswo, oder glauben Sie, daß Sie in Westdeutschland bessere Chancen hätten?

- Bessere Chancen in Berlin . . . . ☐
- Bessere Chancen in Westdeutschland . . . . ☐
- In etwa gleiche Chancen in Westdeutschland und Berlin . . . . ☐
- Kann ich nicht beurteilen . . . . ☐

31. Sind Sie in Berlin geboren?

Ja ☐   Nein ☐

32. Wieviele Jahre Ihres Lebens haben Sie insgesamt in Berlin verbracht?

- Ich lebe hier seit meiner Geburt. ☐

- Ich habe hier insgesamt . . . . ☐☐ Lebensjahre verbracht

33. Und wie wird das voraussichtlich in den nächsten zwei Jahren sein:
Werden Sie da voraussichtlich in Berlin bleiben oder beabsichtigen Sie wegzuziehen?

- Steht schon fest, daß ich wegziehen werde . . . . ☐ ▶ *Bitte weiter mit Frage 34*
- Ich werde wahrscheinlich wegziehen . . . . ☐

- Ich werde wahrscheinlich in Berlin bleiben . . . . ☐ ▶ *Sie springen bitte auf Frage 37*
- Ich werde ganz sicher in Berlin bleiben . . . . ☐
- Kann ich noch nicht sagen . . . . ☐

17496

34 Welche Gründe sind für Ihren beabsichtigten Wegzug aus Berlin ausschlaggebend? *Bitte kreuzen Sie alle Gründe an, die für Sie Bedeutung haben*

Ⓐ Ich habe anderswo bessere Aussichten, eine geeignete Stelle zu finden . . . . ☐

Ⓑ Ich habe anderswo bessere berufliche Aufstiegschancen . . . . ☐

Ⓒ Ich habe anderswo bessere Verdienstmöglichkeiten . . . . ☐

Ⓓ Ich habe familiäre/private Gründe wegzuziehen . . . . ☐

Ⓔ Ich möchte anderswo eine Ausbildung/Fortbildung/ein Studium aufnehmen . . . . ☐

Ⓕ Ich möchte etwas Neues kennenlernen . . . . ☐

Ⓖ Sonstige Gründe *(bitte angeben)* . . . . ☐

```
┌─────────────────────────────────────────────────┐
│                                                   │
├─────────────────────────────────────────────────┤
│                                                   │
├─────────────────────────────────────────────────┤
│                                                   │
└─────────────────────────────────────────────────┘
```

Und welches war der Hauptgrund? Tragen Sie bitte von der Liste oben
den zutreffenden Buchstaben ein. . . . . ☐

35 Für Berlin ist es wichtig, daß ausgebildete Fachkräfte in der Stadt bleiben. Welches der folgenden Angebote könnte Sie unter Umständen beeinflussen, doch in Berlin zu bleiben. *Kreuzen Sie bitte jeden Punkt an, der Sie beeinflussen könnte.*

● Wenn sich für Sie eine Teilzeitstelle in Ihrem Beruf findet? . . . . ☐

● Wenn sich für Sie eine Vollzeitstelle in Ihrem Beruf findet? . . . . ☐

● Wenn sich für Sie eine passende Stelle in einem anderen Beruf findet? . . . . ☐

● Wenn das Arbeitsamt Ihnen eine Fortbildung oder Umschulung anbietet,
die Ihren beruflichen Vorstellungen entspricht? . . . . ☐

● Wenn sich für Sie in Berlin ein sonstiger geeigneter Ausbildungs-/
Studienplatz findet? . . . . ☐

● Wenn Ihr Ehepartner/Lebenspartner in Berlin eine geeignete Stelle findet? . . . . ☐

● Wenn Sie in Berlin mehr verdienen können als anderswo? . . . . ☐

● Nichts davon könnte mich beeinflussen. . . . . ☐

36 Gibt es andere Gründe, die Sie beeinflussen könnten in Berlin zu bleiben? *Bitte geben Sie Gründe an:*

```
┌─────────────────────────────────────────────────┐
│                                                   │
├─────────────────────────────────────────────────┤
│                                                   │
├─────────────────────────────────────────────────┤
│                                                   │
└─────────────────────────────────────────────────┘
```

Und nun noch einige Angaben zu Ihrer Person:

37. Ihr Geschlecht: . . . . männlich ☐ . . . . weiblich ☐

38. Ihr Geburtsjahr: | 1 | 9 | | |

39. Wohnen Sie bei Ihren Eltern oder Verwandten?

Nein ☐   Ja ☐

                                           ▼

                                           Planen Sie in den nächsten zwei Jahren
                                           von den Eltern/Verwandten wegzuziehen?

                                           Ja ☐   Nein ☐

40. Ihr Familienstand:

Verheiratet/   Nicht verheiratet/
mit Lebenspartner   nicht mit Lebenspartner
zusammenlebend . . . ☐   zusammenlebend . . . . ☐

                                           ▼

                                           Planen Sie in den nächsten zwei Jahren
                                           zu heiraten bzw. mit einem Lebenspartner
                                           zusammenzuziehen?

                                           Ja ☐   Nein ☐

41. Haben Sie Kinder?

Ja, und zwar ☐ Kinder . . . . Nein ☐

42. Welche Staatsangehörigkeit haben Sie?

- Deutsch . . . . ☐
- Türkisch . . . . ☐
- Jugoslawisch. . . . . ☐
- Griechisch . . . . ☐
- Andere Staatsangehörigkeit . . . . ☐

Bitte angeben:

17496

43. Wieviele von den <u>erwachsenen</u> Personen (ab 16 Jahre) in Ihrem Haushalt – Sie selbst eingeschlossen – sind zur Zeit

- In betrieblicher Berufsausbildung/Umschulung . . . . [ ][ ] Personen
- Voll berufstätig . . . . [ ][ ] Personen
- Teilzeitbeschäftigt . . . . [ ][ ] Personen
- Zur Zeit arbeitslos . . . . [ ][ ] Personen
- Nicht erwerbstätig . . . . [ ][ ] Personen

44. Welche berufliche Stellung trifft derzeit auf Ihre Eltern (Stiefeltern) zu? Bitte geben Sie es getrennt für Vater (Stiefvater) und Mutter (Stiefmutter) an.

	Vater (Stiefvater)	Mutter (Stiefmutter)
Nicht erwerbstätig	☐	☐
Arbeiter		
• einfache Arbeiter	☐	☐
• Facharbeiter, Vorarbeiter, Gesellen	☐	☐
• Meister, Poliere	☐	☐
Angestellte		
• einfache Angestellte	☐	☐
• mittlere Angestellte	☐	☐
• leitende Angestellte	☐	☐
Beamte		
• Beamte im einfachen/mittleren Dienst	☐	☐
• Beamte im gehobenen/höheren Dienst	☐	☐
Selbständige/Mithelfende		
• Selbständige mit bis zu 5 ständig Beschäftigten	☐	☐
• Selbständige mit mehr als 5 ständig Beschäftigten	☐	☐
• Mithelfende im Familienbetrieb	☐	☐
Verstorben, verschollen u. ä.	☐	☐

45. Tragen Sie bitte das Datum ein, an dem Sie den Fragebogen ausgefüllt haben.

[ ][ ]	[ ][ ]	[1][9][8][ ]
Tag	Monat	Jahr

46. Bitte geben Sie jetzt noch Ihren Namen und Ihre Adresse an. Falls Sie umziehen wollen und Ihre neue Adresse schon wissen, bitte auch die künftige. *Diese Angaben sind notwendig, damit wir Sie später fragen können, welchen Verlauf Ihr Berufsweg inzwischen genommen hat.*

Meine jetzige Adresse ist: *(Bitte in Druckschrift angeben)*

Name, Vorname:

Straße:

1000 Berlin

Meine künftige Adresse ist: *(Bitte in Druckschrift angeben)*

Name, Vorname:

Straße:

PLZ, Ort:

Vielen Dank für Ihre Mitarbeit!

Den ausgefüllten Fragebogen stecken Sie bitte in das beigefügte Kuvert. Verschließen Sie das Kuvert sorgfältig und bringen Sie es bitte zum ersten Prüfungstermin mit.

**Deutsches Institut
für Wirtschaftsforschung,
Königin-Luise-Straße 5
1000 Berlin 33**

BERUFSSTART IN BERLIN 2

Sehr geehrte Damen und Herren,

für viele junge Menschen ist es heute nicht leicht, einen geeigneten Ausbildungsplatz oder Arbeitsplatz zu finden. Will man die Situation verbessern, dann muß man zunächst mehr über die Probleme am Arbeitsmarkt wissen. Und da ist es am besten, die Betroffenen selbst zu Wort kommen zu lassen und sie nach ihren eigenen Vorstellungen und Erfahrungen zu fragen. Deshalb bitten wir Sie um Ihre Mitarbeit bei unserer Befragung *BERUFSSTART IN BERLIN*.

Und damit auch für Sie dabei etwas »herausspringt«, nehmen Sie gleichzeitig an einer Verlosung teil.

Worum wir Sie bitten, wer »wir« sind und was Sie persönlich davon haben, darüber wollen wir Sie im folgenden informieren.

Worum es geht:
Um mehr über die Schwierigkeiten des Berufsstarts in Berlin aus der Sicht der Betroffenen zu erfahren, bitten wir alle Absolventen der betrieblichen Berufsausbildung um Beantwortung des beiliegenden Fragebogens. Darin wollen wir erfahren

☐ wie Sie zu Ihrem jetzigen Ausbildungsberuf gekommen sind,

☐ wie Sie Ihre Ausbildungsstelle gefunden haben,

☐ wie Sie rückblickend Ihre Ausbildung einschätzen und

☐ welche beruflichen Pläne, Erwartungen und Aussichten Sie für die Zukunft haben.

**Was wir Sie
zu tun bitten:**
Ganz einfach:

1. Den beiliegenden Fragebogen sorgfältig durchzulesen und Frage für Frage zu beantworten. Wie dies gemacht wird, sagen wir Ihnen auf dem Deckblatt des Fragebogens.

2. Am Ende des Fragebogens bitten wir Sie um Angabe Ihres Namens und Ihrer Adresse. Warum? In circa einem Jahr möchten wir uns noch einmal mit einem Fragebogen an Sie wenden, um zu erfahren, was sich bis dahin beruflich bei Ihnen ereignet hat.

3. Den ausgefüllten Fragebogen stecken Sie dann bitte in das beigefügte Kuvert und geben es <u>verschlossen</u> bei Ihrer Prüfung dem zuständigen Prüfungsleiter ab.

**Warum es auf
Ihre persönliche
Mitarbeit ankommt:**
Sie sind einer der rund 16.000 Berliner Absolventen einer betrieblichen Berufsausbildung, die dieses Jahr Ihre Ausbildung abschließen werden. Und bei jedem von Ihnen sieht die konkrete Ausbildungs- und Berufssituation anders aus. Nur wenn möglichst alle Berliner Ausbildungsabsolventen an der Befragung teilnehmen, ergibt sich nachher ein vollständiges Bild der Ausbildungs- und Berufssituation Ihres Absolventenjahrgangs. Deshalb kommt es auch auf <u>Ihre</u> Mitarbeit an.

Ihre Teilnahme an der Befragung ist selbstverständlich freiwillig. Sie können sich jedoch vorstellen, daß mit jedem Befragten, der nicht teilnimmt, ein Mosaiksteinchen im Gesamtbild fehlt.

**Und was
Sie persönlich
davon haben:**
1. Durch Ihre Mitarbeit tragen Sie dazu bei, Denkanstöße zu geben, wie man Probleme beim Übergang ins Berufsleben in Berlin lösen kann. Dies ist das vorrangige Ziel unserer Untersuchung.

2. Was bei unserer Untersuchung herausgekommen ist, werden wir Ihnen in einigen Monaten in Form einer Informationsschrift berichten.

3. Und damit es sich auch persönlich für Sie lohnt, nehmen Sie zugleich an einer Verlosung teil. Zu gewinnen gibt es

ein nagelneues **BMW-Motorrad.**

Teilnehmer an der Verlosung ist jeder, von dem wir einen ausgefüllten Fragebogen erhalten.

Was mit Ihren Angaben geschieht:

Die für Sie zuständige Prüfungsstelle wird den Umschlag mit Ihrem Fragebogen verschlossen an uns, das Deutsche Institut für Wirtschaftsforschung (DIW) in Berlin, weiterleiten. Erst bei uns werden die Umschläge geöffnet, Ihr Name und Ihre Adresse von Ihren restlichen Angaben getrennt und Ihre Fragebogenangaben auf EDV gespeichert. Ihre Angaben im Fragebogen werden rein wissenschaftlich anonym ausgewertet, <u>ohne</u> Namen und Adresse. Rückschlüsse darauf, welche Person welche Angaben gemacht hat, sind damit nicht möglich. Der Datenschutz ist also voll gewährleistet. Hierüber informiert Sie die nachfolgend abgedruckte »Erklärung zum Datenschutz«.

Und wer steht dahinter?

»Wir« — das sind die Mitarbeiter des Deutschen Instituts für Wirtschaftsforschung (DIW) in Berlin. Das DIW zählt zu den großen Wirschaftsforschungsinstituten in der Bundesrepublik Deutschland, ist eine nicht-kommerzielle Einrichtung und wird von der Bundesregierung sowie dem Land Berlin finanziell gefördert. Beauftragt mit der Durchführung der Untersuchung **BERUFSSTART IN BERLIN** hat uns der Berliner Senator für Arbeit und Betriebe. Die Untersuchung wird von den zuständigen Kammern unterstützt.

An wen Sie sich mit persönlichen Rückfragen wenden können:

Sollten Sie zu unserer Untersuchung allgemein oder zum Ausfüllen des Fragebogens noch Fragen haben, so stehen Ihnen hier im DIW jederzeit zur Verfügung:

Klaus-Peter Gaulke
Telefon 829 91 689

Christoph F. Büchtemann
Telefon 829 91 300

Unsere Anschrift lautet:
Deutsches Institut für Wirtschaftsforschung
Königin-Luise-Straße 5
1000 Berlin 33

Erklärung zum Datenschutz und zur absoluten Vertraulichkeit Ihrer Angaben:

Bei der Untersuchung **BERUFSSTART IN BERLIN** trägt das Deutsche Institut für Wirtschaftsforschung (DIW) in Berlin die datenschutzrechtliche Verantwortung. Das DIW garantiert die Einhaltung der gesetzlichen Bestimmungen über den Datenschutz.

Die Daten aus der Befragung werden ausschließlich in anonymisierter Form, d. h. ohne Namen und Anschrift, und stets nur zusammengefaßt mit den Angaben der anderen Befragungspersonen ausgewertet. Das bedeutet: Niemand kann aus den Ergebnissen erkennen, von welcher Person die Angaben gemacht worden sind.

Für die Einhaltung der Datenschutzbestimmungen sind verantwortlich:

Prof. Dr. Hans-Jürgen Krupp
Präsident des DIW

Diplom-Soziologin Jutta Kloas
Datenschutzbeauftragte des DIW

Wir danken Ihnen für Ihre Mitarbeit!

Deutsches Institut
für Wirtschaftsforschung,
Königin-Luise-Straße 5
1000 Berlin 33

BERUFSSTART IN BERLIN 2

WIR BITTEN SIE UM IHRE MITARBEIT:

Bitte füllen Sie den Fragebogen sorgfältig aus und schicken Sie ihn im beiliegenden Kuvert direkt an das DIW zurück. Das Porto bezahlen wir!

Befragt werden alle ehemaligen Berliner Ausbildungsabsolventen des Prüfungsjahrgangs 1984/85, die bereits an unserer ersten Befragung teilgenommen haben.

Wichtig ist: Ihre Teilnahme ist freiwillig. Allerdings hängt der Erfolg der Untersuchung entscheidend von der Beteiligung *aller* ehemaligen Ausbildungsabsolventen ab. Deshalb kommt es ganz besonders auch auf *Ihre* persönliche Mitarbeit an!

Alle Ihre Angaben werden selbstverständlich streng vertraulich behandelt. Der gesetzliche Datenschutz ist voll gewährleistet.

UND SO WIRD ES GEMACHT:

- in die kleinen Kästchen machen Sie bitte bei den zutreffenden Antworten ein Kreuz . . . . ☒

- in die großen Kästchen tragen Sie bitte die zutreffende Zahl oder den zutreffenden Buchstaben ein, z.B. . . . . | *0* | 3 |

- in den vorgezeichneten Kasten schreiben Sie bitte einen Text oder ein Stichwort, z. B. | *Maschinenschlosser* |

Übrigens: Der Fragebogen sieht länger aus als er ist. Denn um allen Befragten gerecht zu werden, enthält der Fragebogen auch eine Reihe von Fragen, die Sie persönlich nicht zu beantworten brauchen. Diese Fragen können Sie einfach überspringen.
In jedem Fall gilt: **Gehen Sie den Fragebogen Frage für Frage durch. Überspringen Sie Fragen nur dann, wenn im Text ausdrücklich ein entsprechender Hinweis gegeben ist.**

FÜR IHRE BEREITSCHAFT, WIEDER MITZUMACHEN, DANKEN WIR IHNEN!

05045

Was war im letzten Jahr?

Bei unserer ersten Fragebogen-Aktion standen Fragen nach Ihrer Ausbildung im Mittelpunkt.

Heute möchten wir Sie fragen, wie es bei Ihnen seit damals weitergegangen ist, was sich seit Ihrer beruflichen Abschlußprüfung ereignet und verändert hat. Zunächst:

1. Wie heißt der Ausbildungsberuf, in dem Sie 1984/85 an der Abschlußprüfung teilgenommem haben?

   > *Bitte geben Sie die genaue Bezeichnung Ihres Ausbildungsberufes an!*

2. Haben Sie Ihre Ausbildung in diesem Beruf inzwischen erfolgreich abgeschlossen?

   Ja . . . . □   Nein . . . . □
   Falls ja: ▼   *Falls nein:* ▼
   Wann haben Sie Ihre Ab-   Beabsichtigen Sie, die Ausbildung
   schlußprüfung beendet?   in diesem Beruf noch zu Ende zu
                                          führen?

   | | | | 1 | 9 | 8 | | Ja . . . . □   Nein . . . . □
   Monat   Jahr   Weiß nicht . . □

3. Haben Sie direkt nach Ihrer Ausbildung in Ihrem Ausbildungsbetrieb (oder in einem anderen Betrieb desselben Unternehmens) ein Arbeitsverhältnis begonnen?

   Ja . . . . . . □   Nein . . . . □ ▶ | *Sie springen auf Frage 5* |
   Und zwar: ▼
                             trifft nicht zu* □ ▶ | *Sie springen auf Frage 8* |
   – im Betrieb, in dem die
     Ausbildung stattfand . □

   – in einem anderen
     Betrieb desselben
     Unternehmens . . . . □

4. Und sind Sie heute noch dort beschäftigt?

   Ja, im Ausbildungbetrieb . . . . □
                                                  ▶ | *Sie springen auf Frage 21* |
   Ja, in einem anderen Betrieb
      desselben Unternehmens . . . . □

   Nein . . . . □ ▶ | *Bitte weiter mit Frage 5* |

*) z.B. Ausbildungsabschluß als "Externer"

5. Sofern Sie nicht mehr dort beschäftigt sind:
Hatte Ihnen Ihr Ausbildungsbetrieb die Übernahme in ein Arbeitsverhältnis nach Ausbildungsabschluß angeboten?

Ja . . . . ☐ Nein . . . . ☐

Falls ja: ▼
Handelte es sich bei der angebotenen Stelle
um eine Teilzeitstelle oder um eine zeitlich
befristete Stelle?

– Teilzeitstelle . . . . ☐

– zeitlich befristete Stelle . . . . ☐

– beides . . . . ☐

– weder noch . . . . ☐

6. Haben Sie Ihren Ausbildungsbetrieb von sich aus verlassen
oder ging das vom Betrieb aus?

– ging von mir aus . . . . ☐

– ging vom Betrieb aus . . . . ☐

– teils/teils . . . . ☐

7. Und welches waren die genauen Gründe, daß Sie Ihren Ausbildungsbetrieb verlassen haben?

Bitte geben Sie alle Gründe an, die in Ihrem Fall von Bedeutung waren!

A. Der Betrieb hat mir gekündigt/die Kündigung nahegelegt . . . . ☐

B. Ungünstige Arbeitsbedingungen im Ausbildungsbetrieb . . . . ☐

C. Schlechtes Betriebsklima/Ärger mit Vorgesetzten . . . . ☐

D. Arbeitsverhältnis war von vornherein befristet . . . . ☐

E. Ich sah anderswo bessere Verdienstmöglichkeiten . . . . ☐

F. Ich sah anderswo bessere Chancen, beruflich weiterzukommen . . . . ☐

G. Wollte Beschäftigung in einem anderen Beruf . . . . ☐

H. Wollte die Ausbildung fortsetzen/eine weitere Ausbildung beginnen . . . . ☐

I. Wollte mich selbständig machen . . . . ☐

K. Wollte/mußte im Betrieb der Familie mitarbeiten . . . . ☐

L. Private Gründe *(z.B. Familie, Heirat, Partnerschaft)* . . . . ☐

M. Bin aus Berlin weggezogen . . . . ☐

N. Sonstige Gründe *(bitte kurz angeben!)*

Der Ausbildungsabschluß ist in vieler Hinsicht eine wichtige Schwelle: Man muß Entscheidungen treffen, die mitunter folgenreich für den weiteren Berufs- und Lebensweg sind. Hinzu kommt, daß der Übergang von der Ausbildung in den Beruf bei der heutigen Arbeitsmarktsituation häufig nicht mehr so "glatt über die Bühne geht". Manch einer ist gezwungen, zunächst einen Job "zweiter Wahl" anzunehmen oder eine weitere Ausbildung anzuschließen.

Wie war es bei Ihnen:

8. Haben Sie seit Beendigung Ihrer betrieblichen Berufsausbildung eine weitere Ausbildung begonnen oder einen Lehrgang bzw. Kursus zur beruflichen Weiterbildung besucht?

    Ja, weitere Ausbildung begonnen . . . . □

    Ja, Lehrgang/Kursus zur beruflichen
        Weiterbildung besucht . . . . □   ▶ | *Bitte weiter mit Frage 9* |

    Nein, nichts davon . . . . □ ▶ | *Sie springen auf Frage 11* |

9. Hatten Sie diese weitere Ausbildung/Weiterbildung schon seit längerem geplant oder haben Sie sich erst nach Abschluß Ihrer betrieblichen Berufsausbildung dazu entschlossen?

    – Seit längerem geplant . . . . □

    – Erst nach Abschluß der betrieblichen
        Berufsausbildung dazu entschlossen . □

10. Angenommen, man hätte Ihnen sofort nach der Ausbildung einen geeigneten Arbeitsplatz angeboten: Hätten Sie auch dann in jedem Fall diese weitere Ausbildung begonnen bzw. an diesem Weiterbildungslehrgang teilgenommen?

    Ja, in jedem Fall . . . . □   *Nein*, wahrscheinlich nicht . . . . □

    Ja, wahrscheinlich . . . . □   *Nein*, sicherlich nicht . . . . □

11. Hatten Sie seit Abschluß Ihrer betrieblichen Berufsausbildung einmal oder mehrmals eine kurzfristige, vorübergehende Beschäftigung (einschließlich Aushilfsjobs)?

    Ja . . . . . . □   Nein . . . . □
    Falls ja: ▼
    Wie viele solcher Kurzzeitbeschäftigungen oder
    Jobs hatten Sie seit Ausbildungsabschluß?

    Anzahl

    Handelte es sich dabei um Jobs in Ihrem erlernten Beruf?

    Ja . . . . □

    teils/teils . . . . □

    Nein . . . . □

12. Waren Sie seit Abschluß Ihrer betrieblichen Berufsausbildung
einmal oder mehrmals beim Arbeitsamt arbeitslos gemeldet?

Ja, einmal . . . . □   Nein . . . . □

Ja, zweimal . . . . □

Ja, dreimal oder öfter . . . . □

Falls ja: ▼

Wie lange waren Sie - alles in allem - seit Abschluß
Ihrer betrieblichen Ausbildung arbeitslos gemeldet?

┌──┬──┐ ┌───┐
│ │ │ │ *Falls kürzer als 1 Monat bitte "1" eintragen* │
└──┴──┘ └───┘
Monate

13. Für Arbeitsuchende vermittelt das Arbeitsamt auch eine Reihe
von Maßnahmen, die den Übergang in den Beruf erleichtern
sollen. *Wie war das bei Ihnen:* Haben Sie seit Beendigung Ihrer
betrieblichen Berufsausbildung an einer der folgenden
Maßnahmen des Arbeitsamts teilgenommen?

– Lehrgang zur beruflichen Fortbildung, wobei
  vom Arbeitsamt Unterhaltsgeld gezahlt wird . . . . □

– berufliche Umschulung, wobei vom Arbeitsamt
  Unterhaltsgeld gezahlt wird . . . . □

– Arbeitsbeschaffungsmaßnahme (ABM) . . . . □

– Lehrgang/Kursus zur Verbesserung der Vermittlungsaussichten,
  in dem man über Fragen der Arbeitsplatzwahl und der
  beruflichen Bildung unterrichtet wird . . . . □

– Sonstige Maßnahmen des Arbeitsamts (*bitte angeben*)

┌───┐
│   │
└───┘

Nein, nichts davon . . . . □

Ihre Situation heute!

Bei unserer ersten Befragungsrunde haben wir Sie nach Ihrer Situation unmittelbar *vor* Ausbildungsabschluß gefragt. Gerade im ersten Jahr *nach* der betrieblichen Berufsausbildung kann sich jedoch vieles ändern.

Heute möchten wir deshalb Genaueres über Ihre *derzeitige* Situation erfahren.

Wie ist das bei Ihnen:

14. Üben Sie zur Zeit eine Erwerbstätigkeit aus?
    Was trifft auf Sie zu?

    − voll erwerbstätig . . . . ☐

    − in regelmäßiger Teilzeitbeschäftigung . . ☐

    − in betrieblicher Berufsausbildung
    (einschl. betrieblicher Umschulung) . . . . . . ☐ ▶ | *Sie springen auf Frage 21* |

    − gelegentlich oder unregelmäßig
    erwerbstätig . . . . ☐

    − als Wehrpflichtiger beim Wehr-/
    Zivildienst . . . . ☐ ▶ | *Sie springen auf Frage 36* |

    nichts davon, ich bin nicht erwerbstätig . . ☐ ▶ | *Bitte weiter mit Frage 15* |

15. *Falls Sie derzeit keine Erwerbstätigkeit ausüben:*

    Aus welchen Gründen üben Sie derzeit keine Erwerbstätigkeit aus?

    − habe keine passenden Arbeitsplatz gefunden . . . . . ☐

    − bin in Ausbildung . . . . ☐

    − bin aus gesundheitlichen Gründen derzeit
    nicht erwerbstätig . . . . ☐

    − bin aus privaten/familiären Gründen
    nicht erwerbstätig . . . . ☐

    − sonstige Gründe *(bitte angeben)*

16. Sind Sie zur Zeit auf Arbeitsuche oder haben Sie bereits eine
    Stelle fest in Aussicht?

    Nein, habe die Arbeitsuche aufgegeben, weil
    sich doch keine geeignete Stelle findet . . . ☐

    Nein, suche aus sonstigen Gründen keine
    Arbeit . . . . ☐   ▶ | *Sie springen auf Frage 36* |

    Ja, bin auf Arbeitsuche . . . . ☐

    Habe bereits eine Stelle in Aussicht . . . . . ☐   ▶ | *Bitte weiter mit Frage 17* |

17. Was für eine Tätigkeit suchen Sie (bzw. haben Sie bereits in Aussicht)?

- eine regelmäßige Vollzeitbeschäftigung . . . . □
- eine regelmäßige Teilzeitbeschäftigung (bis 30 Wochenstunden) . . . . . . □
- eine gelegentliche Beschäftigung/einen kurzfristigen Job . . . . □
- einen betrieblichen Ausbildungsplatz . . . . □
- will mich selbständig machen . . . . □
- jede Art von Beschäftigung/bin nicht festgelegt . . . . □

18. Wo würden Sie aus Ihrer persönlichen Erfahrung am ehesten Schwierigkeiten bei der Arbeitsuche sehen? Was trifft für Sie zu?

> *Kreuzen Sie bitte alles an, was auf Sie zutrifft.*

trifft zu

- Ich habe einen Beruf, in dem hier nur wenig/
  so gut wie keine Stellen angeboten werden . . . . □
- Die Stellen, die in meinem Beruf angeboten
  werden, sind meistens unattraktiv . . . . □
- Es gibt hier zu wenig Stellenangebote für Frauen,
  Männer werden bei Stellenbesetzungen bevorzugt . . . . □
- Das Stellenangebot für Berufsanfänger ist zu
  gering, Bewerber mit mehr Berufserfahrung wer-
  den bei Stellenbesetzungen bevorzugt . . . . □
- Die angebotenen Stellen sind meistens zu weit
  entfernt/nur schwer zu erreichen . . . . □
- Es gibt zu wenig Teilzeitstellen . . . . □
- Viele Stellen sind nur für kurze Zeit, da lohnt
  es sich garnicht erst anzufangen . . . . □
- Viele Stellen, bei denen man sich bewirbt, wer-
  den dann doch mit anderen Bewerbern besetzt . . . . . . □
- Sonstige Schwierigkeiten *(Bitte stichwortartig angeben)*

19. In letzter Zeit wurde in der Öffentlichkeit viel darüber geredet, was einem Arbeit-suchenden alles "zumutbar" ist. Wie ist dies bei Ihnen? Welche der folgenden Punkte würden Sie, um eine Stelle zu finden, in Kauf nehmen, und was wäre für Sie unzumutbar?

	würde ich in Kauf nehmen	*wäre für mich unzumutbar*
- eine Arbeit in einem anderen Beruf als dem erlernten	□	□
- eine Teilzeitstelle mit bis zu 20 Std./Woche	□	□
- Arbeit auswärts, so daß man nur am Wochenende zu Hause ist	□	□
- einen Umzug in eine andere Stadt	□	□
- eine zeitlich befristete Stelle für maximal eineinhalb Jahre	□	□
- eine Ungelerntentätigkeit	□	□

20. Sind Sie derzeit beim Arbeitsamt arbeitslos gemeldet?

Ja . . . . . . ☐   Nein . . . . . . ☐

> *Wenn Sie derzeit keine Erwerbstätigkeit ausüben, dann springen Sie bitte auf Frage 36!*

Ihre derzeitige Erwerbstätigkeit

Falls Sie derzeit erwerbstätig sind, würden wir gerne etwas über Ihre heutige berufliche Situation erfahren.

Zunächst:

21. In welcher beruflichen Stellung sind Sie derzeit beschäftigt?

Arbeiter

-- ungelernte Arbeiter . . . . ☐

– angelernte Arbeiter . . . . ☐

– Facharbeiter . . . . ☐

– Vorarbeiter . . . . ☐

Angestellte

– einfache Angestellte . . . . ☐

– qualifizierte Angestellte . . . . . ☐

– leitende Angestellte . . . . ☐

– Meister im Angestellten-
      verhältnis . . . . ☐

Beamte (einschl. auf Zeit)

– im einfachen Dienst . . . . ☐

– im mittleren Dienst . . . . ☐

– im gehobenen Dienst . . . . . . ☐

– im höheren Dienst . . . . ☐

Sonstige

– Selbständige/Freiberufler . . . . ☐

– Aushilfen/Mithelfende . . . . . ☐

– Auszubildende . . . . ☐

– Praktikanten/Volontäre . . . . . ☐

22. Welche berufliche Tätigkeit üben Sie derzeit aus?

> *Bitte geben Sie die genaue Tätigkeitsbezeichnung an, also z.B. nicht "Kaufmännischer Angestellter", sondern "Speditionskaufmann", nicht "Schlosser", sondern "Maschinenschlosser". Falls Sie derzeit Auszubildender sind, geben Sie bitte Ihren Ausbildungsberuf an.*

23. Ist der soeben genannte Ihr erlernter Beruf?

Ja .... ☐   Nein ..... ☐

Bin derzeit in
Ausbildung ... ☐

Falls nein:
Aus welchen Gründen sind Sie nicht in
Ihrem erlernten Ausbildungsberuf tätig?

— Habe in meinem erlernten Beruf
   keine Stelle gefunden .... ☐

— In meiner jetzigen Tätigkeit sind die
   Verdienstchancen besser als in
   meinem erlernten Beruf .... ☐

— Ich habe in meiner jetzigen Tätigkeit
   bessere Arbeitsbedingungen als in
   meinem erlernten Beruf .... ☐

— Mußte den nächstbesten Job annehmen . ☐

— Sonstige Gründe *(bitte angeben)*

```
┌─────────────────────────────────────┐
│                                     │
│                                     │
└─────────────────────────────────────┘
```

24. Welche Art von Ausbildung ist für die berufliche Tätigkeit, die Sie derzeit
ausüben, in der Regel erforderlich?

— keine besondere Ausbildung .... ☐

— nur eine kurze Einweisung am Arbeitsplatz .... ☐

— eine längere Einarbeitung im Betrieb .... ☐

— der Besuch von besonderen Lehrgängen/Kursen ...... ☐

— eine abgeschlossene Berufsausbildung .... ☐

— ein abgeschlossenes Studium .... ☐

25. Und wenn Sie einmal zurückdenken an die Kenntnisse und Fertigkeiten, die Sie im
Rahmen Ihrer betrieblichen Berufsausbildung erworben haben:

Wieviel von diesen Kenntnissen und Fertigkeiten
können Sie bei Ihrer jetzigen
Berufstätigkeit verwerten?

— sehr viel .... ☐

— viel .... ☐

— einiges .... ☐

— eher wenig .... ☐

— sehr wenig/nichts .... ☐

26. Wieviele Wochenstunden beträgt im Durchschnitt Ihre Arbeitszeit
einschließlich etwaiger Überstunden?

☐☐ Stunden pro Woche

Keine geregelte Wochenarbeitszeit .... ☐

27. Wieviele regelmäßig Beschäftigte hat der Betrieb, wo Sie *derzeit* beschäftigt sind?

> *Bei Mehrbetriebsunternehmen bitte nur für die Filiale, Niederlassung, Dienststelle bzw. das Zweigwerk angeben, wo Sie beschäftigt sind!*

- unter 10 Beschäftigte .... ☐
- 10- 49 Beschäftigte .... ☐
- 50- 99 Beschäftigte .... ☐
- 100-199 Beschäftigte .... ☐
- 200-499 Beschäftigte .... ☐
- 500 und mehr Beschäftigte .... ☐

28. Werden in diesem Betrieb auch Lehrlinge ausgebildet?

Ja . . . . . . ☐   Nein . . . . . . ☐

Falls ja: ▼
Wie viele Auszubildende werden in Ihrem Betrieb derzeit ausgebildet?

- 1- 4 Auszubildende .... ☐
- 5- 9 Auszubildende .... ☐
- 10-19 Auszubildende .... ☐
- 20-49 Auszubildende .... ☐
- 50 und mehr Auszubildende .... ☐
- weiß ich nicht .... ☐

29. Gehört der Betrieb, in dem Sie *derzeit* arbeiten, zum öffentlichen Dienst?

Ja . . . . . . ☐   Nein . . . . . . ☐

30. In was für einem Betrieb sind Sie *derzeit* beschäftigt?

- Land- oder forstwirtschaftlicher Betrieb .... ☐
- Handwerksbetrieb .... ☐
- Industriebetrieb .... ☐
- Handelsbetrieb .... ☐
- Sonstiger Dienstleistungsbetrieb .... ☐

30A. *Falls* Sie nicht mehr in Ihrem Ausbildungsbetrieb beschäftigt sind: Um was für einen Betrieb handelte es sich bei Ihrem *Ausbildungsbetrieb?*

- Land- oder forstwirtschaftlicher Betrieb .... ☐
- Handwerksbetrieb .... ☐
- Industriebetrieb .... ☐
- Handelsbetrieb .... ☐
- Sonstiger Dienstleistungsbetrieb .... ☐

31. Handelt es sich bei Ihrer *derzeitigen* Tätigkeit um ein von vornherein befristetes Beschäftigungsverhältnis, oder was trifft für Sie zu?

- zeitlich befristetes Bschäftigungsverhältnis . . . . ☐
- eine ABM-Stelle . . . . ☐
- vorübergehender Aushilfsjob . . . . ☐
- sonstige kurzfristige Beschäftigung . . . . ☐
- Ausbildungsverhältnis
  (einschl. Praktikantenstelle u.ä.) . . . . ☐
- unbefristete Dauerbeschäftigung . . . . ☐

32. Und wie ist Ihre persönliche Meinung dazu?
Betrachten Sie Ihre derzeitige Beschäftigung eher als ...

eine Beschäftigung, wo Sie selbst
gerne länger bleiben würden . . . ☐

eine Übergangslösung . . . . . . ☐

Falls Übergangslösung: ▼

Sind Sie derzeit auf der Suche
nach einer anderen Beschäftigung?

Ja . . . ☐   Nein . ☐

33. Seit wann sind Sie in Ihrem derzeitigen Betrieb beschäftigt?

| Ausbildungszeiten bitte *nicht* hinzurechnen! |

			1	9		

Monat   Jahr

34. Und wie haben Sie damals Ihre derzeitige Stelle gefunden?

| Bitte kreuzen Sie *alle* auf Sie zutreffenden Antworten an! |

– Ich wurde nach der Ausbildung vom Ausbildungsbetrieb übernommen ....☐

– Ich habe mich auf eine Anzeige in der Zeitung
beworben ....☐

– Ich habe selbst ein Stellengesuch in der Zeitung
aufgegeben ....☐

– Ich habe mich einfach auf Verdacht um eine Stelle
beworben ....☐

– Das Arbeitsamt hat mir die Stelle vermittelt .....☐

– Mein ehemaliger Ausbildungsbetrieb hat mir die Stelle
in einem anderen Betrieb vermittelt ....☐

– Ich habe die Stelle durch Vermittlung von Eltern/
Verwandten/Bekannten bekommen ....☐

– Der Kontakt zu meinem derzeitigen Betrieb kam durch
die Berufsschule/die zuständige Kammer zustande . ☐

– Ich habe meine derzeitige Stelle auf sonstige Weise
gefunden *(bitte stichwortartig schildern)*

35. Wie sind Ihre Zukunftserwartungen im Hinblick auf Ihre derzeitige Stelle:
Wie wahrscheinlich ist es, daß Sie in den *kommenden zwölf Monaten...*

	ganz sicher	wahr- scheinlich	eher un- wahr- scheinlich	ganz sicher nicht
A. Ihren derzeitigen Arbeitsplatz verlieren?	☐	☐	☐	☐
B. Ihre derzeitige Stelle von sich aus aufgeben und sich nach etwas anderem umsehen?	☐	☐	☐	☐
C. in Ihrer jetzigen Firma beruflich aufsteigen?	☐	☐	☐	☐
D. Ihren erlernten Beruf aufgeben und in einem anderen Beruf neu anfangen?	☐	☐	☐	☐
E. Ihre Erwerbstätigkeit ganz oder vorübergehend aufgeben (z.B. aus familiären Gründen oder um eine weitere Ausbildung zu beginnen)?	☐	☐	☐	☐

Und zum Schluss...

... möchten wir Sie noch um einige Angaben zu Ihrer Person bitten:

36. Ihr Geschlecht:

männlich . . . . ☐

weiblich . . . . ☐

37. In welchem Jahr sind Sie geboren?

| 1 | 9 | | |

38. Wie ist Ihr Familienstand?

ledig . . . . ☐

verheiratet . . . . ☐

geschieden/
verwitwet . . . . ☐

39. Sind Sie derzeit in Ausbildung, besuchen Sie eine Schule
oder nehmen Sie an einem Weiterbildungslehrgang teil?

Bitte auch nebenberufliche Ausbildungsgänge/Lehrgänge angeben!

Ja . . . . . . ☐ Nein . . . . ☐
▼
Falls ja:
Um was für eine Ausbildung/Weiterbildung handelt es sich?

– betriebliche Berufsausbildung (Lehre) . . . . ☐

– Beamtenausbildung . . . . ☐

– Ausbildung im Gesundheitswesen . . . . ☐

– Fachschulausbildung (z.B. Meister-/
Technikerschule) . . . . ☐

– Studium an Fachhochschule/Hochschule/
Universität . . . . ☐

– Lehrgang zur beruflichen Fortbildung/
Umschulung . . . . ☐

– allgemeinbildende Schule (z.B. Realschule/
Gymnasium/ Abendgymnasium) . . . . ☐

– sonstige allgemeine Weiterbildung . . . . ☐

– sonstige Ausbildung *(bitte angeben)*

40. Haben Sie seit Beendigung Ihrer betrieblichen Berufsausbildung einmal oder. mehrmals Ihren Wohnort gewechselt?

| *Nicht gemeint* sind Wohnungswechsel innerhalb Berlins! |

Ja . . . . . . □   Nein . . . . . . □ ▶ | *Bitte weiter mit Frage 41* |
▼

Waren hierfür berufliche oder andere, nicht-berufliche Gründe ausschlaggebend?

– berufliche Gründe (einschließlich beruflicher
  Gründe des Partners/anderer Familienmitglieder). . □

– nicht-berufliche Gründe . . . . □

– teils/teils . . . . □

Falls (auch) berufliche Gründe:
Welches waren die beruflichen Gründe für Ihren Wegzug aus Berlin?

| *Bitte geben Sie alle zutreffenden Gründe an!* |

	eigene berufliche Gründe	berufliche Gründe des Partners/anderer Familienmitglieder
– Versetzung innerhalb des Unternehmens an einen anderen Ort	□	□
– Im angestrebten Beruf war es in Berlin schwerer eine Stelle zu finden	□	□
– Die Verdienstchancen waren besser als in Berlin .	□	□
– Die Aufstiegschancen waren besser als in Berlin .	□	□
– Die Arbeitsbedingungen/das Betriebsklima waren ausschlaggebend	□	□
– Es bot sich die berufliche Gelegenheit, einmal woanders zu arbeiten	□	□

– Sonstige berufliche Gründe *(bitte in Stichworten angeben)*

41. Wo ist gegenwärtig Ihr Hauptwohnsitz?

in Berlin . . □   an einem anderen Ort . . □ ▶ | *Bitte weiter mit Frage 42* |
▼

Falls in Berlin:
Beabsichtigen Sie innerhalb der nächsten 12 Monate aus Berlin wegzuziehen?

Ja . . . . . . □   Nein . . . . □

Falls ja: ▼
Sind hierfür berufliche oder private Gründe maßgeblich?

– berufliche Gründe (einschließlich beruflicher Gründe
  des Partners/anderer Familienmitglieder) . . . . □

– nicht-berufliche Gründe . . . . □

– teils/teils . . . . □

42. Bitte geben Sie in Druckbuchstaben Ihren Namen und Ihre Adresse an:

Name, Vorname:

Straße:

PLZ, Wohnort:

Vielen Dank für Ihre Mitarbeit!

Den ausgefüllten Fragebogen stecken Sie bitte in das beiliegende Kuvert und schicken ihn an unser Institut.
Das Porto zahlen wir!

Unsere Anschrift:

DIW – Deutsches Institut für Wirtschaftsforschung
"Berufsstart in Berlin"
Königin-Luise-Straße 5

1000 Berlin 33

Unsere Rufnummern:

Klaus-Peter Gaulke
Telefon 030/829 91 689

Projektsekretariat
Telefon 030/829 91 673

**Deutsches Institut
für Wirtschaftsforschung,
Königin-Luise-Straße 5
1000 Berlin 33**

BERUFSSTART IN BERLIN 2

Liebe Teilnehmer an unserer Umfrage **BERUFSSTART IN BERLIN**,

Sie erinnern sich: Bei Ihrer beruflichen Abschlußprüfung hatten wir Sie gebeten, uns in einem Fragebogen einige Fragen zu beantworten. Damals ging es vor allem um Ihre Ausbildungssituation: Wie Sie Ihren Ausbildungsplatz gefunden hatten, wie Ihre Ausbildung verlaufen ist und was Sie nach der Ausbildung zu tun beabsichtigten.

Für Ihre Mitwirkung möchten wir uns noch einmal bedanken! Bis heute haben wir mehr als 5.000 ausgefüllte Fragebogen zurückerhalten - dank Ihrer persönlichen Mitarbeit ein Ergebnis, das sich sehen lassen kann!

Nun geht unsere Untersuchung weiter: Denn gerade der Übergang in den Beruf *nach* der Ausbildung bereitet heute manchmal Schwierigkeiten.
Und Sie wissen ja: Ziel unserer Untersuchung ist es, den Berufsstart eines ganzen Jahrgangs von Berliner Ausbildungsabsolventen nachzuzeichnen, auf Schwierigkeiten aufmerksam zu machen und geeignete Maßnahmen vorzuschlagen. Dies läßt sich nur mit Ihrer Mitwirkung erreichen.

Deshalb wenden wir uns heute erneut an Sie: Diesmal möchten wir erfahren,
- was sich bei Ihnen seit Ihrer Ausbildung verändert hat,
- wie Sie Ihre Ausbildung im nachhinein beurteilen,
- und welche Pläne Sie für die Zukunft haben.

Worum wir Sie bitten? Uns erneut einige Angaben im beiliegenden Fragebogen zu machen. Den ausgefüllten Fragebogen schicken Sie bitte im beigefügten Kuvert an unser Institut. (Das Porto zahlen wir.) Ihre Mitarbeit ist natürlich freiwillig. Aber auch diesmal kommt es darauf an, daß alle Teilnehmer vom letzten Mal wieder mitmachen. Sie wissen ja: Mit jedem, der nicht mehr teilnimmt, fehlt ein Mosaiksteinchen in unserem Gesamtbild vom **BERUFSSTART IN BERLIN**.

Wie beim ersten Mal gilt: Alle Ihre Angaben werden streng vertraulich unter voller Gewährleistung des gesetzlichen Datenschutzes behandelt. Und damit sich's lohnt, gibt es auch diesmal wieder einen großen Preis zu gewinnen! Was mit Ihren Angaben geschieht, was diesmal verlost wird und an wen Sie sich mit Rückfragen wenden können, steht auf den nächsten Seiten!

Für Ihre erneute Mitarbeit bedanken wir uns schon jetzt,
mit freundlichen Grüßen,

Klaus-Peter Gaulke

BERUFSSTART IN BERLIN 2

Was mit Ihren Angaben geschieht...

Wie schon beim ersten Mal werden alle Ihre Angaben streng vertraulich behandelt und ausschließlich zu wissenschaftlichen Zwecken ausgewertet. Der gesetzliche Datenschutz ist voll und ganz gewährleistet.

Das bedeutet:

- Sobald Ihr Fragebogen bei uns eingetroffen ist, werden Ihr Name und Ihre Adresse von Ihren übrigen Angaben abgetrennt. Alle Ihre Fragebogen-Angaben werden *ohne* Namen und Adresse auf EDV gespeichert.

- Ihren Namen und Ihre Adresse benötigen wir nur, um mit Ihnen Kontakt zu halten, z.B. für die Verlosung.

- Die Numerierung der Fragebögen ermöglicht es, Ihre Angaben bei unserer jetzigen zweiten Runde mit Ihren Angaben aus der ersten Befragung zusammenzufügen, *ohne* Rückgriff auf Ihren Namen und Ihre Adresse.

- Alle Namen und Adressen werden von uns absolut geheim gehalten und 3 Monate nach Abschluß der Untersuchung gelöscht.

Auch die Auswertung Ihrer Fragebogen-Angaben erfolgt vollständig anonym, ohne Namen und Adresse. Alle Untersuchungsergebnisse werden so zusammengefaßt, daß Rückschlüsse darauf, wer welche Angaben gemacht hat, nicht möglich sind.

Für die Einhaltung aller gesetzlichen Datenschutzbestimmungen durch das DIW zeichnen verantwortlich:

Prof. Dr. Hans-Jürgen Krupp,
Präsident des DIW

Dr. Brigitte Preißl,
Datenschutzbeauftragte des DIW

BERUFSSTART IN BERLIN 2

Was es diesmal zu gewinnen gibt...

Sie erinnern Sich: Bei unserer ersten Fragebogenaktion ging es um die Verlosung eines nagelneuen BMW-Motorrads.

Und damit sich das Mitmachen auch diesmal für Sie persönlich lohnt, gibt es bei unserer zweiten Runde wieder einen großen Preis zu gewinnen:

Diesmal verlosen wir eine **Fernreise für zwei Personen im Wert von 8.000,- DM** zu einem Ziel Ihrer Wahl. Teilnehmer an der Verlosung sind wieder alle, von denen wir einen vollständig ausgefüllten Fragebogen *BERUFSSTART IN BERLIN 2* zurückerhalten.

Übrigens können Sie sich ja ausrechnen: Bei etwa 5.000 Teilnehmern sind Ihre persönlichen Gewinnchancen um ein Vielfaches höher als bei anderen Verlosungen.

Wir wünchen Ihnen viel Glück!

BERUFSSTART IN BERLIN 2

Und an wen Sie sich wenden können...

— zum Beispiel wenn Sie Fragen zu unserer Untersuchung allgemein oder zum Ausfüllen des Fragebogens haben:

Wir stehen Ihnen stets gern zur Verfügung:

> Klaus-Peter Gaulke
> Telefon: 030/8299 16 89
> Projektsekretariat
> Telefon: 030/8299 16 73

Unsere Anschrift lautet:

> Deutsches Institut für
> Wirtschaftsforschung (DIW)
> Königin-Luise-Straße 5
> 1000 Berlin 33

Übrigens: Das DIW zählt zu den großen Wirtschaftsforschungsinstituten in der Bundesrepublik Deutschland; es ist eine nicht-kommerzielle Einrichtung und wird von der Bundesregierung sowie vom Land Berlin finanziell gefördert.

Mit der Durchführung der Untersuchung **BERUFSSTART IN BERLIN 2** hat uns der Berliner Senat beauftragt.